Lektürehilfen

Johann Wolfgang von Goethe

Faust

Erster und Zweiter Teil

von Eberhard Hermes

Ernst Klett Verlag
Stuttgart Düsseldorf Leipzig

Dr. Eberhard Hermes, langjähriger Gymnasiallehrer für die Fächer Deutsch und Latein in Schleswig-Holstein und Nordrhein-Westfalen, Fach- und Seminarleiter in der Lehrerausbildung, Lehraufträge an Hochschulen.

In der Klett-Reihe Editionen für den Literaturunterricht ist erschienen:
Johann Wolfgang von Goethe: „Faust, Der Tragödie erster Teil"
(Klettbuch 351231)
mit Materialien, ausgewählt von Bernd Mahl.
Leipzig, Stuttgart, Düsseldorf 2004

Bibliographische Information Der Deutschen Bibliothek
Die Deutsche Bibliothek verzeichnet diese Publikation in der Deutschen Nationalbibliographie; detaillierte bibliographische Daten sind im Internet über http://dnb.ddb.de abrufbar

Auflage 6. 5. 4. 3. | 2010 2009 2008 2007
Die letzten Zahlen bezeichnen jeweils die Auflage und das Jahr des Druckes.

Dieses Werk folgt der reformierten Rechtschreibung und Zeichensetzung. Ausnahmen bilden Texte, bei denen künstlerische, philologische oder lizenzrechtliche Gründe einer Änderung entgegenstehen.

Internetadresse: http://www.klett.de
Satz: DTP Andrea Eckhardt, Neuhausen
Druck: Druckhaus Beltz, Hemsbach
Printed in Germany.
ISBN 978-3-12-923002-2

9 783129 230022

Inhalt

Zu diesem Buch

Die Faust-Dichtung ist Goethes Lebenswerk. Er hat sechzig Jahre lang (1772–1832) immer wieder daran gearbeitet und bis kurz vor seinem Tod noch Änderungen nachgetragen. Diese sechzig Jahre bilden eine Epoche tief greifender historischer Umbrüche, in denen die moderne Demokratie entstand und die Welt in das Industriezeitalter eintrat. Diese Umbrüche sind in die vielschichtige Thematik des Dramas eingegangen und machen nun ihre Komplexität aus. Im Eingangsmonolog zeigt sich Faust in einem mittelalterlichen Studierzimmer und gibt seiner Enttäuschung über die scholastische Wissenschaft Ausdruck. Am Ende des zweiten Teils ist die ganze neuzeitliche Entwicklung durchschritten. Faust ist Großunternehmer geworden, hat sich die Natur dienstbar gemacht und in ein Kunstgebilde verwandelt und stirbt mit einer Gesellschaftsutopie auf den Lippen, während Mephisto auf die Möglichkeit völliger Vernichtung hinweist. Die moderne Goetheforschung fasst daher den Gegenstand des Dramas unter der Formel zusammen, dass in ihm „eine Phänomenologie der Moderne" entworfen sei, d.h. die Fülle der Ideen, Lebensformen und Probleme poetisch vergegenwärtigt würde, welche die Neuzeit bestimmen, jene Geschichtsepoche also, die von der Zeitwende um 1500 bis in unser Jahrhundert reicht.
Um diesen komplexen Gegenstand zu entfalten, bemüht Goethe eine Fülle von Bildern, Gestalten, Mythen und Allegorien aus Antike, Bibel, europäischer Sage, christlichem Brauchtum, Volksaberglauben usw. und begründet diese Gestaltungsweise mit folgenden Worten:

> „Da sich manches unserer Erfahrungen nicht rund aussprechen und direkt mitteilen läßt, so habe ich seit langem das Mittel gewählt, durch einander gegenübergestellte und sich gleichsam ineinander abspiegelnde Gebilde den geheimeren Sinn dem Aufmerkenden zu offenbaren" (Brief vom 23.9.1827 an Carl Jacob Ludwig Iken).

So ist z.B. die kleinbürgerliche Gretchengestalt der mythischen Königin Helena gegenübergestellt; die menschliche Gewissensnot, die Margarete in der Seelenmesse im ‚Dom' erlebt, ist in Spannung zum Hexentreiben der ‚Walpurgisnacht' gesetzt; das Streben des Magiers Faust nach Einklang mit der Natur steht im Kontrast zum Bücherstudium der mittelalterlichen Universität usw. Während Mythos, Kult, Religion, Brauchtum seit Beginn der Neuzeit als Orientierungsmittel für den Menschen immer mehr an Verbindlichkeit verlieren, werden sie hier als poetische Mittel gebraucht, um den Erscheinungen, die im Drama thematisiert werden, einen Stellenwert, eine Bedeutung zuweisen zu können. Sinnwelten, die ihre Geltung verloren ha-

ben, werden auf diese Weise in der fiktiven Welt der Dichtung wieder verbindlich. Ohne ihre Kenntnis ist nämlich das Verständnis der Dichtung nicht möglich.
Dass die alten Sinnwelten in der Dichtung wieder verbindlich werden und der Leser gezwungen wird, sie nachzuvollziehen, ist eine Leistung der Sprache des Dichters. Sie hat eine Prägnanz, die es verbietet, schnell über den Text hinwegzulesen, vielmehr dazu veranlasst, sich intensiver auf den Wortlaut einzulassen. So wird z.B. der Mythos im Helena-Akt als das bezeichnet, „was liebliche Lüge, glaubhaftiger als Wahrheit, ... sang" (9642 ff.), wo in einer kurzen Wendung die ganze Diskussion über den Wahrheitsgehalt des Mythos enthalten ist. Oder: Für Mephisto ist der Mensch, wie er im ‚Prolog im Himmel' sagt, „der kleine Gott der Welt" (281). Man wird sehen, dass Goethes Faust-Spiel vor allem der Entfaltung dieser Formel dient, in der bereits die ganze Handlung angelegt ist. Man hat im Hinblick auf diese Prägnanz von Goethes klassischem Sprachstil von der „Bodenlosigkeit seiner Aussagen" gesprochen.
Ein Werk, bei dem erst im Lauf von Jahrzehnten Einzelszenen, die zu verschiedenen Zeiten entstanden, zu einem geschlossenen Spiel zusammengefasst worden sind, stellt der Interpretation andere Aufgaben als Werke mit einer einfacheren Entstehungsgeschichte. Dass nicht alle Teile sorgfältig aufeinander abgestimmt wurden und nicht alles, was sich im Spiel ereignet oder gesagt wird, eindeutig plausibel motiviert ist, hat zu einer fast unübersehbaren Reihe immer neuer Analysen und Interpretationsversuche geführt. Demgegenüber ist die Frage erlaubt:

> „Warum aber darf ein künstlerisches Werk nicht angereichert sein mit Teilen, die nur für sich, ohne Rücksicht auf ein postuliertes Ganzes, leben und partielle Aufmerksamkeit beanspruchen? Warum ist es die Lust der Interpreten, in oft aufwendiger Beweisführung und unter erheblichen Schwierigkeiten die Einheit des Werkes nachzuweisen? Warum kann nicht der Zufälligkeit schöpferischer Produktivität facettenreiche Freiheit zugestanden werden?" (Karl Otto Conrady, Goethe. Leben und Werk, München und Zürich: Artemis und Winkler 1994, S.794)

Die Frage passt gut zu Goethes Selbstverständnis, der sich gegen solche Interpretationen, die es auf die „Einheit des Werkes" abgesehen haben, mit diesen, von Eckermann aufgezeichneten, Worten gewehrt hat:

> „Es war im ganzen nicht meine Art, als Poet nach Verkörperung von etwas **Abstraktem** zu streben. Ich empfing in meinem Innern Eindrücke, und zwar Eindrücke sinnlicher, lebensvoller, lieblicher, bunter, hundertfältiger Art, wie eine rege Einbildungskraft es mir darbot; und ich hatte als Poet weiter nichts zu tun, als solche Anschauungen und Eindrücke in mir künstlerisch zu ründen und auszubilden und durch eine lebendige Darstellung so zum Vorschein zu bringen, daß andere dieselbigen Eindrücke erhielten, wenn sie mein Dargestelltes hörten oder lasen."
> (6. Mai 1827)

In diesem Buch sollen die wichtigsten Hilfen gegeben werden, damit der Benutzer den komplexen Gegenstand des Dramas zu erfassen vermag, die Bilder, in die der Dichter seine „Anschauungen und Eindrücke" kleidet, verstehen kann, die Sprache in ihren Beziehungen zu erschließen imstande ist und schließlich vor unangemessenen Erwartungen gegenüber der Interpretation des Werkes bewahrt bleibt.

Diesem Zweck gilt zunächst eine ausführliche interpretierende Wiedergabe beider Teile der Dichtung, die sich auch auf die wichtigsten Details einlässt. Damit der Leser die Orientierung im Werkganzen behält, sind jeweils Handlungsüberblicke vorgeschaltet. Der systematische Teil besteht aus vier Gruppen von je drei Kapiteln. Während die ersten drei Kapitel die **Vielfalt** der Formen und Inhalte aufzeigen, die für das Werk kennzeichnend ist, beschäftigen sich die nächsten drei Kapitel mit denjenigen Elementen des „Faust", auf denen die **Einheit** des Werkes beruht. Eine weitere Gruppe gilt der Herkunft des Stoffes und der Entstehungsgeschichte von Goethes „Faust"-Dichtung. Schließlich werden Rezeption und Aufführungspraxis des Dramas behandelt.

Ein Überblick über die **‚Faust'-Forschung der Jahrtausendwende** eröffnet neue Interpretationsaspekte. An acht Beispielen aus dem ersten Teil des ‚Faust' wird dann gezeigt, wie der Leser die ‚Lektürehilfen' für die **Vorbereitung von Prüfungen** nutzen kann.

Faust – Erster Teil

Handlungsüberblick

Der dreifache Zugang zum Faust – Drama

Das Faust-Drama beginnt mit einer dreifachen Einleitung, die sich auf beide Teile der Tragödie bezieht.

Ein Lebenswerk

In einem **‚Zueignung‘** überschriebenen Gedicht weist der Sprecher auf den Umstand hin, dass es sich beim ‚Faust‘ um ein Werk handelt, an dem sein Dichter ein ganzes Leben gearbeitet hat. Daher treffen die später entstandenen Partien nun auf ein ganz anderes Publikum als jenes, dem der junge Dichter einst die ersten Szenen vorgetragen hatte. Es folgt ein **‚Vorspiel auf dem Theater‘**, in dem sich dessen Direktor und die Lustige Person‘, also ein Schauspieler, mit dem Dichter über die Erwartung des Publikums und die Eigenschaften des Stückes unterhalten, das er für dieses Publikum schreiben soll.

Ein unterhaltsames Spiel

Dabei wird hervorgehoben, dass es sich bei diesem Stück um ein Spiel handelt, das den Zuschauer fesseln und unterhalten kann. Nach dem Vorbild des barocken Welttheaters gibt dann ein **‚Prolog im Himmel‘** die Exposition der Handlung: Der Herr überlässt – wie im Buch ‚Hiob‘ – den Helden, also Faust, dem Teufel (hier Mephisto genannt), damit dieser versuchen könne, ihn von der rechten Bahn abzubringen.

Thema ist der Mensch

Auf diese Weise wird das irrende Streben des Menschen, der seinen Platz zwischen Gott und Tier, zwischen Geist und Stoff, einnimmt, als Thema des Stückes genannt, werden Faust und Mephisto als Hauptfiguren der Handlung bestimmt.

Fausts Streben nach Wahrheit

*In einer langen Eingangsszene (**‚Nacht‘**: 454 Verse) wird die Titelfigur, die im ‚Prolog‘ Gegenstand des Gesprächs war, zunächst allein vorgestellt.*

In der nächtlichen Finsternis eines mittelalterlichen Studierzimmers äußert Faust seine Enttäuschung über die hergebrachte Wissenschaft, die ihm keine Erkenntnis der Wahrheit gebracht habe, und klagt über die Enge des Gelehrtendaseins, in der jede Lebensregung ersticke. Er habe sich darum „der Magie ergeben“ (377), d. h. der Kunst, durch die man in Kontakt mit der Geisterwelt treten und sich unmittelbar Kenntnis und Macht über die geheimen Kräfte der Natur verschaffen könne.

Abwendung von der Wissenschaft, Hinwendung zur Magie

In einem dreifachen Anlauf versucht Faust dann, die engen Schranken seiner Erkenntnis und seines bisherigen Daseins zu überwinden:

Drei Ausbruchsversuche

1. Bei der Betrachtung des Zeichens, das den Makrokosmos, d. h. die Ordnung des Weltalls symbolisiert, wird ihm klar, dass hier kein Weg aus der Enge hinausführt, weil es beim bloßen Zuschauen bleibt.
2. Bei der Beschwörung des Erdgeistes muss er erfahren, dass sich der lebendige Zusammenhang der Natur vor ihm verschließt.
3. Ein Gespräch mit seinem Famulus Wagner, der ganz im hergebrachten Wissenschaftsbetrieb aufgeht, macht Faust noch einmal die Enge des durchschnittlichen Menschenlebens bewusst und motiviert ihn dazu, durch Freitod einen Weg „zu neuen Ufern“ (701) zu suchen. Doch die Gesänge der mitternächtlichen Ostermesse unterbrechen den Versuch und führen Faust ins Leben zurück.

Mephistos Eintritt in Fausts Leben

In dem folgenden, 1265 Verse umfassenden, Szenenkomplex wird die Figur des Mephistopheles in die Fausthandlung eingeführt. Zugleich wird das Thema ‚Was ist der Mensch?‘ weiter entfaltet. Schließlich wird der Handlungsverlauf beider Teile der Tragödie entworfen. Am Ende des Szenenkomplexes bricht Faust mit Mephisto „zum neuen Lebenslauf“ (2072) auf.

Entfaltung des Themas, Exposition der Handlung

Die Genreszene **‚Vor dem Tor‘** zeigt Faust, mit Wagner spazierend, inmitten seiner sozialen Umwelt in einer kleinen Stadt während des Übergangs vom Mittelalter zur Neuzeit (Pestepidemien). Zugleich erfährt der Zuschauer etwas aus Fausts Biographie und hört von der mit dem Vater zusammen ausgeübten ärztlichen Tätigkeit. Beim

Faust in seiner engen bürgerlichen Welt

Zwei Seelen in seiner Brust

Anblick des Sonnenuntergangs hat Faust ein Entgrenzungserlebnis: Der schwindenden Sonne nachfliegend, will er dem Wechsel von Tag und Nacht entkommen und dauernd im Licht bleiben. Er spricht zu Wagner von den „zwei Seelen" in seiner Brust (1112), deren eine vom Höhenflug träumt, während die andere das Leben genießen will. Hier äußert sich nicht mehr nur der von der Wissenschaft enttäuschte Gelehrte, sondern einfach ein Mensch, der an der Spannung zwischen „Geist" und „Stoff" leidet, die Faust bereits als „Menschenlos" (629) erkannt hatte. Als Antwort auf seinen Ruf nach einem „Zaubermantel" (1122), der ihn überall hinbringen kann, erscheint Mephisto in Gestalt eines Pudels und folgt ihm nach Hause. Er hat mit dem im ‚Prolog' angekündigten Vorhaben, Faust seine „Straße sacht zu führen" (314), so lange gewartet, bis dessen Krise ihn so weit gebracht hatte, nach einem Zaubermantel zu rufen und die Hilfe dämonischer Geister in Anspruch zu nehmen.

Der Mensch zwischen Geist und Natur

Erscheinen Mephistos

Die Szene **‚Studierzimmer I'**, die an den Schauplatz der Eingangsszene zurückführt, dient vor allem der Charakterisierung Mephistos. Faust ist ruhiger gestimmt, so dass er sogar an seiner „engen Zelle" (1194) Gefallen findet. Doch hält diese Stimmung angesichts des hin und her laufenden Pudels nicht lange an. Die Beschäftigung mit dem Johannesevangelium, in dem er bezeichnenderweise den Logos-Begriff mit „Tat" – statt „Wort" – übersetzt, bricht Faust schnell wieder ab und zwingt Mephisto mit magischen Formeln, menschliche Gestalt anzunehmen. Auf die Frage nach seinem „Wesen" (1331) stellt sich Mephisto – den Worten des Herrn im ‚Prolog' (339) entsprechend – als „Geist, der stets verneint" (1338), vor. Die Zerstörung alles Gewordenen sei seine Sache. Er fühlt sich als „Teil der Finsternis" (1350) gegenüber dem Licht, verkörpert das „Nichts" (1363) gegenüber dem Sein. Damit ist auch das Verhältnis der beiden Hauptfiguren schon gekennzeichnet: Das Negative, das aus der Sicht des ‚Prologs' eine Funktion im Ganzen der Schöpfung hat, die eben Positives und Negatives umfasst, wird hier in der Perspektive des Mephisto sozusagen verabsolutiert. Da dieser in seiner Einseitigkeit zum Widerpart des Faust wird, dessen Wesen beides, das Positive wie das Negative, in sich enthält, ist eine Verständigung zwischen den beiden von vornherein ausgeschlossen. Die

Selbstcharakterisierung Mephistos

Verhältnis der beiden Hauptfiguren

Beziehung bleibt noch offen. Faust spielt mit dem Gedanken an einen „Pakt" (1414).
In der darauf folgenden Szene **‚Studierzimmer II'** bietet sich Mephisto dem unter der Enge seines Daseins leidenden Gelehrten als Geselle an, damit er erfahre, „was das Leben sei" (1543). Faust schwört allen Illusionen seines bisherigen Lebens ab, auch der Religion (1587 ff.), und will sein Streben künftig nicht mehr der Erkenntnis, sondern der Erfahrung des wirklichen, sinnlichen Lebens widmen (1742 ff.). „Vom Wissensdrang befreit" (1768), will er das „Wohl und Weh" der „ganzen Menschheit" erleiden, spricht vom „schmerzlichsten Genuß" (1766), während Mephisto ihm „der Erde Freuden" (1859) vermitteln will. Mit diesen unterschiedlichen Zielvorstellungen machen die beiden ihren Vertrag, der von Faust als „Wette" interpretiert wird (1698), weil er sicher ist, dass auch Mephisto die Sehnsucht und Unruhe des Menschen nicht zu stillen vermag. Damit ist der Motor der ganzen Fausthandlung in Gang gesetzt, der in der Frage besteht, ob es Mephisto gelingt, den Menschen in das Nichts zu führen, „diesen Geist von seinem Urquell" abzuziehen, wie es im ‚Prolog' heißt (324). In einer Art von ‚Abschiedsvorstellung' entwirft Mephisto dann, angetan mit „Fausts langem Kleide" (vor 1851), ein satirisches Bild des universitären Wissenschaftsbetriebes, den Faust jetzt zu verlassen im Begriff steht. Wie diesem vorher empfiehlt er nun einem jungen Studenten, der Faust selbst vor sich zu haben meint, das wirkliche Leben (2039) anstelle des theoretischen Studiums, in dem es ja doch bloß um Worte gehe (1989 ff.). Schließlich erklärt er Faust das Reiseprogramm: Er soll zuerst „die kleine, dann die große Welt" kennen lernen (2052). Das entspricht den beiden Teilen der Tragödie.

Zuwendung Fausts zum wirklichen Leben

Die Wette

Motor der Fausthandlung

Universitätssatire

Mephistos Reiseprogramm

Erste Reisestationen

Bevor Faust in jene „kleine Welt" gelangt, in der er Gretchen begegnen wird, zeigen zwei Szenen, in denen Faust kaum hervortritt, deutlich, wie Mephisto sich „das wilde Leben" (1860) vorstellt und wie weit er damit von Fausts Vorstellungen entfernt ist.
In **‚Auerbachs Keller'** will Mephisto seinen Schützling in „lustige Gesellschaft bringen" (2159). Doch hat Faust

Die gar nicht lustige Gesellschaft

an dem ordinären Treiben der Zechkumpane ebenso wenig Gefallen wie an den Zauberkunststücken Mephistos, mit deren Hilfe die beiden den Aggressionen der ‚lustigen Gesellschaft' entkommen. Auch in der **‚Hexenküche'** „widersteht" ihm „das tolle Zauberwesen" (2337), das Mephisto für nötig hält, um den in Studium und Lehre gealterten Gelehrten Faust in einen jugendlichen Liebhaber zu verwandeln und in ihm dann Sinnenlust zu entfachen, indem er ihm in einem Spiegel „das schönste Bild von einem Weibe" zeigt (2436). Während Mephisto meint, Faust dadurch in seine Gewalt zu bekommen, dass er ihn „den edlen Müßiggang" schätzen lehrt (2596), zeigt sich dieser davon ganz unberührt. Sein Blick ist von dem Bild im Spiegel gebannt.

Die Gretchentragödie

Mit der nächsten Szene ‚Straße I' beginnt unvermittelt die Gretchenhandlung, die den ganzen übrigen Raum des ersten Teils der Tragödie ausfüllt (2605–4612). Das Figurenpaar Faust–Mephisto erweitert sich nun zu einem Figurendreieck.

Gretchen als Mephistos Gegenspielerin

Gretchen wird zur Gegenspielerin des Mephisto, der „keine Gewalt" über sie hat (2626) und den sie instinktiv ablehnt (3469 ff.). Die den Zuschauer bewegende Frage, ob es Mephisto gelingt, Faust ins Nichts hinunterzuziehen, wird dadurch zu der Frage erweitert, ob Gretchens hingebende Liebe ihn zu retten vermag. Diese Frage wird erst am Ende des zweiten Faust-Teils beantwortet werden. Zunächst gerät Gretchen in Schuld und Elend. Die Gretchenhandlung wird zur Gretchentragödie. In ihr lassen sich drei Phasen unterscheiden:

Drei Phasen der Gretchenhandlung

1. *In den Szenen ‚Straße I', ‚Abend', ‚Spaziergang', ‚Der Nachbarin Haus', ‚Straße II', ‚Garten' und ‚Ein Gartenhäuschen' werden Faust und Gretchen auf kupplerische Weise von Mephisto und Marthe zusammengeführt und beginnen sich zu lieben.*
2. *In den Szenen ‚Wald und Höhle', ‚Gretchens Stube', ‚Marthens Garten', ‚Am Brunnen', ‚Zwinger', ‚Nacht' und ‚Dom' wird vorgeführt, wie die Liebenden zu der von der Gesellschaft nicht zugelassenen Vereinigung gelangen und dabei schuldig werden.*
3. *In den Szenen ‚Walpurgisnacht' und ‚Walpurgisnachtstraum' befindet sich Faust fern von Gretchen in Mephistos Reich.*

Die letzten drei Szenen ‚Trüber Tag – Feld', ‚Nacht – Offen Feld' und ‚Kerker' zeigen ihn in Gewissensnot gegenüber dem Schicksal der verlassenen Geliebten. Während Gretchen sich von Mephisto abwendet und Gott anvertraut, zieht dieser Faust auf seine Seite und verschwindet mit ihm.

Mephisto führt Faust und Gretchen zusammen

Erste Begegnung von Faust und Margarete

Faust begegnet Margarete auf der **‚Straße'** und spricht sie sofort an. Sie entwindet sich ihm. Ungeduldig fordert er von Mephisto, sie zusammenzubringen. Er kommt gar nicht auf den Gedanken, sich selbst um sie zu bemühen. So sehr verlässt er sich auf den dämonischen Vermittler. Mephisto weist auf Schwierigkeiten hin, es handle sich um „ein gar unschuldig Ding" (2624). Doch will er Faust wenigstens in Gretchens „Dunstkreis" bringen (2671). Das geschieht in der folgenden Szene **‚Abend'**, in der Faust Margaretes Zimmer wie ein „Heiligtum" (2688) erlebt. Auf seine Bitte hat Mephisto einen Schmuck beschafft, den Gretchen nach ihrer Rückkehr, als sie sich, das Lied vom ‚König in Thule' auf den Lippen, entkleidet, im Schrank findet. Sie legt ihn an, um sich damit im Spiegel zu betrachten. Auf einem **‚Spaziergang'** erzählt Mephisto dem verliebten Faust, dass Margaretes Mutter den Schmuck sogleich zum Pfaffen getragen habe. Faust weist ihn an, unbedingt Ersatz zu schaffen. In der nächsten Szene in **‚Der Nachbarin Haus'** gelingt es Mephisto dadurch, dass er sich als Kameraden von Marthes verschollenem Mann ausgibt, bei ihr ein Rendezvous für Faust und Margarete zu arrangieren. Die Szene **‚Straße II'** stellt ein Intermezzo dar, in dem sich Faust gegen Mephistos Aufforderung wehrt, vor Marthe den Tod ihres Mannes zu bezeugen. Er muss sich von seinem Gesellen vorhalten lassen, dass seine Liebesschwüre gegenüber Gretchen genauso falsch sein würden und dass er früher als Professor mit seinen wissenschaftlichen „Definitionen" ebenfalls „falsch Zeugnis" gegeben habe (3041 ff.). In Marthes **‚Garten'** findet dann das verabredete Treffen statt. Während Marthe um Mephisto wirbt, erzählt Margarete dem um sie werbenden Faust von ihrem Alltag in der ‚kleinen Welt' (wie sie Mephisto 2052

Gretchen ein „unschuldig Ding"

Verführung durch Schmuck

Mephisto als Kuppler

Erstes Rendezvous

Liebesgeständnis

angekündigt hatte) und gesteht ihm ihre Liebe. In der kurzen Szene **‚Ein Gartenhäuschen'** werden die Liebenden von Marthe und Mephisto zum Aufbruch gemahnt. Im Bewusstsein, dem Geliebten verfallen zu sein, bleibt Gretchen zurück.

Vereinigung und Schuldigwerden der Liebenden

Vorübergehendes Harmonieerlebnis

Die beiden folgenden Szenen zeigen, wie das Liebeserlebnis auf Faust und Margarete gewirkt hat. In **‚Wald und Höhle'** fühlt sich Faust im Einklang mit der Natur und mit sich selbst und erfährt nun, durch seine Liebeserfahrung dem „Geist der Erde" (461) näher gekommen, was der Erdgeist seinerzeit dem lebensfernen Gelehrten verweigert hatte (512 f.). Doch als sich Mephisto nähert, um sein sinnliches Verlangen nach Margarete anzustacheln, erlebt er aufs Neue seine innere Zerrissenheit, die „zwei Seelen" in seiner Brust (1112). Er ahnt, dass auch die Liebeserfahrung seinen Drang nicht stillen, dass er vielmehr mit seiner Unruhe nur Gretchens friedliche Welt zerstören wird, dass ihre Liebesgeschichte ein tragisches Ende finden muss. Er ist ja durch die Wette gehalten, nirgends zu verweilen (1692), kann nicht bei Margarete bleiben. Diese äußert derweil in der Szene **‚Gretchens Stube'** in einem Lied ihre Sehnsucht nach Vereinigung mit dem Geliebten. Ihre liebende Hingabe kontrastiert mit Fausts Leiden an sich selbst.

Erneutes Zerrissensein

Ahnung eines tragischen Endes

Die Gretchenfrage

In **‚Marthens Garten'** gibt es ein neues Treffen, bei dem Gretchen an Faust die Frage richtet: „Nun sag, wie hast du's mit der Religion?" (3415), die dieser mit einem Ausbruch vagen religiösen „Gefühls" (3456) beantwortet. Nachdem dann Margarete vergeblich versucht hat, Faust klarzumachen, dass sie Mephisto verabscheut und als Gefahr für ihre Liebe betrachtet, verspricht sie ihm, „heut nacht den Riegel offen" zu lassen (3506), und nimmt den Schlaftrunk entgegen, den Faust ihr mitgibt, damit sie die Aufsicht der Mutter nicht zu fürchten braucht. Damit begibt sich auch Gretchen auf den Weg der Schuld. Ein Gespräch zwischen Gretchen und einer Freundin **‚Am Brunnen'** führt dem Zuschauer vor, welches Schicksal einer ledigen Mutter in dieser ‚kleinen Welt' bevorsteht. Während Gretchen sonst mit zu

Vereinigung der Liebenden

Drohendes Los der ledigen Mutter

„schmälen" (3577) pflegte, hat sie nun selbst Angst vor einem solchen Schicksal. Am **‚Zwinger'**, dem Platz zwischen Häusern und Stadtmauer, äußert sich diese Angst in einem Gebet zur ‚schmerzhaften Mutter' Maria, von der sich dort ein Andachtsbild befindet. In der folgenden längeren Szene **‚Nacht. Straße vor Gretchens Tür'** klagt Gretchens Bruder Valentin, dass er nicht mehr vor den Kameraden mit ihrer Keuschheit prahlen kann. Mit Mephistos Hilfe bringt Faust dann den Soldaten, der den Zugang zur Geliebten sperrt, im Duell zur Strecke. Vor der Nachbarschaft verurteilt und verflucht Valentin sterbend seine Schwester. Faust und Mephisto müssen nun vor dem „Blutbann" (3715) fliehen. Gretchen bleibt allein zurück und erlebt bei einem Seelenamt im **‚Dom'** die Hoffnungslosigkeit und Verzweiflung ihrer Lage in einem solchen Maße, dass sie in Ohnmacht fällt; damit wird zugleich auf ihre beginnende Schwangerschaft gedeutet.

Valentin stellt die Schwester öffentlich bloß

Gretchen leidet

Fausts Verrat und Gretchens Tod

Mit dem Tod Valentins hat Mephisto erreicht, dass Fausts Schuldkonto bedeutend vermehrt und er zugleich in der entscheidenden Zeit von der Geliebten getrennt wird. In der phantastischen Wandelszene **‚Walpurgisnacht'** mit dem anschließenden **‚Walpurgisnachtstraum'** versucht Mephisto nun, Faust von seinem Gretchenerlebnis dadurch abzulenken, dass er ihn in sein Teufelsreich führt, in dem nur der „Mammon" (3915) und sexueller „Spaß" (4049) als Ziele gelten. Doch mitten in den sinnlichen Vergnügungen, in die er sich einlässt, hat Faust eine Vision, die „dem guten Gretchen gleicht" (4188). Der Gedanke an sie lässt ihn nicht los. Daher finden wir ihn in der folgenden, der einzigen Prosa-Szene **‚Trüber Tag – Feld'** auf dem Weg zu ihr. Er klagt Mephisto an, dass er es so weit habe kommen lassen, und fordert von ihm, dass er alle seine Kräfte aufbiete, um Gretchen aus dem Kerker zu befreien. In der nächsten Szene, der kürzesten des Dramas, sind beide auf „schwarzen Pferden" unterwegs in **‚Nacht – Offen Feld'**, um Gretchen zu finden. In der Schlussszene **‚Kerker'** wähnt Margarete, als Faust zu ihr eintritt, zunächst, dass der Henker sie schon hole (4427 ff.). Dann erkennt sie die Stimme des Geliebten

Faust im Reich des Nichts

Gretchenvision

Befreiungsversuch

Gretchen wählt das Gericht Gottes statt Mephistos Hilfe

Faust bleibt bei Mephisto

und sagt: „Ich bin gerettet!“ (4474); aber Realität und Erinnerung gehen für sie durcheinander. Sie will das Liebeserlebnis erneuern und wendet sich von ihm ab, als sie spürt, dass Faust sich längst davon entfernt hat. Während dieser sie auffordert, „das Vergangene vergangen sein“ zu lassen (4518) und mit ihm zu kommen, hält sie daran fest, dass sie nicht „mit bösem Gewissen“ (4547) und verfolgt „in der Fremde“ mit ihm leben könne. Als Mephisto dann in der Türöffnung erscheint, schaudert Gretchen zurück: Mit seiner Hilfe mag sie nicht gerettet werden. Sie vertraut sich dem „Gericht Gottes“ an (4605) und ergibt sich in ihr Schicksal, während Mephisto mit Faust verschwindet. Eine „Stimme von oben“ verkündet, dass sie gerettet sei.

1. Dreifacher Zugang zum Faust-Drama:		
(1) Zueignung	1–32	Gedicht: Wiederaufnahme des Lebenswerks
(2) Vorspiel auf dem Theater	33–242	Direktor, Dichter und Schauspieler sprechen über das Publikum und die Eigenschaften erfolgreicher Stücke
(3) Prolog im Himmel	243–353	Der Herr überlässt Faust dem Mephistopheles, damit er versuche, diesen vom rechten Wege abzubringen
2. Die Gelehrtentragödie: Fausts Verzweiflung an der Erkenntnis		
(4) Nacht	354–807	Fausts vergebliche Ausbruchsversuche durch Geisterbeschwörung und Freitod
3. Die Wette: Mephisto tritt in Fausts Leben		
(5) Vor dem Tor	808–1177	Faust unter Bürgern und Bauern – Entgrenzungserlebnis – Die „zwei Seelen" in seiner Brust
(6) Studierzimmer I	1178–1529	Faust übersetzt die Bibel – Mephisto ist des „Pudels Kern"; er stellt sich vor als „Geist, der stets verneint"
(7) Studierzimmer II	1530–2072	Faust sagt dem Erkenntnisstreben ab und will das wirkliche Leben erfahren – Wette mit Mephisto, dass dieser ihm keine Befriedigung schaffen könne – **Universitätssatire:** Schülergespräch – Aufbruch zur Lebensreise
4. Erste Reisestationen: Auerbachs Keller und die Hexenküche		
(8) Auerbachs Keller in Leipzig	2073–2336	Streit und Lärm in „lustiger Gesellschaft" – Mephistos Zauberkunststücke
(9) Hexenküche	2337–2604	Faust wird in einen jugendlichen Liebhaber verwandelt und erblickt ein schönes Weib im Zauberspiegel
5. Die Gretchentragödie: 5.1 Mephisto führt Faust und Gretchen zusammen		
(10) Straße I	2605–2677	Erste Begegnung – Mephisto sieht Schwierigkeiten wegen Margaretes Unschuld
(11) Abend	2678–2804	Gretchen findet den Schmuck in ihrem Zimmer – Lied vom König in Thule
(12) Spaziergang	2805–2864	Schwankeinlage: Mephisto erzählt, wie Gretchens Mutter den Schmuck zum Pfaffen getragen hat
(13) Der Nachbarin Haus	2865–3024	Mephisto arrangiert ein Rendezvous zwischen Faust und Margarete

(14) Straße II	3025 – 3072	Faust lehnt ab, falsches Zeugnis zu geben, wird von Mephisto verspottet
(15) Garten	3073 – 3204	Margarete erzählt Faust von ihrem Leben, während Marthe versucht, Mephisto einzufangen
(16) Ein Gartenhäuschen	3205 – 3216	Der erste Kuss – Marthe und Mephisto mahnen zum Aufbruch
5.2 Die Liebenden vereinigen sich und geraten in Schuld		
(17) Wald und Höhle	3217 – 3373	Faust zwischen Harmonieerlebnis und Leiden an seiner Zerrissenheit – Mephisto treibt ihn zu Gretchen zurück – Faust erkennt, dass er Gretchen Unglück bringen wird
(18) Gretchens Stube	3374 – 3413	„Meine Ruh' ist hin ...": Margaretes Sehnsucht nach dem Geliebten
(19) Marthens Garten	3414 – 3543	Neues Rendezvous: Die ‚Gretchenfrage' – Verabredung der Liebesnacht
(20) Am Brunnen	3544 – 3586	Kleinstadtklatsch: Das drohende Schicksal der ledigen Mutter
(21) Zwinger	3587 – 3619	Gretchen betet in ihrer Angst zur ‚schmerzhaften' Mutter Maria
(22) Nacht. Straße vor Gretchens Tür	3620 – 3775	Faust ersticht mit Mephistos Hilfe Gretchens Bruder Valentin, der ihnen den Weg versperrt – Sterbend verflucht dieser seine Schwester – Faust und Mephisto verlassen die Stadt
(23) Dom	3776 – 3834	Gretchen fällt während der Messe in Ohnmacht
5.3 Faust lässt Gretchen im Stich, die ihre Schuld im Tode sühnt		
(24) Walpurgisnacht	3835 – 4222	Mephisto führt Faust in das Reich sinnlicher Vergnügungen, wo Gretchen ihm in einer Vision erscheint
(25) Walpurgisnachtstraum	4223 – 4398	Spiel im Spiel: Banales Gegenstück zur Gretchentragödie in der goldenen Hochzeit des Elfenpaares Oberon und Titania
(26) Trüber Tag – Feld	Prosa-Szene	Faust gibt Mephisto die Schuld an Gretchens Schicksal – Plan der Befreiung
(27) Nacht – Offen Feld	4399 – 4404	Faust und Mephisto auf „schwarzen Pferden" unterwegs
(28) Kerker	4405 – 4612	Margarete spürt Fausts Kälte, lehnt die Befreiung ab und gibt sich – vor Mephisto zurückschaudernd – in Gottes Hand

Die einzelnen Szenenkomplexe

Der dreifache Zugang zum Faust – Drama

In dem dreifachen Einstieg, welcher der Eingangsszene vorangeht, mit der die Urfassung des Stücks, der Urfaust, begann, gehört nur der ‚Prolog im Himmel' in den Handlungszusammenhang des Dramas. Die ‚Zueignung' und das ‚Vorspiel auf dem Theater' betreffen dagegen nur das Verhältnis zwischen Dichter und Publikum, zu dessen Erläuterung Goethe in seinem Fall einiges zu sagen für notwendig hielt.

(1) Zueignung (1–32):
Den ersten Zugang bildet ein Gedicht aus vier Stanzen. Mit ihnen spricht ein lyrisches Ich „schwankende Gestalten" an, die „aus Dunst und Nebel" aufsteigen und es „jugendlich erschüttern": Die vom Dichter in frühen Tagen erfundenen Figuren wollen wieder aufgenommen und weiter gestaltet werden (1–8). Damit sind Lebenserinnerungen des Dichters, „Bilder froher Tage", verbunden. Von den damaligen Gefährten sind manche schon „hinweggeschwunden": Der Dichter ist alt geworden (9–16). Das heißt aber auch, dass sein Lied das ursprüngliche Publikum verloren hat und nun einer „unbekannten Menge" gesungen wird: Deshalb ist dem Dichter um den Beifall „bang" (17–24). Bei der Beschäftigung mit dem wieder aufgenommenen Stoff, „jenem stillen, ernsten Geisterreich", wächst auch die Liebe des Dichters zu ihm, sein „längst entwöhntes Sehnen". Das Schaffen geht mühelos vor sich, „der Äolsharfe gleich", die im Lufthauch tönt. Der Dichter lässt liegen, womit er bisher beschäftigt war, und wendet sich dem alten Vorhaben zu, das ihm nun „zu Wirklichkeiten" wird, seine Gegenwart erfüllt (25–32). Das Gedicht erklärt dem Publikum die Situation des Dichters, der ein schwieriges Werk wieder aufnimmt, das ihn nicht loslässt und einen Teil seines Lebens, der vergangen schien, mit heraufbringt. Inter-

Wiederaufnahme des Schaffens

Lebens-erinnerung

Neues Publikum

Liebe des Dichters zum Werk

essant ist der Umstand, dass das lyrische Ich die Rolle eines epischen Dichters angenommen hat, obwohl das Gedicht ein Drama einleitet. Das Nahen der „schwankenden Gestalten", ihr ‚Herandrängen', das ‚Aufsteigen der Schatten' entspricht der Beschwörung der im Hades weilenden Seelen der Toten, wie sie Homer (Odyssee XI 42) und Vergil (Aeneis VI 318) schildern. Es ist von „Sage" (11) und „Gesängen" (17) die Rede: Die Frage nach der Gattungszugehörigkeit des ‚Faust' ist angeschnitten.

Epos oder Drama?

(2) Vorspiel auf dem Theater (33–242):

Das Vorspiel gibt nun die Gattung an, in die der ‚Faust' hineingehört: Es ist ein Theaterstück, zur Aufführung bestimmt. Im Gespräch zwischen dem Theaterunternehmer, dem Dichter und einem Schauspieler wird diese Gattung in unterschiedlicher Perspektive gezeigt: Der Direktor möchte, dass der Dichter ihm mit seinem Stück das Theater füllt (33–58). Doch der Dichter denkt nicht an den „Augenblick", sondern an die „Nachwelt" und wehrt sich gegen eine zu schnelle Produktion (59–74). Der Schauspieler aber, bezeichnenderweise ‚Lustige Person' vom Fach, eine komische Figur also, mahnt den Dichter an seine Aufgabe, „der Mitwelt Spaß" zu machen, alles, was er erfindet und zu sagen hat, „nicht ohne Narrheit hören" zu lassen (74–88). In unterschiedlicher Sicht erscheint auch das Publikum: Dem Direktor bringt es das Geld in die Kasse. Dem Dichter nimmt es mit seinem „wogenden Gedränge" die Schaffensruhe, während der Schauspieler auf sein legitimes Bedürfnis hinweist, unterhalten zu werden. Dafür hat der Direktor ein Rezept: Der Dichter solle genug Handlung und Spannung bringen, vielerlei – „ein Ragout" (101) bieten und auf den Ehrgeiz verzichten, unbedingt „ein Ganzes" liefern zu müssen (89–103). Als der Dichter nun einwendet, das sei doch „Pfuscherei" (104–107), entwirft der Direktor ein realistisches Porträt des Publikums (108–133), das auf den Rat hinausläuft:

Theaterdichtung in unterschiedlicher Bewertung

Unterschiedliche Sicht des Publikums

„Ein Ganzes" muss es nicht sein

> „Sucht nur die Menschen zu verwirren,
> Sie zu befriedigen, ist schwer – –" (131/2)

Entsetzt über den Zynismus des Direktors gibt der Dichter nun – es ist die Mitte und der Höhepunkt des Vorspiels – ein Bekenntnis zu seinem Schöpfertum, das ihn

Bekenntnis zum Schöpfertum

befähigt, die Welt im Kunstwerk neu erstehen zu lassen, indem er sein „Herz“ mit ihr in „Einklang“ setzt. In der sechsfachen „Wer“-Anapher werden poetische Leistungen angeführt: Überhöhung des monotonen Alltags, Intensivierung der Gefühle, Ehrung von Verdiensten, Preis der Götter (134–158). Die ‚Lustige Person‘ überträgt die feierlichen Worte des Dichters auf eine simple Sprachebene („Trank gebraut“: 172, „Nahrung“ saugen: 177), denkt an ein jugendliches Publikum und gibt dem Dichter für sein Stück den folgenden Rat:

> „Greift nur hinein ins volle Menschenleben!
> Ein jeder lebt‘s, nicht vielen ist‘s bekannt,
> Und wo ihr‘s packt, da ist‘s interessant.
> In bunten Bildern wenig Klarheit,
> Viel Irrtum und ein Fünkchen Wahrheit …“
> (167–171)

Leben soll der Dichter bringen, nicht unbedingt Klarheit

Sein Rezept lautet, ein Stück von dem Schema des Liebesromans anzulegen mit Begegnung, Beziehung, Glückserfüllung, Anfechtung, Liebesleid usw. Der Dichter aber macht darauf aufmerksam, dass ihm hierfür die Erlebnisgrundlage fehle, dass er alt sei. Eben das hält der Schauspieler jedoch für die Voraussetzung dichterischer Gestaltung solcher Geschichten: Kampf, Liebe und Gelage seien Sachen der Jugend, das Dichten aber „Pflicht“ der „alten Herren“ (210). Der Direktor unterbricht die Diskussion und möchte „endlich Taten sehn“ (215). Er schickt den Dichter an die Arbeit und fordert ihn auf, ‚die Poesie zu kommandieren‘. Er dürfe den ganzen technischen Apparat benutzen (der ja tatsächlich so, wie er hier beschrieben wird, für eine ‚Faust‘-Aufführung nötig ist). Denn es solle ja „in dem engen Bretterhaus“ der „ganze Kreis der Schöpfung“ ausgeschritten werden, die Handlung „vom Himmel durch die Welt zur Hölle“ führen. Damit wird auf den ‚Prolog im Himmel‘ vorausgedeutet, zugleich die Komik der fiktiven Situation noch einmal betont, da der Dichter an die Arbeit geschickt wird, wo doch die Zuschauer schon im Theater sitzen (214–242).

Auftrag an den Dichter: den Kreis der Schöpfung auszuschreiten

Das ironische Spiel hat dreierlei Funktion:

Funktionen des Vorspiels

- Der Dichter der ‚Zueignung‘, auf deren Schlüsselworte zurückverwiesen wird, ist hier in seine ge-

sellschaftlichen Bezüge gestellt und in Abhängigkeit vom Rezipienten (Publikum) und von den vermittelnden Instanzen (Theater, Schauspieler) gezeigt. Dabei wird die Spannung zwischen dem Anspruch der Dichtung und der mangelnden Aufnahmebereitschaft des Publikums deutlich.
- Die in der Faust-Gestalt vorgeführte Menschheitstragödie wird ausdrücklich zum Kunstprodukt, zum Spiel auf der Bühne erklärt.

Einstimmung von Leser und Zuschauer

- Gleichsam augenzwinkernd kann der Dichter Leser und Zuschauer auf die bunte Fülle an Figuren, Formen und Inhalten sowie auf die komischen Elemente seines Stücks vorbereiten, die ihren Vorstellungen von einer Tragödie mit geschlossenem Handlungsablauf (Konflikt–Entscheidung–Katastrophe), ihren Erwartungen, „ein Ganzes" (102) vorzufinden, sicher widersprechen werden.

(3) Prolog im Himmel (243–353):

Welttheater

Drei Teile des Prologs

Die Schlussworte des Theaterdirektors haben darauf hingewiesen, dass im Faust-Spiel ein Gesamtbild der Welt mit Himmel und Hölle gegeben werde. Der kosmische Rahmen für dieses Gesamtbild wird jetzt abgesteckt, eine Exposition für die beide Teile des ‚Faust' umfassende Gesamthandlung gegeben. Es lassen sich drei Teile des Prologs unterscheiden: der Gesang der Erzengel, das Gespräch zwischen dem Herrn und Mephisto und der Monolog Mephistos auf der leeren Bühne.

Gesang der Erzengel (243–270):

Lob der umfassenden Harmonie in der Natur

In dem Gesang, der die „hohen Werke" des Schöpfers, Sonne und Sphärenharmonie, das Naturgeschehen auf der Erde und auch seine dem Menschen gefährlichen Vorgänge wie Sturmflut und Gewitter preist, wird die ‚Perspektive von oben' gezeigt, in der alles Einzelgeschehen der Natur in einer großen, allumfassenden Harmonie aufgehoben ist. In dieser Perspektive erscheint das menschliche Einzelschicksal mit seinen Leiden und Schmerzen als unerheblich. Was für den Menschen einzigartig ist, macht für den Herrn nur einen Beispielfall mit vorhergesehenem Ausgang aus.

Gespräch zwischen dem Herrn und Mephisto (271–349):

Mephisto, der sich unter das „Gesinde" des Herrn gemischt hat (274), charakterisiert sich selbst durch die Bemerkung, er könne „nicht hohe Worte machen". Deshalb relativiert er jene Perspektive der Allharmonie im Gesang der Engel:

Der Mensch in der Perspektive Mephistos

> „Die unbegreiflich hohen Werke
> Sind herrlich wie am ersten Tag" (249/50),

indem er sie bei der Kennzeichnung des Menschen parodiert:

> „Der kleine Gott der Welt bleibt stets von gleichem Schlag
> Und ist so wunderlich als wie am ersten Tag" (281/2).

Mephisto hat kein Interesse für die Harmonie des Alls, sondern für Erscheinungen gegenteiliger Art. Er findet sie beim Menschen, von dem die Engel nicht gesprochen haben. Der Allharmonie stellt er den Jammer des irdischen Menschenlebens, also der Natur die Geschichte entgegen. Der Mensch gebrauche seine Vernunft, „den Schein des Himmelslichts" (284), nur dazu, „tierischer als jedes Tier zu sein". Wie eine Zikade mache er große Sprünge, falle aber immer wieder auf die Nase. Statt sich mit Mephisto in eine Debatte einzulassen, weist ihn der Herr auf Faust hin. An ihm wird nun die gegensätzliche Bewertung des Menschen durch den Herrn und Mephisto vorgeführt. Während Faust für Mephisto ein Beispiel für den genannten Widerspruch ist, weil er „vom Himmel … die schönsten Sterne" und zugleich „von der Erde jede höchste Lust" fordere (304/5), verkündet der Herr, er werde Faust, der ihm jetzt „verworren" diene, „bald in die Klarheit führen" (309). Die beiden unterscheiden sich durch ihre Interpretation des Strebens und Irrens der Menschen. Mephisto sieht darin das vergebliche Bemühen des Menschen, wie Gott zu sein, während es für den Herrn das Wesensmerkmal des Menschen ist, dass er „irrt …, solang' er strebt" (317), und die Voraussetzung dafür, dass der Mensch den „rechten Weg" seiner Bestimmung zu finden vermag (328/9). Mephisto sieht den Menschen als Gegenargument gegen die von den Engeln

Mensch zwischen Gott und Tier

„Kennst du den Faust?"

Der Mensch, das strebende und irrende Wesen

besungene Harmonie, der Herr jedoch als einen Teil derselben. Deshalb geht er auf Mephistos Angebot der Wette (312) ein und überlässt ihm, wohl wissend, dass er ihn nicht „von seinem Urquell" abziehen kann (324), seinen Knecht Faust für das große Experiment, aus dem die Handlung des Dramas besteht.

Entelechie-Begriff

Goethe hat diese im Menschen wirksame Kraft, strebend durch alle Irrtümer hindurch seine Bestimmung zu finden, mit einem Ausdruck des Philosophen Aristoteles (384–322 v. Chr.) ‚Entelechie' genannt (griech., etwa, was seine Bestimmung in sich selbst hat'). Eckermann notiert am 11. 3. 1828 seine Bemerkung:

> „Jede Entelechie nämlich ist ein Stück Ewigkeit,
> und die paar Jahre, die sie mit dem irdischen Körper
> verbunden ist, machen sie nicht alt."

Das Buch Hiob als Vorbild

Vorbild des Prologs ist das alttestamentliche Buch Hiob (1,6–12). Es erfährt hier wesentliche Veränderungen: Im Gegensatz zu dem frommen Hiob, der ohne eigenes Zutun zum Opfer des Teufels wird, lässt sich Faust freiwillig mit Mephisto ein. Während Hiob in allem Unglück Gott treu bleibt, kümmert sich Faust gar nicht um ihn, hat – mit Gretchen zu sprechen – „kein Christentum" (3468). Während es in der Bibel um die Abhängigkeit des Menschen von Gott geht, treten hier sozusagen zwei Menschenbilder in Wettstreit. Mephisto – und mit ihm der Leser bzw. Zuschauer – soll selbst herausfinden, ob seine Auffassung vom Menschen zutrifft.

Welches Menschenbild trifft zu?

Ein weiterer Hinweis auf das folgende Drama wird dadurch gegeben, dass Mephisto, der „Geselle", der dem Menschen beigegeben wurde, damit er nicht ‚erschlaffe' (340), von allen „Geistern, die verneinen", dem Herrn „am wenigsten zur Last fällt", weil er „der Schalk" ist (339). Es wird also Mephisto sein, der für das von der ‚Lustigen Person' geforderte Element der „Narrheit" (88) sorgen soll.

Mephisto, der „Schalk"

Zum Schluss wendet sich der Herr wieder den Engeln zu und verknüpft ihren Lobgesang durch den Wunsch, „das Werdende" möge sie „mit der **Liebe** holden Schranken" umfassen (346/7), über das ganze Drama hinweg mit der Schlussszene des zweiten Teils, in der Fausts Entelechie liebend von der „seligen Schar" begrüßt wird:

„Wer immer strebend sich bemüht,
Den können wir erlösen.
Und hat an ihm die **Liebe** gar
Von oben teilgenommen,
Begegnet ihm die selige Schar
Mit herzlichem Willkommen“ (11936–41).

Vorausdeutung auf den Schluss des II. Teils

Monolog Mephistos (350–353):

Mephisto bleibt allein auf der Bühne zurück und beginnt sogleich, seine Schalksrolle zu agieren. Wie der Diener in der alten Komödie spielt er den Überlegenen, indem er seinen Herrn „den Alten“ nennt, und verabschiedet sich mit dem Oxymoron, dass **Gott** „so **menschlich** mit dem **Teufel**“ sogar gesprochen habe. Der Leser ist auf die Wiederbegegnung mit Mephisto (1322) vorbereitet.

Mephisto, der schlaue und gewandte Diener

Die Gelehrtentragödie

(4) Nacht (354–807):
Im Unterschied zur Sonnenhelle und zur Weite des kosmischen Raums im Prolog zeigt die erste Faust-Szene Enge und nächtliche Dunkelheit, welche die Situation des Titelhelden symbolisieren. Die lange Szene ist eine Art Monodrama, d. h. ein Ein-Personen-Stück, das jedoch abwechslungsreich gegliedert ist. Ein Gespräch mit dem Famulus Wagner teilt den großen Faust-Monolog in zwei ungefähr gleich lange Teile. Deren erster mündet in den Dialog mit dem Erdgeist, während der zweite in den Wechselgesang zwischen Faust und den Osterchören übergeht. So ergibt sich folgende Gliederung:

Nacht und enger Raum

Monodrama

Gliederung der Szene

- Faust allein (354–481)
- Faust und Erdgeist (482–513)
- Gespräch zwischen Faust und Wagner (514–601)
- Faust allein (602–736)
- Faust und die Osterchöre (737–807).

Diese Gliederung wird nicht so sehr durch die Abfolge von Fausts Gedanken als vielmehr durch die Bewegung seines Daseinsgefühls bestimmt: Immer wieder schlägt Verdruss in Euphorie und wiederum Hochgefühl in Depression um. Man hat deshalb von einem „lyrischen Charakter“ der Faust-Monologe gesprochen. Diese setzen an einem Tiefpunkt ein: Faust ist von der Wissenschaft, von seinem Gelehrtenleben zutiefst enttäuscht, weil ihn das Studium der vier Fakultäten der Universität (354–57) nicht klüger gemacht, er seinen Studenten nichts zu sagen habe (360–65), seine Tätigkeit ihm weder das ersehnte Wissen noch Gut, Geld oder Ehre eingebracht habe (366–76). Er habe sich deshalb der Magie zugewandt, d. h. der Kunst, sich durch Kontakt mit der Geisterwelt unmittelbar die Kenntnis davon zu verschaffen, „was die Welt im Innersten zusammenhält“ (377–85).

Entscheidung, durch Magie Wissen zu erlangen

Faust, der „Tor“

Dadurch, dass sich Faust als „armer Tor“ bezeichnet (358), veranlasst er den Leser zu der Frage, wie das Bild, das er hier von sich selbst gibt, mit seiner Charakterisierung durch Mephisto im Prolog zusammenpasst:

> „Nicht irdisch ist des Toren Trank noch Speise“ (301).

Eine Art geistiger Unersättlichkeit zeigt sich in beiden, die Illusion, alle Zwischenstufen überspringen und unmittelbar das Weltgeheimnis erkennen zu können, das selbst die Engel nicht zu „ergründen“ (268) vermögen.

Fausts Streben zur lebendigen Natur

Der Blick zum Fenster hinaus auf den Mond weckt in Faust den Wunsch, in die freie Natur zu gehen, den „Kerker“ des Studierzimmers zu verlassen, der bisher seine „Welt“ gewesen war (386–409). Gott habe die Menschen in die „lebendige Natur“ hineingeschaffen, aber nicht zum Umgang mit toten Dingen bestimmt (410–17). Fausts Krise entspricht mit diesem Wunsch genau der Krise der abendländischen Kultur beim Übergang vom Mittelalter zur Neuzeit, als Erkenntnis der Natur nicht mehr nur aus Büchern, sondern in der Natur selbst gesucht wurde, durch Forschung statt durch Lektüre. Doch statt „hinaus ins weite Land“ zu fliehen, greift Faust zu einem Buch, das ihm „Geleit“ zur Natur geben soll, aus dem zu ihm „ein Geist“ wie „zum andern Geist“ sprechen soll. Forschung ist nicht seine Sache (418–29).

Faust betrachtet das Zeichen des Makrokosmos

Beim Betrachten des Zeichens des Makrokosmos, also der Allharmonie, welche die Engel im Prolog besungen haben, gerät Faust nun in Verzückung, fühlt sich mit der Natur verbunden und kommt sich wie „ein Gott“ vor. Er meint jetzt zu erkennen „wie alles sich zum Ganzen webt“ (430–53); doch wird ihm im gleichen Augenblick bewusst, dass er ja nicht – wie die Engel im Prolog – in den Kosmos schaut, sondern nur ein Bild vor sich hat und daher nicht die Natur zu fassen vermag (454–59). Er hat nichts erkannt, nur einen Augenblick lang sein Hochgefühl genossen. Nun blättert er „unwillig" weiter und erblickt das Zeichen des Erdgeistes, der das irdische Leben mit seinen „Stürmen" symbolisiert. Er gerät in Ekstase, wie die Kurzverse mit ihren freien Rhythmen zeigen, meint, die Nähe des Geistes zu fühlen (460–81). Der Geist erscheint tatsächlich und verspottet Faust, weil er, der sich als „Übermenschen" dünkt, Angst habe wie ein „Wurm". Er weist Faust, der sich als ‚seinesgleichen' vorstellt, in seine Schranken zurück und überlässt ihn seiner Verzweiflung (482–514).

Fausts Zurückweisung durch den Erdgeist

Beide Male also endet Fausts Versuch, aus seinen Grenzen auszubrechen, mit einem Misserfolg. Bei dem Versuch, durch kontemplatives Leben Erkenntnis zu gewinnen, muss er erfahren, dass er kein „Gott" ist, dass er keinen unmittelbaren Zugang zur Allharmonie hat. Bei dem Versuch aber, sich mit Hilfe des Erdgeistes, der das Werden und Vergehen des organischen irdischen Lebens verkörpert (501 ff.), „in die Welt zu wagen" (464), also ins aktive Leben zu gelangen, wird er zurückgestoßen: „Du gleichst dem Geist, den du begreifst, nicht mir!" (512). Mitten in die Enttäuschung darüber gerät Wagner, Fausts Famulus, hinein.

Fausts Scheitern in der Magie

Das Gespräch zwischen Wagner und Faust (522–601) erweist sich schon durch das einleitende Missverständnis als komische Einlage: Wagner deutet Fausts verzweifeltes Rufen als Deklamation eines griechischen Tragödientextes. Das Missverständnis charakterisiert beide: Für Wagners Gelehrtentum ist es bezeichnend, dass er sich leidenschaftliche Rede nur als literarische Äußerung vorstellen kann. Für Faust aber bedeutet Wagners Einschätzung, dass sein Verhalten theatralisch wirkt, so dass der Leser bzw. Zuschauer ihn auch kritisch zu sehen wagt. Das ist nämlich nötig, wenn er erkennen will, was in dem Gespräch vor sich geht.

Faust und Wagner als Gegensätze

Das Gespräch hat zwei Themen, die hintereinander abgehandelt werden, zunächst – anknüpfend an die Eingangsvermutung vom Deklamieren – die Vortragskunst (522–57), dann – entsprechend Wagners Studieninteresse – die Erforschung der Geschichte (558–95). Ganz im Sin-

Die Themen des Gesprächs

Faust und Wagner verkörpern zwei Epochen

Gefühl statt Rhetorik

Übertriebene Kritik an der Rhetorik

Geschichtliche Erkenntnis unmöglich?

Fausts Erkenntnis- und Aufklärungspessimismus

ne des Barockhumanismus will Wagner die Menschen „durch Überredung leiten", indem er dazu die Werke der klassischen Autoren heranzieht. Faust gießt über dieses rationale Bemühen die Lauge seines Spottes aus, nennt es „Zusammenleimen", „ein Ragout brauen", und preist das ‚Gefühl' als Quelle der richtigen Methode. Verständigung geschehe, wenn es „aus der Seele dringt", „die Herzen aller Hörer zwingt", „von Herzen … zu Herzen" geht. Das ist ganz im Sinne des Sturm und Drang gesprochen, doch hat Wagner leider nichts davon. Sein Professor kann und will ihm nicht helfen. Er verrät sein Lehramt, wenn er – in grotesker Übertreibung tadelnd, dass Wagner beim Zitieren „der Menschheit Schnitzel kräuselt" – behauptet, auf Worte käme es nicht an, man werde schon verstanden, wenn es einem „Ernst" sei.

Ähnlich unfruchtbar wird das zweite Thema abgehandelt. Hier ist der Hinweis auf das, was „aus eigner Seele quillt", noch unsinniger, weil es ja gar nicht mehr darum geht, wie man auf andere einwirken soll, sondern um die Frage, wie man an die historischen „Quellen" gelangt. Faust verfehlt also in seiner Antwort das Thema. Seine Antwort lautet im Grunde: Geschichtliche Erkenntnis ist nicht möglich, der Forscher findet immer nur sich selber wieder. Auch hier hat die Kritik einen wahren Kern, setzt sich aber durch Übertreibung ins Unrecht: Zwar wird immer der „eigne Geist" zurückgespiegelt, doch ist deshalb die Vergangenheit kein „Buch mit sieben Siegeln", bloßer Stoff für Theaterstücke. Dem Optimismus Wagners, der die Geschichte als Fortschritt ansieht, bei dem der Mensch es „dann zuletzt so herrlich weit gebracht" habe (573), setzt Faust einen Pessimismus entgegen, der davon ausgeht, dass die Menschen sich gegen die Erkenntnis der Wahrheit wehren und diejenigen, welche „das Kind beim rechten Namen nennen", zu kreuzigen oder zu verbrennen pflegen. Während Wagner dabei offenbar eine Art von Volksbildung im Auge hat, wie sie die Aufklärer wollten, denkt Faust, den „Pöbel" verachtend, an eine Erkenntnis, die den Charakter einer gefühlsbetonten Schau hat und sich nur wenigen ‚offenbart'.

Faust bricht das Gespräch hier ab, während Wagner, trotz der Abfuhr, die er erlitten hat, um Fortsetzung „am ersten Ostertage" bittet.

Neben der Funktion, das akademische Lehrer-Schüler-

Verhältnis zu problematisieren und eine gegenseitige Charakterisierung der Figuren zu ermöglichen, hat die Szene auch die Aufgabe, die Handlung weiterzuführen. Die innere Entwicklung Fausts ist zu zeigen, welche ihn Mephisto zuführt. Sein Verhalten gegenüber Wagner ist nur ein Schritt zur Verfluchung aller Lebenswerte (1587 ff.) als Konsequenz seiner radikalen Ich-Bezogenheit, in der er seine idealen Forderungen erfüllt haben möchte, ohne etwas dafür zu tun. Hier zeigt sich ein moderner Zug an Faust: Man wird an den Narzissmus-Begriff der heutigen Kulturkritik erinnert, zu dem das Motiv der Ungeduld in ähnlicher Weise gehört („Wir wollen alles, und zwar sofort").

Funktion des Wagnergesprächs

Fausts ‚Narzissmus'

Im folgenden Monolog (602–685) versucht Faust, die Zurückweisung durch den Erdgeist zu verarbeiten. Er fragt sich, warum ihn, ein „Ebenbild der Gottheit" (614), der schon im Begriff war, ‚ewige Wahrheit' zu erfassen, „ein Donnerwort ... hinweggerafft" hat. Er erkennt, dass er den Erdgeist zwar ‚anziehen', aber nicht ‚halten' konnte, dass dieser ihn „ins ungewisse Menschenlos" (629) zurückgestoßen hat. Und dieses ‚Menschenlos', die Existenzweise des Menschen, wird ihm nun schlagartig bewusst: „Unsre Taten" und „unsre Leiden ... hemmen unsres Lebens Gang" (6332/3). Das Entscheidende des ‚Menschenloses' sieht Faust also in der Bindung des „Geistes" an den „Stoff", der dem Geist „fremd" ist, weil er ihn am Fluge in die Gefilde der ewigen Wahrheit hindert. Diese Bindung zieht die menschliche Phantasie, die sich gern „hoffnungsvoll zum Ewigen" aufschwingen möchte, in Mitleidenschaft, indem sie zum Werkzeug der Sorge wird, die den Menschen in immer „neuen Masken" (647) in Unruhe versetzt: Er macht sich unaufhörlich Gedanken um „Haus und Hof", um seine Angehörigen, um drohende Gefahren. So wird Faust klar, was der Erdgeist meinte, als er ihm die göttliche Geistnatur absprach und ihn einen Wurm nannte (498).

Das Thema: ‚Was ist der Mensch?'

Sein Blick fällt nun auf die Bücher und Gerätschaften seines Studierzimmers, die schon sein Vater in Gebrauch hatte (677). Er hält sie für genauso nutzlos, wie er im Eingangsmonolog das Wissen der Fakultäten eingeschätzt hatte. In den Büchern stände doch nur, „daß überall die Menschen sich gequält" hätten, und mit Hilfe der Instrumente lasse „sich Natur des Schleiers nicht

„Da steh' ich nun, ich armer Tor" (358)

Absage an alles Überkommene

berauben". Überkommenes sei eine nutzlose Last, wenn man es sich nicht neu aneignet und in Gebrauch nimmt. Diese vielzitierte Weisheit (682/3) wird im Vers 685 in eine maßlos überspitzte Umkehrung gebracht:

> „Nur was der Augenblick erschafft, das kann er nützen".

Damit wird der Wert verfügbarer Werkzeuge, vorhandener Einrichtungen, im Grunde der Sinn kultureller Kontinuität überhaupt geleugnet.
Wie schon in Vers 386 kündigt Vers 689 der „Mondenglanz" an, dass Faust aus der Depression wieder in Euphorie gerät. Er hat unter dem „alt Geräte" (676) eine Giftschale entdeckt und sieht plötzlich die Möglichkeit vor sich, mit ihrer Hilfe unmittelbar auf das „hohe Meer" zu gelangen, von dem der Erdgeist gesprochen hatte:

> „Zu neuen Ufern lockt ein neuer Tag" (701).

Selbstmord als Flucht aus der Begrenztheit

Er steigert sich in die Selbstmordbereitschaft hinein, indem er sich einredet, auf diese Weise aus dem Dasein als „Wurm" zur „Götterhöhe" aufsteigen zu können, „und wär' es mit Gefahr, ins Nichts dahinzufließen" (719). Das Bedenken der nihilistischen Alternative gehört zur modernen Diesseitigkeit mit dazu.
Der letzte Teil der Nachtszene (737–807) führt Faust aus seinen Götterphantasien wieder auf die Erde zurück.

Osterchöre rufen ins Leben zurück

Osterglocken und Chorgesang ziehen ihm „mit Gewalt das Glas" vom Munde (743). Da er „an diesen Klang von Jugend an gewöhnt" ist (769), „ruft er" ihn „auch jetzt zurück" ins Leben. Faust ist sich klar darüber, dass er nicht gläubig ist:

Fausts Unglauben

> „Die Botschaft hör' ich wohl, allein mir fehlt der Glaube" (765).

Dennoch spricht er von „Himmelstönen" und von „holder Nachricht", von „süßen Himmelsliedern". Die Erinnerung an seine Kindheit, in der er durch den Glauben in sich „eine Welt entstehn" fühlte (778), hat ihn nun „mit kindlichem Gefühle" „vom letzten, ernsten Schritt" zurückgehalten (780/1). Es wird deutlich, dass Faust gefühlsmäßig und wunschhaft noch besitzt, was Verstand und Selbstbewusstsein ihm zu glauben verbieten.
Der Text der Chorstrophen ist auf eigenartige Weise aus mittelalterlichen Teilen von Hymnen und lateinischen

Osterspielen und aus goetheschen Vorstellungen wie „Werdelust“, „schaffende Freude“ und „tätig preisen“ gemischt, so dass offen bleibt, inwieweit das, was Faust da hört, zu einem als real vorgestellten liturgischen Vorgang gehört oder als Projektion der inneren Gefühls- und Gedankenbewegung verstanden werden muss, die in Faust abläuft und die erwähnte religiöse Sentimentalität veranschaulichen soll.

Äußerer Vorgang oder Projektion innerer Vorgänge?

Mit welchen Charakterzügen ist die Faust-Figur in dieser großen Eingangsszene ausgestattet worden? Zunächst wurde Fausts überdurchschnittlicher Wissensdrang gezeigt, der in der Universität keine Erfüllung fand. Deshalb geht er neue Wege, versucht sich durch Magie die Natur zugänglich und gehorsam zu machen. Er beweist eine elitäre Auffassung vom Wissen (590 ff.), äußert die Meinung, dass aus der Geschichte nichts zu lernen sei (575 ff.), und zeigt eine deutliche Verachtung des ‚Erbes‘, der Tradition (680 ff.). Auffällig ist seine emotionale Unausgeglichenheit, der ständige Wechsel von Euphorie und Depression. Das „Menschenlos“ erfährt er als Eingeengtsein und Sorge (629 ff.). Auf der anderen Seite neigt er zu Gefühlsüberschwang; „Gefühl“ ist ein Schlüsselwort in seinen Äußerungen (432, 478 ff., 511, 534, 592, 638, 652, 778). Eine starke Ich-Bezogenheit zeichnet ihn aus, so dass man fast von ‚Narzissmus‘ sprechen kann. Er zeigt die religiöse Sentimentalität des modernen Menschen, der gern glauben möchte, aber nicht glauben kann, jedoch in Grenzsituationen in sich Rudimente des Glaubens wiederfindet. Er wehrt sich allerdings gegen eine Glaubensbindung, weil er „zu jenen Sphären … nicht zu streben“ wagt (767).

Charakterzüge der Faust-Figur

Mephisto tritt in Fausts Leben

(5) Vor dem Tor (808–1177):

Die Szene gliedert sich deutlich in zwei Hälften, den eigentlichen Osterspaziergang (808–1010) und das Gespräch zwischen Faust und Wagner, durch das Mephistos Erscheinen vorbereitet wird (1011–1177). Die erste Hälfte mit ihrem revue-artigen Charakter stellt das Gegenbild zur Nachtszene dar: Der helle Tag kontrastiert mit der Nacht, die Weite der Landschaft mit der Enge des gotischen Zimmers, die Fülle der auftretenden

Zweiteilung der Szene

Kontrast zur Nachtszene

Personen mit Fausts Einsamkeit, der Realismus des Geschehens mit der von ihm beschworenen Geisterwelt.

Fausts soziale Umwelt

Die Massenszene zu Anfang (808–902) ist geeignet, von Fausts sozialer Umwelt ein Bild ohne Illusionen zu geben: Handwerksburschen wie Studenten wünschen sich Bier, Mädchen und Raufereien. Dienstmädchen wie Bürgermädchen sind auf Liebhaber aus. Die Bürger stellen sich mit dem Gemeinplatz vor, dass alles immer schlechter werde. Sie sind gegen jede Veränderung und erhöhen den Genuss ihrer Ruhe durch das Bewusstsein, dass weit entfernt „die Völker aufeinander schlagen" (863). Die Mädchen wollen die „Alte", deren Wahrsagerei in Liebesdingen sie heimlich in Anspruch nehmen, in der Öffentlichkeit nicht kennen. Sie sind besorgt um ihren Ruf (872–83). Die Soldaten lieben es, nach der Eroberung von Burgen und Mädchen immer wieder davonzuziehen (884–902).

Bürger gegen jede Veränderung

Fausts idealistische Osterrede

Auf dem Hintergrund dieser Genre-Szene wirkt die schöne Rede, in der Faust die festlich geputzten Menschen als farbliche Bereicherung der Frühlingslandschaft lobt und ihr Tun dadurch erklärt, dass sie „selber auferstanden" seien (922), reichlich lebensfremd. Er deutet sein eigenes Erlebnis der Befreiung aus der Enge in die Menschen hinein, ohne zu ahnen, dass diese keine Ahnung von seinen Problemen haben. Sein Gefühl mitmenschlicher Gemeinschaft ist eine Illusion:

Illusion mitmenschlicher Gemeinschaft

> „Hier bin ich Mensch, hier darf ich's sein" (940).

Wagner schließt sich Fausts Interpretation des Treibens nicht an, weil er „ein Feind von allem Rohen" sei. Die Menschen kommen ihm vor „wie vom bösen Geist getrieben" (947), ein erster Hinweis auf Mephistos Erscheinen.

Bauern unter der Linde

Im Gegensatz zur ersten Massenszene erscheint in der nächsten (949–1010) ländliche Bevölkerung. Vier Strophen eines Schäferliedes erzählen balladenartig von der Verführung eines Mädchens, eine Vorausdeutung auf die Gretchentragödie. Die eingestreute Personenrede, welche das Geschehen aus der Perspektive des Mädchens zeigt (973–75), macht nämlich deutlich, dass es trotz der Vorahnung, verlassen zu werden, den Schmeicheleien des Liebhabers nachgibt. Ein Bauer spricht nun den „Herrn Doktor" an, bringt einen Toast auf ihn aus

Schäferlied vom verführten Mädchen

und erzählt den Leuten, die sich um sie sammeln, vom ärztlichen Wirken Fausts und seines Vaters während einer Seuche. Ganz im Einklang mit dem frommen Volk gibt Faust ihren Dank an Gott weiter (1009/10). Als sie allein weitergehen, preist Wagner seinen Lehrer ob seiner Prominenz, während dieser – davon ungerührt – Einzelheiten aus seiner damaligen Tätigkeit preisgibt und gesteht, er und sein Vater, dieser „dunkle Ehrenmann", hätten damals „weit schlimmer als die Pest getobt" (1052), als es ihm nicht gelungen war, durch Beten und Fasten das Ende der Pest „vom Herrn des Himmels zu erzwingen" (1029). Wartenkönnen war also auch damals nicht seine Sache.

Dank der Bauern an den Arzt Dr. Faust

Selbstvorwürfe Fausts

Aus Fausts Rede erfährt der Leser in der Sprache der Alchemisten des Spätmittelalters, wie damals ein Medikament hergestellt wurde. Im Labor („schwarze Küche" 1039) wurde rötliches Quecksilberoxyd HgO („roter Leu" (1042) im Wasserbad mit weißlicher Salzsäure HCl („Lilie" 1043) zusammengebracht, erhitzt und aus einer Retorte in eine andere („aus einem Brautgemach …" 1045) befördert, bis daraus Quecksilberchlorid $HgCl_2$ („die junge Königin" 1047) entstand. Weil das ein sehr gefährliches, giftiges Mittel ist, das schon im Mittelalter gegen Hautkrankheiten verwendet wurde, wirft Faust seinem Vater und sich selbst vor, verantwortungslos gehandelt zu haben. Das ist vom Wissenschaftsstand der Chemie im 18. Jahrhundert aus gesehen.

Herstellung eines Medikaments in der Alchemie

Wagner begegnet Fausts Selbstvorwurf mit dem Hinweis auf den allmählichen Fortschritt der Wissenschaft von Generation zu Generation – wie er es schon im Nachtgespräch mit der Sentenz des Hippokrates getan hatte:

Fortschritt der Wissenschaft nach Wagner

> „Die Kunst ist lang, und kurz ist unser Leben" (558/9).

Für Faust ist dieser Fortschritt jedoch ein „Meer des Irrtums" und er nimmt Wagners Einwand nur als Stichwort für einen neuen Ausbruch seines Höhendranges, der ihn aus der Depression wieder in die Euphorie führt. Das Erlebnis der „Abendsonneglut" (1070) veranlasst ihn zu einem Hymnus auf die Sonne, dessen lyrische Kraft deutlich von der eher dozierenden Naturbetrachtung „Vom Eise befreit sind Strom und Bäche …" (903 ff.) absticht. Er träumt vom Flug hoch über Land und Meer, der Sonne nach, vor sich den Tag und hinter sich die Nacht, befreit vom irdischen Wechsel zwischen Licht und Finsternis

Erkenntnis nach Fausts Auffassung

Vision vom Flug mit dem Tage

(1070–99). Wagner weist Fausts Behauptung, dass dieser Drang „jedem eingeboren" sei (1092), für sich zurück und setzt die „Geistesfreuden" dagegen, die er beim Studium der Bücher erlebe (1100–09). Um so mehr wird sich Faust nun seiner inneren Zerrissenheit zwischen Allsehnsucht und irdischem Menschenlos bewusst. Seine Euphorie weicht wieder dem Gefühl der Begrenztheit. Er spricht von den „zwei Seelen" in seiner Brust, von denen ihn die eine nach unten, in das sinnliche Leben, die andere nach oben zieht. Doch diesmal überlässt sich Faust nicht seiner Verzweiflung, sondern ruft nach „Geistern in der Luft", die ihn „zu neuem, buntem Leben" wegführen, ihm einen „Zaubermantel" schenken sollen (1110–25). Damit hat er – ohne es zu wissen – Mephisto ein Zeichen gegeben. Die nun folgende Rede Wagners (1126–44) ist die einzige Warnung vor dem Teufel und seinen Geistern, die Faust erhält. Er kennt die Eigenart der dämonischen Geister aus seinen Büchern, wie man an der systematischen Einteilung sieht („Norden" – „Morgen" – „Mittag" – „West"). Faust achtet nicht darauf, sondern starrt auf einen „schwarzen Hund" (1147), an dem nun wiederum Wagner nichts Besonderes finden kann, als wolle er Mephistos Spruch bestätigen:

„Zwei Seelen wohnen, ach! in meiner Brust"

Erscheinung eines schwarzen Hundes

> „Den Teufel spürt das Völkchen nie,
> Und wenn er sie beim Kragen hätte" (2181/2).

Ironische Wendung

So wird auf ironische Weise noch einmal die Wissensthematik des Eingangsmonologs aufgenommen, ehe Wagner aus der Handlung verschwindet. Sein theoretisches Wissen von den Dämonen hat sich als untauglich erwiesen, den nahen Teufel zu erkennen. Dadurch, dass er Faust sogar die Gesellschaft des Pudels empfiehlt, verkehrt sich seine Warnung ins Gegenteil. Ahnungslos spricht er von den Diensten, die das Tier ihm leisten kann („er wartet auf") und weist damit, ohne es zu wissen, auf die künftige Handlung voraus. Doch Faust erkennt das magische Wesen des Pudels, lenkt aber ein („du hast wohl recht") und verschwindet mit Famulus und Hund im Stadttor.

Faust verkörpert Doppelnatur des Menschen

Durch den Kontrast zu Wagner wird die Aufgabe der Faustfigur, die Stellung des Menschen zwischen Geist und Materie zu verkörpern, betont: Normalerweise erlebt ja der Mensch, auf Endlichkeit und Zeit in seinem Leben beschränkt, doch der Unendlichkeit und Ewigkeit bewusst, den Gegensatz zwischen ihnen nicht dauernd, empfindet ihn nicht einmal, sondern überbrückt ihn in der Religion. Der Mensch ist an die Spannung zwischen Gott und Welt, Geist und Stoff, Licht und Finsternis gewöhnt, er hat sich an diese Erde angepasst. Faust aber erleidet diese Spannung in ihrer Unvereinbarkeit; der Gegensatz zerreißt ihn innerlich. Wenn er leben will, muss er ihn zugunsten eines Pols beseitigen. Daher entscheidet er sich gegen das „Drüben" (1660, 11442), für das Jetzt und Hier, nicht nur theoretisch wie bei der Beschwörung des Erdgeistes, sondern praktisch, indem er nun die Sehnsucht nach den „Gefilden hoher Ahnen" (1117) durch Reiselust ersetzt („in fremde Länder" 1123) und nach Mephistos „Zaubermantel" ruft. Die Mephisto-Handlung beginnt also 1118 mit Fausts Entscheidung für ein „neues, buntes Leben".

Fausts Entscheidung

Ein „neuer Lebenslauf" (1622, 2072)

(6) Studierzimmer I (1178–1529):
Die „zwei Seelen", unter deren Widerstreit Faust leidet, finden zu Beginn dieser Szene in dem Wechsel von Monolog und Ansprache des Pudels ihren Ausdruck. In den monologischen Versen zeigt Faust, angeregt durch die heimische Abendstille, eine ruhige Stimmung wie weder vorher noch nachher wieder in der Handlung des Dramas. Die „wilden Triebe" schlafen, Liebe zu Gott und den Menschen regt sich in ihm, die enge Zelle gibt ihm Geborgenheit. Vernunft, Hoffnung und Sehnsucht „nach des Lebens Quelle" erfüllen ihn. Als die Befriedigung nachlässt, wendet er sich, um sie festzuhalten, an „das Überirdische", die „Offenbarung", und beginnt, das Johannisevangelium zu übersetzen. Immer wieder aber unterbricht der Pudel durch seine Unruhe und seinen „tierischen Laut" (1204) die „heiligen Töne", die Fausts „ganze Seel' umfassen". Doch zeigt die Folge der Begriffe, deren Eignung für die Wiedergabe des griechischen ‚Logos' der Übersetzer prüft:

Faust kommt vorübergehend zur Ruhe

Religiöse Gefühle

Wort ➤ Sinn ➤ Kraft ➤ Tat,

dass der Unruhe des Pudels in Faust Ungeduld, Unruhe, Aktionismus antworten. Die mit dem Ruf nach dem „Zaubermantel" getroffene Entscheidung, sich „zu neuem, buntem Leben" wegführen zu lassen (1118 ff.), wird von Faust nicht widerrufen. Deshalb wendet er sich

Fausts Unruhe bricht wieder durch

Faust zaubert Mephisto hervor

nun ganz dem Pudel zu und bereitet sich vor, dem offensichtlich dämonischen Wesen, dem die Geister Hilfe versprechen, mit „Salomonis Schlüssel“ (1258) zu Leibe zu rücken. Mit allerlei Zaubersprüchen geht er nun auf das Tier los, in dem er die „Höllenbrut“ vermutet. Wie es sich für einen richtigen Teufel der christlichen Tradition gehört, ist Mephisto erst mit Hilfe des Kreuzzeichens (1301) dazu zu bringen, seine Tiergestalt zu verlassen. Er zeigt sich „gekleidet wie ein fahrender Scholastikus“, d. h. Faust gesellschaftlich angepasst und seinen Reiseplänen entgegenkommend, mit den Worten:

Mephisto bietet seine Dienste an

> „Was steht dem Herrn zu Diensten?“ (1322)

Das der komischen Zauberepisode entsprechende Anfangsgeplänkel zwischen den beiden:

> „Das also war des Pudels Kern!
> ...
> Ich salutiere den gelehrten Herrn!“

Gespräch über Sein und Nichts

geht schnell in ein gewichtiges Gespräch über Gut und Böse (1336), Entstehen und Zugrundegehen (1339), Teil und Ganzes (1348), Licht und Finsternis (1351), Etwas und Nichts (1363) über. Die beiden sind also sofort bei der Sache, dem Sinn der Welt und des menschlichen Lebens. Auf die Frage, wer er sei, erwidert Mephisto:

Selbstdarstellung Mephistos

> „Ein Teil von jener Kraft, die stets das Böse will und stets das Gute schafft“ (1335).

und:

> „Ich bin der Geist, der stets verneint“ (1338).

Mit diesen Worten wird die Selbstdarstellung Mephistos auf jene Stelle des ‚Prologs‘ bezogen, an welcher der Herr Mephisto charakterisiert und seine Rolle gegenüber dem Menschen beschreibt:

Charakterisierung im „Prolog“

> „Von allen Geistern, die verneinen,
> Ist mir der Schalk am wenigsten zur Last.
> Des Menschen Tätigkeit kann allzu leicht erschlaffen,
> Er liebt sich bald die unbedingte Ruh;
> Drum geb‘ ich gern ihm den Gesellen zu,
> Der reizt und wirkt und muß als Teufel schaffen.“
> (338–343)

Sieht Mephisto sich selbst genauso, wie der Herr ihn hier charakterisiert, versteht er unter ‚Gut' und ‚Böse' dasselbe wie der Herr, wenn er vom ‚guten Menschen' und vom ‚rechten Wege' spricht (328/9)? Hier definiert sich ja „der Geist, der stets verneint", selber. Die Perspektive wechselt, die Vorzeichen sind vertauscht. Diese Umkehrung wird im Text selbst expliziert, wenn Mephisto das ‚Gute' durch die Worte:

Vertauschen der Vorzeichen

> „Drum **besser** wär's, daß nichts entstünde" (1341),

definiert, während er die Definition des ‚Bösen' den Menschen überlässt:

> „... was ihr Sünde, Zerstörung, kurz das Böse nennt ..."

Wenn man das, was Mephisto „sein eigentliches Element" nennt (1344), dem gegenüberstellt, was „die echten Göttersöhne" preisen (344), ergibt sich folgende Tafel der Werte:

Wertetafel Mephistos und der Engel des Herrn

Entstehen (1339)	Zugrundegehen (1340)
Licht (1351)	Finsternis (1350)
Das Werdende (346)	Zerstörung (1343)
Liebe (347)	Sünde (1342)
Ganzes (1348)	Teil (1349)
Etwas (1364)	Nichts (1363)

Mephistos höchstes Gut ist das Nichts

Von Mephisto aus gesehen, erscheint nun nicht mehr die linke Seite als gut, als Ziel, das erreicht werden soll, sondern die auf der rechten Seite stehenden Gegenbegriffe gelten ihm als ‚gut'. Er sieht „diese plumpe Welt" (1364) als etwas an, das es eigentlich nicht geben dürfte, weil sie sich „dem Nichts entgegenstellt". Mephisto schildert sein Wirken in der Natur- und Menschengeschichte als dauernden, allerdings bisher erfolglosen Versuch, das ewige Werden durch Katastrophen zu annullieren (1363–78). Mephisto verkörpert das Nein zur Schöpfung, das Prinzip der ‚Anti-Schöpfung', d. h. der Rückführung des Seins ins Nichts. Die Bestimmung seiner Rolle durch den Herrn im ‚Prolog', in der eine Förderung der Tätigkeit des Menschen vorgesehen ist, der sonst zu leicht erschlaffe, nimmt also in Mephistos Selbstverständnis keinen Raum ein. Während in der Sicht des Herrn beide Wertetafeln in der Weise zusammengehören, dass das

Mephistos Wirken in der Welt

Mephistos eingeschränkte Perspektive

Negative im Positiven aufgehoben ist, während Faust, d.h. der Mensch, in der Spannung zwischen beiden Polen existieren muss, ist Mephistos Perspektive auf das Negative beschränkt. Dadurch wird erklärt, dass sich Mephisto an Faust im Bewusstsein heranmacht, eine wirkliche Chance gegenüber dem Herrn zu haben, wenn er ihn auf seinem „Wege mit herab" (326) führt. Zugleich aber wird dadurch deutlich, dass Mephisto Fausts Streben nicht erfassen kann, das ja in das Schöpferische, Göttliche, Positive zielt. Wie der Herr schon im Prolog diese Möglichkeit ausschließt (325), bezweifelt auch Faust, ob Mephisto das Ganze begreifen kann:

Mephisto versteht das Ganze nicht

> „So setztest du der ewig regen,
> Der heilsam schaffenden Gewalt
> Die kalte Teufelsfaust entgegen,
> Die sich **vergebens** tückisch ballt!
> Was anders suche zu beginnen,
> Des Chaos wunderlicher Sohn!" (1379–84)

Auch Faust gibt also dem ‚Gesellen' keine Chance bei der Verfolgung seiner zerstörerischen Absichten.

> Im Zeitalter der großen philosophischen Entwürfe (Kant, Hegel, Schopenhauer usw.) stellt Goethe hier im Spiel auf dem Theater in ironischer Weise die Frage nach Gut und Böse, d.h. das Problem der Theodizee, zur Diskussion. Dieses Problem besteht in der Schwierigkeit, an einen guten Gott zu glauben, obwohl es das Böse gibt und die Welt voller Untaten, Katastrophen und Leiden ist.

Der Rest der Szene (1385–1529) trägt komödienhafte Züge. Der Magier Faust und der Teufel treten in einen Wettstreit der Zauberkunst ein. Dabei wird mit Elementen des Teufelsaberglaubens (das bannende Pentagramm: 1396) und der Faustsage (Teufelspakt: 1414) ironisch gespielt. Während Faust seine Überlegenheit durch die Bemerkung betont, er habe ihm „nicht nachgestellt", sondern Mephisto sei ja von sich aus gekommen, zeigt dieser seine Macht dadurch, dass er Faust durch seine Geister in einen idyllischen Traum versetzt. Die „schönen Bilder" gaukeln ihm eine arkadische Landschaft vor, erfüllen seinen Traum vom Fliegen, weisen ihm Liebende, Trinkende, Tanzende (1447–1505). Mephisto hat fürs Erste gesiegt:

Der Arkadien-Traum

> „Du bist noch nicht der Mann, den Teufel festzuhalten" (1509).

Während die Geister Faust „in ein Meer des Wahns", eine Art Drogenrausch, „versenkt" halten, kann Mephisto Fausts Zauber durchbrechen: Mäuse nagen die bannende Spitze des Pentagramms ab. Faust aber fühlt sich – erwachend – „abermals betrogen" (1526), d. h. wie bei seinen früheren magischen Versuchen, und fragt sich, ob die Begegnung mit dem Teufel vielleicht nur „ein Traum" gewesen sei.

War alles nur ein Traum?

(7) Studierzimmer II (1530–2072):
Diese lange Szene, in der die Exposition des Gesamtdramas mit zahlreichen Rückverweisen und Vorausdeutungen zu Ende geführt wird, gliedert sich in folgende vier Abschnitte:

Gliederung der Szene

1. Fausts Wendung vom Erkenntnis- zum Genussstreben: Seine Wette mit Mephisto (1530–1850),
2. Mephistos Monolog „in Fausts langem Kleide": Sein Plan mit Faust (1851–1867),
3. Mephistos Gespräch mit dem Schüler über Wissenschaft und Leben: Mephistos Rat, der Schlange zu folgen (1868–2050) und
4. Dialog Faust–Mephisto: Aufbruch „zum neuen Lebenslauf" (2051–2072).

1. Die Wette (1530–1850):

Im Gegensatz zu der ruhigen, ausgeglichenen Stimmung, in der er sich zu Beginn der ersten Studierzimmerszene befand, ist Faust bei Mephistos erneutem Erscheinen in tiefer Depression. Dessen Aufforderung, wie er selbst Reisekleidung anzulegen, damit er, „losgebunden, frei", erfahren könne, „was das Leben sei", hält Faust ein pessimistisches Bild von der „Pein des engen Erdenlebens" entgegen, das seine Klage über das „ungewisse Menschenlos" (629) aus der Nachtszene wieder aufnimmt. Es heiße immer nur entbehren, kein einziger Wunsch werde einem erfüllt. Kurz: er möchte lieber tot als am Leben sein. Als Mephisto darauf erwidert, dass er trotzdem in der Osternacht den Todestrank „nicht ausgetrunken" habe (1580), bricht Faust in eine Litanei von Flüchen aus gegen die Religion, jenen „Rest von kindlichem Gefühle", das ihn damals ins Leben zurückgebracht hatte (769 ff.), und überhaupt gegen alles, „was die Seele mit

Faust in tiefer Depression

Faust klagt über das elende Leben

Fluch über alles, was das Elend überdeckt

Lock- und Gaukelwerk umspannt" (1587). Dazu zählt er die Hochschätzung des Geistes genauso wie die Schönheit der sinnlichen Erscheinungen, die Träume genauso wie den persönlichen Ruhm, Besitz an Menschen, Gerät und Geld genauso wie den Wein, schließlich sogar die göttlichen Tugenden Glaube, Liebe, Hoffnung (1. Kor 13, 13) und die Geduld (Röm 5, 3). In der Litanei sind also all jene Dinge als „Blendwerk" bezeichnet, die zur Kultur gehören und dem Leben einen Sinn geben.

Motive der bisherigen Szenen werden gebündelt

In diesem Eingang der Szene wird die überlange Exposition der Handlung vom ersten Faustmonolog an rekapituliert: Die Rede vom „Gott, der mir im Busen wohnt" (1566) nimmt das Selbstgefühl des Magiers wieder auf (439, 516, 614). Die Klage über die Enge des Lebens (1545) wiederholt seine Worte, in einem „Kerker" zu stecken (398). Die Fluchlitanei über die „Blend- und Schmeichelkräfte" (1590) entspricht den Versen über die menschliche Phantasie (640 ff.), die sowohl das Innere zu weiten vermag wie der Sorge ihre „Masken" leiht. Schließlich stellt der Todeswunsch eine Wiederholung des Osternachtgeschehens dar, an das Mephisto spottend erinnert (732 ff.). Durch die Bündelung all dieser Motive wird Fausts Überzeugung bekräftigt, dass das Leben ihm nichts mehr zu bieten habe, solange eine Erfüllung seiner Wünsche nicht möglich sei. Aus dieser Stimmung heraus lässt er sich mit Mephisto ein.

Mephistos Angebot

Dieser ergreift die Gelegenheit, die sich ihm bietet. Die Ironie des Geschehens liegt darin, dass die Absage an all dieses „Blendwerk", das zum Menschen gehört, Faust ausgerechnet in die Arme des Lügenmeisters treibt, der ihm nur Illusionen zu bieten hat. Mit Hilfe seiner Geister versucht nun Mephisto, dem Verzweifelten einen „neuen Lebenslauf" (1622) schmackhaft zu machen, seinen „Gram" auf Mangel an Gesellschaft zurückzuführen, ihm dafür seine Dienste als „Geselle", „Diener", „Knecht" anzubieten (1646–8). Faust geht sogleich, den Teufelspakt der Sage parodierend (1651/2), geschäftsmäßig darauf ein und erweist die Bedingung Mephistos, er müsse dafür „drüben" dem Teufel gehören, als ohne jede Bedeutung. Faust bekennt sich zu entschiedener Diesseitigkeit und schiebt die Frage,

„ob man auch künftig haßt und liebt
und ob es auch in jenen Sphären
ein Oben oder Unten gibt" (1668–70),

weit von sich. Welche Wendung das alte Teufelspaktmotiv damit nimmt, wird nun daran deutlich, dass Faust daraus eine Wette macht und seinerseits die Bedingung stellt. Er bezweifelt – wie der Herr im Prolog (325) –, dass der Teufel „des Menschen Geist in seinem hohen Streben" (1676) überhaupt erfassen kann. Deshalb verlangt er nach paradoxen Dingen, bei denen der Genuss sogleich in neue Begierde übergeht. Denn er begehrt, weil er das Göttliche im Erdenleben sucht, verwirft aber den Genuss, weil Irdisches nicht göttlich sein kann. Mephisto versteht ihn nicht, verspricht jedoch alles. Da nun nennt Faust seine Bedingung: Mephisto soll gewonnen haben, wenn Faust sich je „auf ein Faulbett" legt, selbstgefällig wird, sich „mit Genuß betrügen" lässt. Er schlägt auch ein Stichwort für die Wette vor. Er will verloren haben, wenn er „zum Augenblicke" sagen sollte: „Verweile doch! du bist so schön!" (1700).

Wette statt Pakt

Der Mensch vom Teufel nicht zu erfassen

Genuss in der Begierde statt in der Erfüllung

Formulierung der Wette

Warum wird überhaupt gewettet? Und worum wird gewettet? Beim alten Teufelspakt setzte der Mensch sein ewiges Heil ein und gewann dafür Lebensgenuss. Der Teufel ließ dafür seine Zauberkünste spielen und hatte am Ende Gott eine Seele abgenommen. Hier überlistet der Mensch den Teufel mit seinem Angebot der Wette, wie Mephisto im Prolog den Herrn mit seinem „Was wettet ihr?" (312) zu überlisten meinte. Fausts Risiko besteht in Mephistos Möglichkeit, ihn mit Genuss des Augenblicks zu betäuben, so dass sein Drang, die Grenzen zu überschreiten, seine Sehnsucht nach dem Göttlichen zur Ruhe kommt. Wenn Mephisto das gelingt, hat er bewiesen, dass der Mensch doch nicht mehr als ein Tier ist. Aber in diesem Fall wäre nicht nur Fausts Erwartung, dass Mephisto das Erstrebte nicht bieten kann, sondern auch die Erwartung des Herrn, dass der Mensch „in seinem dunklen Drange … sich des rechten Weges wohl bewußt" sei (328/29), widerlegt, der Wettstreit der Menschenbilder gegen Gott und den Menschen entschieden. Mit seinem Einsatz aber macht Faust – im Bewusstsein der Unstillbarkeit seines Verlangens – aus seiner Schwäche, der menschlichen Ruhelosigkeit, einen Vorteil gegenüber Mephisto, der für diese Ruhelosigkeit

Unterschied zwischen Pakt und Wette

Einsatz der Partner

Fausts Vorteil

kein Gefühl hat. So bleibt hier – im Gegensatz zum Teufelspakt, wo der Mensch mit seiner Unterschrift bereits verloren hatte – ein gewisses Gleichgewicht zwischen den Vertragspartnern und damit die Spannung erhalten, wie das Spiel wohl ausgehen mag.

Unterschrift

Nach Abschluss der Wette gibt es wieder eine komische Einlage, in der mit der Blutunterschrift der alten Sage gespielt wird und Faust – wie im Gespräch mit Wagner – gegen das „Pergament" (1726) und für das dahinströmende Leben streiten kann. Faust verspricht viel sagend, „das Streben" seiner „ganzen Kraft" in den Bund einzubringen, womit er das Stichwort aus dem ‚Prolog' (317) zitiert. Er will nun – als Konsequenz seiner Zurückweisung durch den Erdgeist (1746 : 512) – auf Erkennen, Denken und Wissen verzichten und in die Sinnlichkeit hinabtauchen. Doch unversehens bricht die metaphysische Sehnsucht in ihm wieder durch. Er möchte die Erfahrungen der ganzen Menschheit in seinem „innern Selbst genießen" und mit seinem „Geist das Höchst' und Tiefste greifen" (1770 ff.). So zeigt Fausts Verhalten sogleich nach der Unterschrift, dass Mephisto wenig Aussichten hat, die Bedingung der Wette zu erfüllen. Als wolle er das bestätigen, nimmt Mephisto das Weltbild des ‚Prologs' und seiner Selbstdarstellung wieder auf, dass „dieses Ganze … nur für einen **Gott** gemacht" sei, der „in einem ew'gen Glanze" lebe, während die **Dämonen** „in die Finsternis gebracht" seien und der **Mensch** im Wechsel von „Tag und Nacht" existiere (1780 ff.):

Stichwort: „Streben"

Faust will wieder das Ganze fassen

Weltbild des Faust-Dramas

Gott	Mensch	Teufel und Dämonen
Ewiger Glanz des **Tages** ⟶		⟵ **Nacht** und Finsternis

Fausts Darlegung seines großartigen neuen Lebensplans geht am Ende wieder in ironisches Spiel über, als Mephisto ihn, da er alles Menschliche in sich vereinigen will, als Fiktion eines Poeten und „Herrn Mikrokosmus" bezeichnet. Fausts Streben, „der Menschheit Krone zu erringen", hält er die nüchterne Wahrheit entgegen: „Du bleibst doch immer, was du bist" (1809). Nur das Geld könne an dieser Identität etwas ändern: Wenn man sich schnelle Pferde kaufen kann, dann **ist** man schnell (1816–27). Faust solle das Grübeln, das Spekulieren lassen. Und auf Fausts Frage, wie er aus der Welt des Nachdenkens herauskommen solle, antwortet Mephisto: „Wir gehen eben fort“ (1834). Er würde die Abschiedsvorstellung bei dem Studenten übernehmen, der eben geklopft habe. Faust solle sich inzwischen reisefertig machen.

Reisepläne

2. Mephistos Monolog (1851–67)

In Fausts Gelehrtenkleid erneuert nun Mephisto seinen Plan, den er schon im Prolog verkündet hat. Wie der Wechsel des Anredepronomens zeigt:

> „So hab‘ ich dich schon unbedingt–
> Ihm hat das Schicksal einen Geist gegeben,
> Der ungebändigt immer vorwärts dringt ...“

wendet er sich dabei, zur Rampe tretend, an die Zuschauer. Er wiederholt die Charakteristik, die er (330–35) von Faust gegeben hat, und sein Vorhaben, ihn „durch das wilde Leben“ zu schleppen. In der Wendung, dass Faust „doch zugrunde gehn“ müsste, auch wenn er sich „nicht dem Teufel übergeben“ hätte, und dem Umstand, dass Mephisto sie in Fausts Gewand spricht, ist ein vorsichtiger Hinweis darauf enthalten, dass beide Figuren enger zusammengehören, als die dramatische Handlung vermuten lässt, ja dass Mephisto sozusagen Fausts Nachtseite verkörpert. Diese Nachtseite versteht aber offensichtlich nicht, von welcher Art Fausts „Unersättlichkeit“ (1863) ist.

Wendung an die Zuschauer

Verhältnis der beiden Figuren

3. Schülergespräch (1868–2050)

Zum Abschluss von Fausts Gelehrtenleben wird dieses von Mephisto im Gespräch mit einem Studienanfänger, der den Rat des berühmten Professors sucht, parodiert. Der Schritt, den Faust gerade zu tun im Begriff ist, wird in der Form der Gegenüberstellung der „grauen Theorie“ mit „des Lebens goldnem Baum“ (2038) genannt. Mephisto bemüht sich, die Wissenschaft als trocken und lebensfremd, das Leben aber als erstrebenswert darzustellen. Der Schüler ist durchaus verführbar; denn er bemängelt, dass man „nichts Grünes, keinen Baum“ sieht (1885), und möchte auch „ein wenig Freiheit und Zeitvertreib“ haben (1906). Mephisto weiß deshalb auch den Topos von „der Weisheit Brüsten“ ins Sinnlich-Verfängliche hinüberzu-

Parodie von Fausts Universitätsleben

Lebensfremdheit der Wissenschaft

Werbung Mephistos für das sinnliche Leben

ziehen („mit Lust", „gelüsten": 1893). Die Reihenfolge der Fakultäten ist gegenüber dem Eingangsmonolog (354 ff.) geändert: Die Medizin steht am Schluss, da mit ihr zum Leben der Sinnlichkeit übergeleitet wird. In der Philosophie preist Mephisto die Logik als Mittel der Ordnung, mit dem sich „Zeit gewinnen" (1909) lässt, und persifliert den Gebrauch unerklärter Fachausdrücke, mit dem die Professoren ihre Überlegenheit wahren und die Studenten verunsichern:

Zeitgewinn statt Erkenntnisgewinn

„Mir wird von alledem so dumm,
Als ging' mir ein Mühlrad im Kopf herum" (1946).

Verhaltensregeln für Studenten

Verhaltensregeln betreffen Pünktlichkeit (1957), Vorbereitung (1958 ff.) und Mitschreiben (1962): Ein angepasster Student entspricht den Erwartungen.

Bei der juristischen Fakultät wird die Vernachlässigung des Naturrechts gegenüber dem formalistischen positiven Recht getadelt. Wie schon bei der Metaphysik (1953) macht Mephisto auch bei der Theologie klar, dass es sich um eine Wissenschaft, bloßer Worte handelt. Da die Grenze zwischen Rechtgläubigkeit („Arzenei" 1987) und Ketzerei („Gift" 1986) schwer zu finden ist, heißt Mephistos Empfehlung, sich an „des Meisters Worte" zu halten. Bei der Medizin ist er „des trocknen Tons nun satt" und will „den Teufel spielen" (2009) – als ob er das nicht vorher auch schon getan hätte! Es häufen sich nun die erotischen Anspielungen. Mephisto stellt die Medizin nicht mehr als Wissenschaft dar, sondern als eine Kunst, in der man es zu etwas bringen kann, wenn man Selbstvertrauen hat (2021). Als Mephisto am Schluss ganz deutlich wird, findet er durchaus den Beifall des Schülers, dem die Sentenz:

Besonderheit der Medizin

„Grau, teurer Freund, ist alle Theorie,
Und grün des Lebens goldner Baum."

völlig einleuchtet. Als der Schüler ihm sein Stammbuch reicht, schreibt Mephisto hinein:

„Eritis sicut Deus scientes bonum et malum."
(„Ihr werdet sein wie Gott und wissen, was gut und böse ist" AT 1. Mose 3, 5)

und ruft ihm nach:

„Folg‘ nur dem alten Spruch und meiner Muhme, der Schlange,
dir wird gewiss einmal bei deiner Gottähnlichkeit bange!“

Der Rückverweis auf den Prolog (334/5) kündigt an, dass jetzt Mephistos Versuch beginnt, Faust auf den Weg des Nichts zu führen.

4. Aufbruch zum neuen Leben (2051–72)

Faust setzt seine Frage von vorhin fort:

„Wohin soll es nun gehn?“

und Mephisto knüpft an seine damalige Antwort an:

„Wohin es dir gefällt.
Wir sehn die kleine, dann die große Welt.“

Die beiden Teile des Dramas

Damit ist das Programm im Hinblick auf die beiden Teile des ‚Faust‘ angesagt. Im ersten Teil geht es in die kleine, die bürgerliche Welt. Im zweiten Teil wird Faust die große Welt des Adels und des Kaiserhofs kennen lernen. Auch im historischen und geographischen Sinn wird sich die Welt für ihn ausweiten.
Fausts Hinweis auf sein ungeeignetes Äußeres und seine fehlende „Lebensart“ motiviert den Verjüngungszauber in der ‚Hexenküche‘. Auf die Frage nach einem Reisefahrzeug nennt Mephisto den „Mantel“, nach dem Faust gerufen hatte (1122), und beschreibt ihn als einen Heißluftballon (2069). Mit einem solchen hatten 1783 in Paris die Brüder Montgolfier gerade die Realisierung des alten Menschheitstraums vom Fliegen begonnen.

Erste Reisestationen

Die nächsten beiden Szenen sind für den Handlungsverlauf – bis auf Fausts ‚Verjüngung‘ – relativ unwichtig. In ihnen werden – wie teilweise schon ‚Vor dem Tor‘ – menschliche Milieus gezeichnet, politische Anspielungen gemacht oder allegorische Spiele getrieben, Ausweitungen des Blickfeldes, die den ‚Faust‘ zur Weltdichtung machen.

(8) Auerbachs Keller in Leipzig (2073–2336):

Kontrast zu den vorhergehenden Szenen

Vergleichbar mit dem Osterspaziergang steht auch diese Szene im Kontrast zu den vorhergehenden. Nach einer Reihe von Monologen und Dialogen gibt es nun wieder eine revue-artige Gruppenszene mit Gesangseinlagen. Nach den philosophischen Erörterungen wird in Gewöhnlichkeit, ordinärem Verhalten, Zote und Zank geschwelgt. Es ist ein Schritt in die Niederungen des animalischen Lebens, nichts von arkadischer Idylle, mit der Mephisto eine erste Probe seines Könnens gegeben hatte (1436 ff.). Wir wundern uns daher nicht, dass Faust ganz im Hintergrund bleibt, nur ‚Guten Tag' (2183) sagt und bald wieder fort möchte (2296). Mephistos Absicht, der ihn „in lustige Gesellschaft bringen" will, damit er sieht, „wie leicht sich's leben läßt" (2160), schlägt also fehl. Aber Faust erhält einen ersten Anschauungsunterricht, wie es „in den Tiefen der Sinnlichkeit" (1750) aussieht, die er unbedingt kennen lernen wollte.

Niederungen der Gewöhnlichkeit

Mephistos Absicht schlägt fehl

Angehörige der Unterschicht

Während ‚Vor dem Tor' Bürger, Handwerker, Studenten und Bauern auftreten, werden hier Angehörige der Unterschicht, ja Menschen am Rande der Gesellschaft vorgeführt. In beiden Szenen zusammen ist also ein Querschnitt durch die sozialen Schichten der „kleinen Welt" gegeben, in die die Reise zunächst führen soll (2052). Das Bild fällt nicht sehr schmeichelhaft aus. Zunächst sind die vier Gesellen unter sich und keineswegs lustig: Frosch hat schlechte Laune; Siebel ist böse auf ihn, weil er ihm sein Mädchen weggenommen hat. Brander mag nichts von Politik hören und stimmt ein scheußliches Lied an, das mit den Qualen eines vergifteten Tieres spielt, die als Metapher für Liebeskummer herhalten müssen. Was in Mephistos Klischee „Lustige Gesellschaft", ‚leichtes Leben', „jeder Tag ein Fest" heißt (2158 ff.), ist in Wirklichkeit eine armselige und humorlose Sache. Man macht Krach, wartet aus Langeweile auf eine „Dummheit" oder „Sauerei" (2078), ist nur mit sich selbst beschäftigt (2162 ff.), ohne Perspektive (2165 ff.), ohne Gemeinsinn oder politisches Interesse, dafür unreflektiert nationalistisch eingestellt (2265, 2272). So sind die Menschen! Ihr Vergnügen ist tierisch (2293), wie es Mephisto schon im Prolog behauptet hat (285/6). Ihre Instinktlosigkeit und Primitivität sind die Voraussetzung für Mephistos erfolgreiches Wirken:

Eine keineswegs lustige Gesellschaft

So sind die Menschen!

„Den Teufel spürt das Völkchen nie,
Und wenn er sie beim Kragen hätte" (2181/2).

Bezeichnend ist auch das Umschlagen der Stimmung: Solange sie das Ergebnis des „Hokuspokus" (2307), den von Mephisto aus dem Tisch gezauberten Wein genießen konnten, waren sie einverstanden damit, nun, da es mit dem vergossenen Wein Probleme gibt, zeigt man sich als anständiger Christenmensch empört und wird gegen den Wohltäter aggressiv. Nachdem sich der Teufel vorgestellt hat (2321), verurteilt man das, was man so bereitwillig mitgemacht hat, als „Betrug ..., Lug und Schein" (2333). Den Teufel aber kennt man aus dem alten Faust-Buch, nach dessen Vorbild nun der Abgang Mephistos nachträglich gedeutet wird:

Umschlagen der Stimmung

„Ich hab' ihn selbst hinaus zur Kellertüre –
Auf einem Fasse reiten sehn – –" (2329/30).

Im Hinblick auf die nächste Szene, die ‚Hexenküche', ist es wichtig, die politischen Anspielungen zu beachten, die Mephisto durch sein Flohlied eröffnet hat, das die Günstlingswirtschaft bei Hofe kritisiert (2207 ff). Altmayer reagiert darauf mit dem revolutionären Ruf: „Es lebe die Freiheit!" (2244), während Mephisto das Verhalten der Gesellen als Beispiel dafür hinstellt, welche „Bestialität" das Volk mit seiner Freiheit zu verbinden weiß:

Politische Anspielungen

Gebrauch der Freiheit durch das Volk

„Das Volk ist frei, seht an, wie wohl's ihm geht!" (2295).

Wenn man Mephistos Schlusswort: „Und merkt euch, wie der Teufel spaße" (2321) als Aufforderung auffasst, die Anspielungen explizit zu machen, wäre Mephistos Lehrstück etwa folgendermaßen zu verstehen:

> Lernt daraus, wie's dem Volk geht, wenn es dem Demagogen folgt, der Freiheit und kostenlosen Genuß verspricht! Am Ende steht die selbstzerstörerische Bestialität, wie sie die Zeitungsberichte von der Französischen Revolution zeigen. Von solcher Politik könnt ihr sagen: ‚Betrug war alles, Lug und Schein'.

Hinweis auf die Französische Revolution

(9) Hexenküche (2337–2604).
Die Szene bildet zum einen den Übergang von der Gelehrtentragödie zur Gretchentragödie; aus dem gealterten Professor Faust wird der ‚jugendliche Liebhaber'. Zum

anderen wird das Bild von Mephistos Gegenwelt, die auf der Umkehrung der Vorzeichen beruht, weiter entfaltet. Während sich in ‚Auerbachs Keller' die Menschen wie Tiere aufführen, verhalten sich die Tiere hier wie Menschen.

> „Er … braucht's allein, um tierischer als jedes Tier zu sein" (296).

Um die mit Affen meist verbundene Assoziation der Menschenähnlichkeit zu vermeiden, dennoch aber menschenähnliche Tiere einzuführen, hat Goethe „Meerkatzen" gewählt. Das männliche Tier bezeichnet er mit dem Neologismus „Meerkater", obwohl diese Tiere nichts mit Katzen zu tun haben. Es handelt sich um Eindeutschung des Sanskrit-Worts ‚markata', welches „Affe" bedeutet.

Umkehrung der Perspektive

Während in ‚Auerbachs Keller' Menschen ihre Vernunft gebrauchen, um sich wie Tiere zu benehmen, ist hier die Perspektive umgekehrt: Tiere bringen dadurch, dass sie sich wie Menschen verhalten, Widervernunft, d. h. Unsinn, in die Welt. Die Fortsetzung des Bildes der Unsinnswelt bringt dann die ‚Walpurgisnacht', auf die am Ende ausdrücklich hingewiesen wird: Mephisto verabredet sich mit der Hexe für das Fest (2590).

Zwei Handlungsebenen

Fausts Schönheitserlebnis und Verjüngung

Mephistos Königsspiel

Für die Bauform der Szene ist bezeichnend, dass Faust – wie in ‚Auerbachs Keller' – außerhalb des Geschehens bleibt. Das wird dadurch erreicht, dass die Handlung gleichzeitig auf zwei verschiedenen Ebenen läuft, zwischen denen nur Mephisto wechselt. Während auf der einen Ebene Faust im Spiegel „das schönste Bild von einem Weibe" erblickt (2436) und einen Verjüngungstrunk erhält (2583), also die Gretchenhandlung exponiert wird, findet auf der anderen Ebene ein allegorisches Spiel statt, in dem – mit Mephisto in der Königsrolle – die Ereignisse der Französischen Revolution kommentiert werden. Im graphischen Überblick sieht das so aus:

Faust bekommt die schönste Frau zu sehen und wird verjüngt:				
2337–2377		2429–2447		2518–2604
Mephisto spielt den reaktionären König, der die Zeichen der Revolution nicht bemerkt, zeigt aber als Hexenmeister die Führungsstärke eines Monarchen:				
	2378–2428		2448–2464 und 2465–2517	

Trotz Fausts Widerstreben gegen diesen „Wust von Raserei“ (2339) zieht Mephisto ihn in seine Hexenwelt hinein und gibt gleich wieder eine Probe seiner Fähigkeit, die Dinge auf den Kopf zu stellen. Als Alternative zum Verjüngungstrank nennt er ein „natürlich Mittel“, das „in einem andern Buch“ steht und „ein wunderlich Kapitel“ bildet (2348–50). Ein Leben auf dem Lande mit agrarischer Betätigung – ganz im Sinne von Rousseaus ‚Zurück zur Natur!‘ – sei „das beste Mittel“ für Faust, sich „auf achtzig Jahr … zu verjüngen“ (2361). Da Faust „das enge Leben“ nicht gewöhnt ist, bleibt nur die Hexe übrig (2365). Sowie er die Tiere erblickt, schlüpft Mephisto aus der Rolle des spöttischen Kommentators in die eines leutselig – wohlwollenden Herrschers, der sich unter sein Volk begeben hat, aber dessen Rede vom Gewinnen-wollen (2369), vom beständigen Rollen der Glückskugel (2402 ff.), von seiner Unkenntnis des Kessels (2423) nicht versteht, die angekündigte Gefahr nicht sieht, dass er bald zu Fall kommen kann. In den Affen sind die geistig unzulänglichen Wortführer des dritten Standes persifliert, die nicht imstande sind, die gemeinten Redensarten korrekt zu formulieren (z. B. „Glück und Glas – wie bald bricht das!“ 2406).

Allegorisches Spiel zwischen Mephisto-König und Affen-Bürger

Faust steht währenddessen gebannt vor einem „Zauberspiegel“ und gibt sich dem Anblick einer schönen Frau hin, wozu Mephisto – nun für einige Verse in der Teufelsrolle – seinen Kommentar gibt und verspricht, Faust „so ein Schätzchen auszuspüren“ (2445). Gleich danach sitzt Mephisto wieder „wie der König auf dem Throne“ (2448) und fragt nach seiner Krone. Diese aber zerbricht den Tieren in zwei Stücke, d. h. die Autorität des Königs hat bereits gelitten. Er ist schon als „Dieb“ erkannt worden (2420), also als der Herrscher, der Steuern, Abgaben, Frondienste erzwingt. Auch „kennt“ er „nicht den Kessel“ (2425), d. h. die Bewegung im Volk, die jederzeit ‚überlaufen‘ kann, was sie am Ende auch tut (nach 2464). Aber als nun die Hexe zum Schornstein hereinfährt und flucht, schlägt ihr Mephisto die Töpfe entzwei (2475). Er hat plötzlich die Rolle gewechselt und spielt den Teufel als Herrn und Meister der Hexen. Durch das Motiv des „Wedels“ sind die drei Handlungsteile auf dieser Ebene miteinander verknüpft:

Faust vor dem Zauberspiegel

Mephisto wieder auf dem Königsthron

Mephisto in der Hexenmeisterrolle

2427: Der Kater drückt Mephisto den Wedel in die Hand und setzt ihn auf den Thron.
2449: Mephisto hält den Wedel als „Zepter“ und spielt den König.
2475: Mephisto kehrt den Wedel um und schlägt auf die Töpfe ein.

Mephisto gibt sich als Herr im Hause

Was bedeutet diese Wendung für das Königsspiel? Mephisto zeigt, wie ein wahrer König handeln würde. Er gebraucht sein Zepter als Waffe, weist die Untertanen zurecht und behält das Regiment im Hause (2481–88). Die Hexe entschuldigt sich, d. h. reagiert als Untertanin. Die Machtverhältnisse sind wieder in Ordnung gebracht.
Die Entschuldigung der Hexe besteht in dem Hinweis, dass Mephisto „keinen Pferdefuß“ habe und ohne seine „Raben“ gekommen sei. Die Antwort leitet einen Themenwechsel ein:

„Auch die Kultur, die alle Welt beleckt,
Hat auf den Teufel sich erstreckt“ (2495/6).

Der Teufel habe deshalb nicht mehr seine alte Gestalt, verbitte sich auch den Namen „Satan“, ja eigentlich gebe es ihn gar nicht mehr:

„Er ist schon lang‘ ins Fabelbuch geschrieben;
Allein die Menschen sind nichts besser dran,
Den Bösen sind sie los, die Bösen sind geblieben.“
(2507–9)

Die Gebärde

Zum Abschluss dieser Richtigstellung „macht“ er „eine unanständige Gebärde“, worin die Hexe seine Identität erkennt: Es handelt sich um das ‚faire le fiche‘, d. h. er lässt den Daumen zwischen Zeige- und Mittelfinger der geballten Hand hervorragen. Die so entstehende Figur erinnert an das Lilienwappen der Bourbonen, der französischen Könige. Die Gebärde und die abschließenden Worte Mephistos: „Dies ist die Art, mit Hexen umzugehn“ (2517), verknüpft die beiden Handlungsebenen.

Abschluss der Königsallegorie

Lehre aus dem Königsspiel

Was Goethe mit dem Königsspiel bezweckt hat, ist umstritten. Schöne hält die These, dass Mephisto in der ‚Hexenküche‘ ständig vorführe, wie sich der französische König nach Goethes Ansicht bei Beginn der Revolution richtig verhalten hätte, für unzutreffend. Man solle die Karikatur nicht überinterpretieren.

Nun beginnt der Hokuspokus der Zubereitung des Verjüngungstranks, der durchsetzt ist mit Kritik an katholischen Dogmen und Riten. Die Warnung der Hexe, Faust dürfe den Trank nicht „unvorbereitet" trinken, klingt an die christliche Mahnung an, nicht „unwürdig" zum Tisch des Herrn zu gehn. Mephisto vergleicht das Hexeneinmaleins mit der Trinitätslehre, nach der die drei göttlichen Personen ein Gott sind („durch Drei und Eins und Eins und Drei Irrtum statt Wahrheit zu verbreiten") (2561/2). Die Verse, in denen die Hexe von einer verborgenen Wissenschaft spricht, die dem geschenkt werde, der „nicht denkt" (2570), spielt auf die von der Kirche geforderte Unterordnung der eigenen Einsicht in Glaubensfragen unter das Urteil der Kirche (sacrificium intellectūs) an. Doch für Faust ist das Gerede der Hexe „Unsinn". Er trinkt, und Mephisto zieht ihn mit sich fort, kündigt ihm an, er werde bald empfinden, „wie sich Cupido regt und hin und wider springt" (2598). Die letzten, beiseite gesprochenen Worte, die Mephisto unmittelbar vor dem Einsetzen der Gretchenhandlung spricht, lauten:

Pervertierung kirchlicher Riten und Glaubenssätze

Vorausdeutung auf Gretchenhandlung

> „Du siehst, mit diesem Trank im Leibe,
> Bald Helenen in jedem Weibe."

Der Leser darf nun erwarten, dass die Fausthandlung mit einer Liebesgeschichte weitergehen wird. Faust hat sich vorgenommen, in die „Tiefen der Sinnlichkeit" hinabzutauchen (1750). Der ‚Verjüngungstrank' hat nun die Sinnlichkeit in ihm so sehr entfacht, dass er „Helenen in jedem Weibe" sehen wird. D. h. es wird nicht die andere Person, der er begegnet, sein Liebeserlebnis bestimmen, sondern sein Bild von ihr, das von „diesem Trank im Leibe", also von seiner Sinnenlust, hervorgerufen wird. Die Frage im nächsten Handlungsabschnitt wird sein, ob Faust bloße Sexualität erleben wird oder ob es dazu kommen wird, dass er eine persönliche Beziehung eingehen wird, kurz: dass er die Liebe erfährt.

Die Gretchentragödie

Mit einem scharfen Schnitt folgen auf Mephistos beiseite gesprochene Bemerkung, Faust werde „bald Helenen in jedem Weibe" sehen (2604), dessen Worte „Mein schönes Fräulein, darf ich wagen ...“ (2605). Damit ergibt sich für die so unvermittelt beginnende Gretchenhandlung die Frage, inwieweit Faust in dem ihm begegnenden Weibe bloß „Helenen“ sehen oder aber Margarete erkennen wird.

Mephisto führt Faust und Gretchen zusammen

(10) Straße I (2605–2677):

Erste Begegnung mit Gretchen

Die erste Begegnung zwischen Faust und einem weiblichen Wesen wird in vier Versen vorgeführt. Faust verrät seine Lebensfremdheit und seinen ungeduldigen Charakter dadurch, dass er sogleich besitzergreifend Kontakt zu einem Menschen aufnehmen will, den er noch nicht kennt. Sein Benehmen ist plump, seine Sprache der Situation nicht entsprechend. Er tituliert Gretchen wie eine Adlige, hängt sich aber sogleich dreist bei ihr ein, was der Anstand verbietet. Daher lässt sie ihn, wie zu erwarten, stehen, so dass Faust seine Gefühle nur in einem lyrischen Monolog äußern kann. Sein Entzücken beruht weniger darauf, dass er einer unvergleichlichen himmlisch – irdischen Schönheit begegnet wäre, wie das Spiegelbild sie ihm gezeigt hatte (2429 ff.), sondern einfach auf der völligen Neuheit des Erlebens für ihn. Deshalb neigt er dazu, „Helenen in jedem Weibe“ (2604) zu sehen.

Verliebter Monolog

Mephisto erscheint

Mit Mephistos Erscheinen erfolgt ein krasser Umschwung in Fausts Verhalten. Sprach er eben noch wie ein verliebter Jüngling, so äußert er sich nun wie jemand, der nur sinnliche Abenteuer sucht. Ihm wird plötzlich klar, dass er ja nur zu befehlen brauche, um ohne eigene Bemühung zu erhalten, was er begehrt. Und das kommt seinem Charakter entgegen. Mephisto dreht sofort den Spieß um und nimmt den Standpunkt der bürgerlichen Moral ein, weil er seinem Herrn nicht problemlos zu Diensten sein kann. Margarete ist nämlich „ein gar unschuldig Ding“ (2624), mit der auch ein Mephisto seine Schwierigkeiten hat. Daher hält er Faust erst einmal mit tadelnden Worten hin, er spreche „ja wie Hans Liederlich“ (2628), ja „schon fast wie ein Franzos“ (2645). Der Genuss sei doch viel größer, wenn der Liebhaber nicht gleich zum Ziel käme, sondern vorher „das Püppchen geknetet und zugericht“ habe (2651), wobei er auf die

Mephistos Strategie

Liebe darf nicht gleich Erfüllung finden

galante Literatur der Franzosen anspielt. In diesem Sinne entwickelt er auch sogleich eine Strategie, Faust allmählich mit Margarete zusammenzubringen. Faust versteht dies in seiner üblichen Ungeduld zunächst falsch:

> „Will Euch noch heut in ihr Zimmer führen. –"
> „Und soll sie sehn? sie haben? –"
> „Nein!" (2666 ff.)

Durch sein NEIN erreicht Mephisto nicht nur, dass Faust seine Strategie akzeptiert, sondern auch, dass seine Begierde mit dem Aufschub wächst, er sich „in ihrem Dunstkreis satt ... weiden" kann (2671). Zum Schluss erhält Mephisto den Auftrag, ein Geschenk für Margarete zu beschaffen.

Ein Geschenk soll besorgt werden

Der Anfang der Liebesgeschichte ist also dadurch gekennzeichnet, dass Faust keine eigenen Anstrengungen zur Eroberung der Geliebten macht, dass er Mephisto das Gesetz des Handelns überlässt und ihm damit Gelegenheit gibt, die sich anbahnende Beziehung in seinem Sinne zu beeinflussen.

(11) Abend (2678–2804)

Gliederung der Szene

Die Szene gliedert sich in drei Auftritte:
1. Monolog Margaretes (2678–83),
2. Dialog Faust – Mephisto (2684–2752), darin Faust-Monolog (2687–2728), und
3. Monolog Margaretes (2753–2804), darin Ballade vom König in Thule (2759–82).

Margarete bringt ihre Haare in Ordnung, um einen Besuch bei der Nachbarin zu machen, und verrät in einem kurzen Monolog, dass sie von der Begegnung mit Faust nicht unbeeindruckt ist. Als sie das Zimmer verlassen hat, erscheinen Faust und Mephisto. Faust möchte allein sein, um sich „in ihrem Dunstkreis" zu „weiden" (2671). In einem längeren Monolog reflektiert er dieses Erlebnis und wird sich dabei bewusst, dass zwei ganz verschiedene Empfindungen in ihm einander widerstreiten. Was ihn an dieser kleinen, ordentlichen und friedvollen Welt – dem Gegenbild zu seiner eigenen Unruhe – beglückt, findet in religiösen Bildern Ausdruck: „Heiligtum" (2688), „Seligkeit" (2694), „göttergleich" (2707), „Himmelreich" (2708) u.a. Er malt sich ein ideales Bild vom

Widerstreitende Empfindungen in Fausts Monolog

Familienleben (2697–2706), das von wenig eigener Erfahrung zeugt. Ausdrücke wie „Liebespein" (2689), „schmachtend" (2690) oder „Wonnegraus" (2709) weisen darauf hin, dass sich in seine Rührung über Margaretes Lebenskreis Regungen der sinnlichen Begierde mischen, die ihn hergeführt hat. Der Widerstreit der Gefühle verunsichert ihn in seinem Selbstverständnis:

Faust ist verunsichert

> „Armsel'ger Faust! ich kenne dich nicht mehr" (2720).

Mephisto unterbricht den Monolog, als er mit dem Schmuck auftaucht, den sie in Gretchens Schrank unterbringen. Er versteht nicht, was mit Faust vorgegangen ist, weil er sich nicht vorstellen kann, dass Liebe und Sinnenlust einander widerstreiten können. Sein Spott (2748–51) bleibt am äußerlichen Eindruck hängen, Fausts Unschlüssigkeit („Ich weiß nicht, soll ich?" 2738). Aber er begegnet Fausts Skrupeln mit Frivolität („Eurer Lüsternheit" 2740), unterstützt in dessen Konflikt zwischen Liebe und Sinnlichkeit die Seite der bloßen Sexualität.

Mephistos Spott

Der dritte Auftritt der Szene bringt die für das Verständnis der weiteren Handlung entscheidenden Vorausdeutungen. Gretchen fühlt, heimkehrend, dass jemand da gewesen ist, der nicht in ihre Welt gehört, „ein Schauer" läuft ihr „übern ganzen Leib". Es ist der erste Hinweis auf Margaretes entschiedene Ablehnung Mephistos (3471) und ihre Rolle als seine Gegenspielerin. Vielleicht um sich zu beruhigen, singt sie beim Auskleiden das Lied vom König von Thule. Es ist ihre Möglichkeit, Gefühle zu äußern und sich darüber klar zu werden, während Faust, der ihr sicher in der Fähigkeit der Analyse und Reflexion überlegen ist, seine Gefühle im Monolog zur Sprache gebracht hat. Doch heißt das nicht, dass sie nichts Gewichtiges zu sagen hätte. Mit dem hohen Lied von der Treue des Mannes zur Geliebten über den Tod hinaus gibt Margarete zu Beginn ihrer Liebesgeschichte den Maßstab an, an dem diese gemessen werden soll, vor dem sich am Ende Fausts Verrat und Gretchens Opfer vergleichen lassen. Dass der König im Lied ein alter Zecher und harter Bursche war, dass von einer Geliebten, nicht von einer Gattin die Rede ist, rückt die Treue erst ins rechte Licht: Sie ist durch und durch freiwillig, von beiden Seiten geschenkt, Ausdruck und Konsequenz der Liebe. Durch die Entrückung in die Welt des Märchens, das nicht wirklich,

Das Lied vom König von Thule

Maßstab für die Gretchen-Handlung

Liebe ist freiwillig geschenkte Treue

dafür aber auf höhere Weise wahr ist, gewinnt das Treuemotiv seine Bedeutung für die Handlung des Dramas. Es bezeichnet Gretchens höhere Wahrheit, die den Schluss des zweiten Faust-Teils bestimmt. Ihre Liebe erweist sich am Ende als stärker. Faust wird zwar aufgrund seines andauernden Strebens erlöst (11934/5), doch die erlösende Kraft ist die Liebe. Die Szene schließt mit der Entdeckung des Schmuckkästchens und Gretchens Monolog, in dem die inneren Vorgänge zum Ausdruck kommen, die der Fund auslöst (2783–2804). Zuerst erstaunt sie, wird dann neugierig auf den Inhalt des Kästchens, sucht nach Gründen, die ein Öffnen rechtfertigen könnten, und ist schließlich überwältigt von der Pracht des Schmucks. Sie weiß sofort, dass er nicht zu ihrem sozialen Stande passt, probiert ihn aber gleichwohl vor dem Spiegel an. Im gleichen Augenblick kommt ihr die eigene Armut zum Bewusstsein. Unzufriedenheit mit dem eigenen Los stellt sich ein. Damit ist eigentlich schon zerstört, was Faust eben noch so gepriesen hatte, die „Ordnung“ und „Zufriedenheit“ (2692) in ihrer Umwelt:

Bedeutung des Treuemotivs für die ganze Faust-Handlung

Entdeckung des Schmuckkästchens

Bewusstsein der Armut, Regung der Unzufriedenheit

> „In dieser Armut welche Fülle!
> In diesem Kerker welche Seligkeit!“

Mephisto hat einen ersten Sieg errungen: Auch Gretchen ist dabei, ihre bergende „Hütte“ (2708) zu verlassen – wie vorher Faust sein Studierzimmer. Der Kampf zwischen Mephisto und Margarete um Faust ist eröffnet.

Ein erster Sieg Mephistos

(12) Spaziergang (2805–2864)

Diese Szene zeigt wieder komödienhafte Züge. Mephisto spielt den Zornigen, der – als Teufel – Mühe hat, wie jeder gewöhnliche Mensch „Zum Teufel!“ zu fluchen. Was bringt ihn so in Rage? Es geht um den Schmuck, den er für Margarete besorgt hatte. Nun geht dieser Schmuck ausgerechnet in den Besitz der Kirche über: Eine Variante des alten Schwankmotivs vom ‚geprellten Teufel‘.
Mephisto erzählt den Vorfall in Form einer Geschichte, in der er zunächst Margaretes Mutter als Karikatur einer frommen Frau einführt (2815–22), sie dann auch in direkter Rede zu Wort kommen lässt („rief sie …“ 2823–26), einer Parodie auf die religiöse Sprache der Leute. Gretchens Reaktion ist als innerer Monolog wiedergegeben („dacht‘ sie …“ 2827–30), mit der ironischen

Schwankmotiv vom ‚geprellten Teufel‘

Parodie auf den Kirchengehorsam der Leute

Wendung, dass sie dem Beschaffer des Schmucks, also dem Teufel, das Prädikat „nicht gottlos" beilegt. Nach kurzem Erzählerbericht (2831–33) folgt wieder direkte Rede. Die Befriedigung des Pfaffen über die Hergabe des Schmucks wird mit satirischer Zuspitzung formuliert:

Satirische Zuspitzung

„Die Kirch' allein, meine lieben Frauen,
Kann ungerechtes Gut verdauen" (2834–40).

Mit pointiert formuliertem Erzählerbericht schließt das kleine Meisterwerk (2843–48).

Nachdem Mephisto weitere Aufträge erhalten hat, vor allem für neuen Schmuck zu sorgen, beendet er die Szene mit einer Wendung an die Zuschauer, dass „so ein verliebter Tor" die ganze Welt „zum Zeitvertreib dem Liebchen in die Luft" jagen würde.

Fausts Bild von Gretchen: 2609–18, 2687–2728

Im Kontrast zu dem Bild, das Faust sich von Margarete gemacht hat, erscheint sie in Mephistos Erzählung als durchschnittlicher Teenager („... zog ein schiefes Maul" 2827). Der neue Schmuck wird sie diesmal nicht zur Mutter, sondern zur Nachbarin treiben (2875 ff.), so dass Mephisto dort alles Weitere arrangieren kann.

(13) Der Nachbarin Haus (2865–3024):

Einführung einer neuen Figur

Eine neue Figur wird benötigt. Mephisto will Faust den Weg zu Margarete über die Nachbarin bahnen. Diese ist aus zwei Gründen für seinen Plan geeignet: Einmal ist sie eine Person, die es nicht so genau nimmt wie Gretchens Mutter („ein Weib wie auserlesen zum Kuppler- und Zigeunerwesen" 3029/30). Zweitens aber ist sie eine verlassene Frau; und man kann sich bei ihr als Gefährte ihres verschwundenen Mannes ausgeben. So erklärt sich die doppelte Exposition der Szene: Marthe stellt sich zunächst allein vor, als ‚Strohwitwe' (2868), deren Hauptproblem darin besteht, „einen Totenschein" für den Verschollenen zu erhalten. Dann erscheint Margarete in Aufregung über den neuen Schmuck. Marthe versteht es geschickt, ihren geheimen Wünschen entgegenzukommen: Sie könne den Schmuck ja bei ihr lassen, ihn hier hin und wieder anlegen und „so nach und nach den Leuten sehen" lassen (2890). Damit ist das Terrain für Mephisto vorbereitet. Er tritt höflich ein und fragt nach „Frau Marthe Schwerdtlein". Dann wendet er sich sogleich an Gretchen, indem er den Schmuck zum

Marthes Ratschlag für Margarete

Mephisto tritt ein

Anlass nimmt, sie als vornehme Dame zu titulieren. Er versteht es, seine Aufmerksamkeit auf beide Frauen zu verteilen:

Mephisto spricht mit:	Margarete	2902–12		2941–50		3006–24
	Marthe		2913–40		2951–3005	

In zwei Teilen gibt Mephisto mit meisterhafter Erzählkunst einen Bericht vom Ende des Herrn Schwerdtlein. Dabei parodiert er die religiösen Elemente, die solche Berichte zu haben pflegen, und spielt mit den Erwartungen der Zuhörerin, die vor allem an materieller Hinterlassenschaft interessiert ist („Habt Ihr sonst nichts an mich zu bringen?“ 2929). So betont Mephisto einmal – Herr Schwerdtlein kommt in direkter Rede ausführlich zu Wort – die Reue des Verstorbenen (2955 ff.), dann wieder lässt er ihn seine Frau für schuldig erklären (2960), erwähnt einmal seinen Familiensinn (2972), um dann wieder von einem schönen Fräulein in Neapel zu erzählen (2981 ff.). Den Umstand, dass alles reine Erfindung ist, gleicht er durch zahlreiche authentisch klingende Details aus. Kurz, er gibt eine vollendete Probe seiner Schwadronierkunst. Am Ende hat er Marthe so weit, dass sie ihn als Zeugen für den Tod ihres Mannes akzeptiert. Das ist die Gelegenheit, Faust als zweiten Zeugen einzuführen und sein Kommen anzukündigen.

Der Bericht von Herrn Schwerdtleins Ende

Margarete gegenüber deutet Mephisto zunächst an, es brauche ja nicht gleich ein Ehemann zu sein, es tue „derweil“ auch „ein Galan“ (2946), worauf sie abwinkt, das sei „des Landes nicht der Brauch“. Doch ihr Interesse an dem angekündigten „viel gereist(en)“ Herrn, der „Fräuleins alle Höflichkeit erweist“ (3020), ist geweckt. Man verabredet sich für „heut‘ abend“ im Garten „hinterm Haus“. Mephistos Strategie ist erfolgreich.

Verabredung für den Abend

(14) Straße II (3025–3072):

In diesem Gespräch zwischen Faust und Mephisto geht es nur um ein Detail seines Plans, nämlich um Fausts Beitrag zur Todesbeurkundung des Herrn Schwerdtlein. Doch damit hängt ein Grundthema des Dramas zusammen, Fausts ‚Verachtung‘ des Wortes, wie sich Mephisto (1328) im Hinblick auf seine Übersetzung des Satzes „Im Anfang war das Wort“ ausgedrückt hat. Jetzt ist das

Grundthema des Dramas

Faust wehrt sich, falsch Zeugnis zu geben

Thema plötzlich wieder aktuell, weil von Faust ein Wort verlangt wird, „ein gültig Zeugnis" nämlich, dass Herr Schwerdtlein „in Padua an heil'ger Stätte" ruhe (3035). Empört wehrt sich Faust nun plötzlich, ein solches Wort zu sagen, „ohne viel zu wissen" (3038). Geschickt weiß ihn Mephisto in seiner eigenen Schlinge zu fangen. Er nennt die „Definitionen", die Faust als akademischer Lehrer „von Gott, der Welt und was sich drin bewegt" (3043) gegeben hat, ebenfalls „falsch Zeugnis" und erinnert damit an seine Universitätskritik, wie er sie im Gespräch mit dem Schüler geübt hatte:

Reden von Gott und der Welt in Metaphysik und Theologie sind auch „falsch Zeugnis"

Rückverweis auf das Schülergespräch

> „Für was drein geht und nicht drein geht,
> Ein prächtig **Wort** zu Diensten steht" (1952/3),

oder:

> „Denn eben wo Begriffe fehlen,
> Da stellt ein **Wort** zu rechten Zeit sich ein" (1995/6).

Von den Dingen, über die er als Professor gesprochen, habe er doch auch nicht mehr gewusst „als von Herrn Schwerdtleins Tod" (3049).

Als ihm Faust vorwirft, „ein Lügner, ein Sophiste" zu sein, nimmt Mephisto sein zweites Beispiel nicht mehr aus der Vergangenheit, sondern aus der Zukunft, um ihm zu zeigen, dass er nichts Unbilliges von ihm verlange. Morgen werde er „das arme Gretchen ... betören" (3053) und auch da reden, „ohne viel zu wissen" (3038).

Auch Liebesschwüre sind „falsch Zeugnis"

Weil Faust Margarete durch „seiner Rede Zauberfluß" (3398) verführen wird, soll an dieser Stelle noch einmal auf diesen Zug seines Charakters aufmerksam gemacht werden. Gerade der Verächter des Wortes erweist sich ja als der Mann der großen Worte, der seine rhetorische Überlegenheit über Gretchen dazu benutzt, sie zu verführen. In ähnlicher Weise hatte er diese Überlegenheit schon Wagner gegenüber ausgenutzt, um ihn zu verunsichern:

> „Und wenn's euch Ernst ist, was zu sagen,
> Ist's nötig, **Worten** nachzujagen?" (552/3).

Vom Standpunkt einer Verantwortungsethik aus wäre diese rhetorische Frage durchaus zu bejahen: Je mehr es einem „Ernst ist, was zu sagen", desto mehr kommt es darauf an, das rechte Wort zu treffen, um Missverständnisse zu vermeiden. Mephisto aber nimmt den Standpunkt einer solchen Ethik hier nur ein, um Faust zu zeigen, dass er sich in das „Lügenspiel“ (3066) schon so weit eingelassen hat, dass er nicht mehr zurück kann: Er hat als Universitätslehrer große Worte gemacht, er wird als Liebhaber große Worte machen, um zum Ziel zu gelangen. Er hat deshalb auch keinen Anlass, ein „falsch Zeugnis“ in Sachen Schwerdtlein abzulehnen, vor allem, weil über dieses Hindernis der Weg zur Geliebten führt.

(15) Garten (3073–3204):
Das von Mephisto arrangierte Rendezvous läuft so ab, dass die beiden Paare spazierend im Wechsel auftreten:

Faust/ Margarete	3073–84		3096–3148		3163–94	
Mephisto/ Marthe		3085–95		3149–62		3195–3204

Während das Liebespaar 96 Verse zur Verfügung hat, kommt das Kontrastpaar nur in 35 Zeilen zu Wort. Die völlige Verschiedenheit des Wesens und der Lebenslage der beiden Paare bewirkt einen komischen Gegensatz zwischen Idealismus und Realismus, Liebe und Berechnung, Jugend und Alter. Außerdem wird innerhalb der Paare aneinander vorbeigeredet: Faust erweist sich als unfähig, Gretchens Lebenswirklichkeit zu erfassen, während sie den gesellschaftlichen Abstand betont. Marthe sieht in Mephisto einen geeigneten Ehepartner, während dieser sich wohl in Acht zu nehmen weiß, indem er so tut, als verstehe er nicht (3161).

Gegensätze zwischen den Paaren und innerhalb der Paare

Das Gespräch zwischen Faust und Gretchen setzt an dem kritischen Punkt ihrer Beziehung ein, dem Bildungs- und Standesunterschied, den Gretchen halb instinktiv, halb bewusst als beunruhigend empfindet. Faust meint, er könne diesen Unterschied durch Aufwertung ihrer „Einfalt“, „Demut“ und „Niedrigkeit“ (3102 ff.) und Abwertung des Gegenteils aus der Welt schaffen:

Standes- und Bildungsunterschied zwischen Faust und Gretchen

> „… was man so sehr verständig nennt,
> Ist oft mehr Eitelkeit und Kurzsinn.“

Faust bedenkt dabei nicht, dass es für den Höhergestellten leichter ist, sich herabzulassen und sich von der gesellschaftlichen Rangordnung kritisch zu distanzieren, als für den Niedriggestellten, seine Befangenheit zu überwinden. Die von Faust gelobten Tugenden „Einfalt“ und „Demut“ sind ganz aus der Perspektive ‚von oben‘ gesehen, da sie ja das niedere Volk zu idealen Untertanen machen. Margarete aber kann das Lob der „Niedrigkeit“ deshalb nicht verstehen, da sie sich ja nach einem höheren Stande sehnt. Auch ist sie sich keiner „Niedrigkeit“ bewusst, sondern hat ihren eigenen Stolz. Aber Faust versteht nicht, dass die Erzählung über ihre Familie, ihre Arbeit, ihre Pflichten (3109–3148) der Darstellung ihres Selbstwerts gilt, dass der Hinweis auf vorhandenes Vermögen (3117/8) signalisieren soll, dass man sie heiraten könne, dass sie ‚eine Partie‘ sei, dass die Erwähnung ihrer Hausfrauenrolle und ihrer Mutterrolle beim „Schwesterchen“ (3121) auf ihre Ehetüchtigkeit hindeuten soll.

Margarete als Glied des sozialen Gefüges

Diese Selbstdarstellung Margaretes hat auch die Funktion, sie als Teil des sozialen Gefüges zu zeigen, das durch Fausts leidenschaftlichen und egoistischen Einbruch in ihre Welt mit vernichtet werden wird. Faust ist ja der Freie, absolut Ungebundene, der „Unbehauste“ (3348) – das ist das Moderne an ihm –, während Gretchen einen festen Platz in der sozialen Ordnung einnimmt.

Soziale Kontrolle

Während Gretchens Erzählung diese soziale Welt von innen zeigt, erscheint sie in Marthes Worten als eine Umgebung, welche Kontrolle und Anpassungsdruck auf den einzelnen Menschen ausübt:

> „... man kommt ins Gered‘, wie man sich immer stellt“ (3201).

Mit diesem Wechsel der Perspektive wird auf die weitere Entwicklung vorausgedeutet.

Höhepunkt der Szene ist der Gesprächsabschnitt mit der Liebeserklärung (3163–94). Ganz im Sinne ihrer Selbstdarstellung will Margarete deutlich machen, dass sie von sich aus nichts getan habe, was Fausts „Frechheit“ bei ihrer ersten Begegnung (2605 ff.) hätte rechtfertigen können. Aber dieser versteht den in ihren Worten enthaltenen Tadel nicht:

> „... ich war recht bös‘ auf mich,
> Daß ich auf Euch nicht böser werden konnte“
> (3177/8).

Dass Gretchen sich aber bereits gegen die in ihrer Welt geltenden Normen entschieden hat, zeigt das Blumenspiel, das symbolhaft auf das Ende der Tragödie vorausweist: Es bedeutet unzweideutig den Verlust der Jungfernschaft. Zweitens aber wird dabei die Blume selbst zerstört – wie Margarete selbst, deren Namen die Sternblume trägt (‚Margerite'). Gretchen gesteht auf diese Weise als erste ihre Liebe, während Faust nur ein Echo ihrer Worte gibt: „Er liebt dich!" (3185) Und als sie bei seiner Berührung „Mich überläuft's!" ruft, bricht Faust in die Beteuerung aus, die Mephisto vorausgesagt hat. Er behält auch das letzte Wort in dieser Szene, um das Geschehen mit seinem spöttischen Kommentar zu relativieren und zu desillusionieren: „Das ist der Lauf der Welt."

Das Blumenorakel

Vorausdeutung auf das Ende der Tragödie

(16) Ein Gartenhäuschen (3205–3216):

Das Gartenhäuschen stellt unter den bürgerlichen Verhältnissen des 18. Jahrhunderts die nächstliegende Möglichkeit dar, der Aufsicht der Gesellschaft für eine Weile zu entgehen, ohne das Haus verlassen zu müssen. Hier findet die einzige Szene statt, in der Faust und Gretchen sich unbeschwert wie jugendliche Liebesleute benehmen: Sie neckt ihn, er geht auf das Spiel ein; sie duzen sich bereits; die Küsse, die sie tauschen, scheinen nicht die ersten zu sein. Es ist nicht mehr das Gretchen, das schaudernd weglief, nicht mehr der „in Gedanken" (nach 3194) zögernde Faust. Das ganze dauert nicht länger als zwei Verse (3205/6). Es ist die einzige Liebesszene des ganzen Dramas.

Funktion des Schauplatzes

Die einzige Liebesszene

Mephisto bricht in das Idyll ein und mahnt zum Aufbruch. Die Alternative, dass Faust zur Mutter mitgeht (3208) und um Margaretes Hand bittet, fällt nach allem Vorangegangenen aus. Sie würde aus der tragischen Figur Faust eine komische machen.

Mephisto stört das Idyll

Margaretes Schlussmonolog (3211–16) stellt noch einmal den intellektuell überlegenen Mann dem „arm unwissend Kind" gegenüber und endet mit der Frage, was er an ihr finde. Der Leser bzw. Zuschauer kann diese Frage aufgrund der bisherigen Handlung, mit seiner Kenntnis von Fausts Charakter und durch das Wissen um Mephistos Rolle in dem Spiel, bereits beantworten. Gretchen kann es nicht und wird – als Opfer ihrer Liebe und Unwissenheit – ein tragisches Ende nehmen.

Hinweis auf ein tragisches Ende

Vereinigung und Schuldigwerden der Liebenden

Die zweite Phase der Gretchenhandlung, in der es zur Liebesnacht kommt und sowohl Faust wie Margarete Schuld auf sich laden, beginnt mit zwei Szenen, die gleichzeitig verlaufend zu denken sind und zeigen, wie die beiden Liebenden ihr Erlebnis verarbeiten und wie ihnen die Zukunft erscheint. Während Faust dazu aus der Enge der Stadt in die Natur hinausgegangen ist, bleibt Gretchen in ihrer kleinen Welt.

(17) Wald und Höhle (3217–3373):
Warum findet der Zuschauer Faust hier draußen? Im Gegensatz zu Margarete gibt es in seinem Leben eine Dimension, an der die Geliebte keinen Anteil hat, in die er sie nicht hineinlässt, sein Streben nach Erkenntnis der absoluten Wahrheit. Ihr meint er durch sein Liebeserlebnis näher gekommen zu sein, das ihn in Euphorie versetzt hat. Wir müssen uns Faust in einer Höhle, dem Symbol bergenden Raumes („zur sichern Höhle" 3232), sitzend vorstellen, wo er ein Dankgebet an den Erdgeist richtet, der ihn einst abgewiesen hatte, als Faust ihn durch Magie zwingen wollte (460 ff.), der ihm nun aber das Gefühl des Einklangs mit der Natur geschenkt hat:

Fausts Dank an den Erdgeist

> „Gabst mir die herrliche Natur zum Königreich,
> Kraft, sie zu fühlen, zu genießen …" (3220/1).

Zur Natur, die er nun zu „genießen" meint, gehören für ihn auch die „geheimen, tiefen Wunder" der eignen Brust (3233) und „der Vorwelt silberne Gestalten" (3238), also Selbsterkenntnis und Geschichte. Vor den zerstörerischen Gewalten der Natur, „wenn der Sturm im Walde braust und knarrt" (3228), fühlt er sich in der Höhle sicher. Plötzlich jedoch schlägt Fausts Euphorie in Depression um:

> „O daß dem Menschen nichts Vollkommnes wird,
> Empfind' ich nun" (3240).

Der „Gefährte" Mephisto kommt ihm in den Sinn, der ihm in der Brust „ein wildes Feuer" anfacht „nach jenem schönen Bild" (3247/8), d. h. die Sinnlichkeit anstachelt, welche das Gefühl der Harmonie mit der Natur, das ihm die Liebe eingegeben hatte, zerstört. Er weiß jetzt, dass auch das Liebeserlebnis mit Gretchen, das ihm jenes

Widerstreit zwischen Sinnlichkeit und Liebe

Harmoniegefühl beschert hat, seine Sehnsucht nicht zu stillen vermag:

> „So tauml' ich von Begierde zu Genuß,
> Und im Genuß verschmacht' ich nach Begierde" (3249/50).

Mephisto erscheint

Den größeren Teil der Szene bildet ein Dialog zwischen Mephisto und Faust. Er ist durch die Abbruchsformel „Genug damit!" (3303) in zwei Teile gegliedert, welche den beiden Phasen der Strategie entsprechen, mit der Mephisto zuerst Fausts „Wonne" der Naturbetrachtung (3241) stören und dann das „wilde Feuer" (3247) schüren will, mit dem es Faust zur Erfüllung seiner Sinnenlust drängt. Zunächst tadelt Mephisto Fausts Ausflug in die Natur als Rückfall in die alte Lebensweise:

Zwei Phasen von Mephistos Strategie

> „Dir steckt der Doktor noch im Leib" (3277).

Wie schon früher erinnert er ihn daran, dass er ihm ja das Leben gerettet und ihn vom „Kribskrabs der Imagination … kuriert" (3269) habe. Dann macht er Fausts Naturbetrachtung als Selbsttäuschung („zu einer Gottheit sich aufschwellen lassen" (3285) und Heuchelei schlecht. Es laufe ja letzten Endes doch immer auf das gleiche hinaus: Er macht die „unanständige Gebärde", die der Hexe gegenüber als „Wappen" gelten sollte (s. o. S. 50). Als Faust mit „Pfui über dich!" reagiert, prangert Mephisto die doppelte Moral der Menschen an, die darin besteht, dass man über Sexualität nicht reden dürfe, obwohl keiner sie entbehren könne (3295/6). So beweist er einmal mehr, dass er des „Menschen Geist in seinem hohen Streben" nicht erfassen kann (1676), dass ihm nur die Triebsphäre des Menschen zugänglich ist.

Doppelte Moral

Der Bericht, den Mephisto dann von Fausts „Liebchen" (3303) gibt, parodiert im vorhinein die nächste Szene (18), in der Gretchen am Spinnrad sitzt und ihrer Liebessehnsucht Ausdruck gibt. Er will Fausts Begierde anstacheln, die nach Erfüllung drängt.

Mephisto gibt Bericht von der wartenden Geliebten

Mit dem Gegensatz zwischen der Naturbetrachtung im einleitenden Monolog (3217–39), die Fausts höheres Streben versinnbildlicht, und Mephistos Aufforderung zum bedenkenlosen Sinnengenuss, ist genau diejenige Entscheidungssituation aufgebaut, auf deren Hintergrund die folgenden Äußerungen Fausts zu verstehen sind. Er hat Bedenken, Gewissensbisse:

Fausts Entscheidungssituation

„Fühl' ich nicht immer ihre Not?" (3347).

Er erkennt, dass er, „der Flüchtling … der Unbehauste … der Unmensch", der Geliebten eigentlich nur Unglück bringen, ihre „kleine Welt" (3355) zerstören kann. Doch er zieht keinerlei sittliche Konsequenzen aus dieser Erkenntnis. Vielmehr redet er sich ein, dass alles Weitere mit der Notwendigkeit eines Naturereignisses kommen müsse. Es findet kein Akt des Willens statt. Er wird durch eine Art von Schicksalsglauben ersetzt (3363 ff.).

Gretchen wird geopfert

Faust nimmt bewusst in Kauf, dass Gretchen zugrunde geht, ein „Opfer" wird (3361), wenn er nicht darauf verzichtet, bei ihr Erfüllung seiner Begierde zu suchen. Mephistos Schlusswort zeigt, dass er nicht verstehen kann, was sich da in Fausts Innerem abspielt.

Mephistos Unverständnis für Fausts Konflikt

Ihm, der nur immer eine Seite der menschlichen Dinge erfassen kann, kommt Fausts Rede wie eine Äußerung sinnlicher Leidenschaft vor:

„Wie's wieder siedet, wieder glüht!" (3366).

Was ihm jedoch daran unverständlich erscheint, fasst er in die paradoxe Formel, ein „Teufel, der verzweifelt", sei das ‚Abgeschmackteste' auf der Welt, d.h. etwas völlig Unpassendes.

(18) Gretchens Stube (3374–3413):

Die Szene gehört als Ergänzung zur vorigen, weil sie Gretchens Zustand während Fausts Aufenthalt in der Natur und damit die ernsthafte Grundlage von Mephistos spöttischem Bericht vorführt.

Margaretes Beschränkung und Stärke

Im Kontrast zu Fausts Möglichkeit, in der Natur Ruhe und Abstand vom eignen Erleben zu finden, erscheint Margarete „umfangen in der kleinen Welt" – wie Faust es (3355) ausdrückt – und allein erfüllt von ihrem Gefühl für Faust. In ihren „kindlich dumpfen Sinnen" (3352) hat sie keine Freiheit zur Verwandlung. Dies ist ihre Beschränkung und zugleich ihre Stärke: Sie ist ganz, was sie ist und fühlt.

Gretchens Selbstgespräche 2678, 2753, 2783

Wie ihre früheren Selbstgespräche ist auch dieses von einer Tätigkeit begleitet, diesmal von einer ganz mechanischen, bei der die Gedanken freien Lauf haben und sich abgewandelt wiederholen, wie es der Bewegung des Spinnrades entspricht. Eine wiederkehrende Strophe („Meine Ruh' ist hin …") leitet die drei Teile des Liedes ein: Die zweite und dritte Strophe sagen, dass es keine Freude für sie gibt, wenn der Geliebte nicht bei ihr ist. In der fünften bis siebenten Strophe ruft sich Gretchen das Bild des Geliebten vor die Seele. Schließlich spricht sie in der neunten und zehnten Strophe ihre Sehnsucht nach Vereinigung mit dem Geliebten aus. Das „arm unwissend Kind" (3215) ist zur reifen Frau geworden.

Sehnsucht nach Vereinigung mit dem Geliebten

(19) Marthens Garten (3414–3543):
Mit dieser Szene beginnt die fallende Handlung. Sie muss in die Katastrophe führen, weil die von den beiden Liebenden ersehnte Vereinigung nicht geschehen kann, ohne dass beide Schuld auf sich laden. Während Gretchen diese Schuld mit ihrem Leben büßen wird, weicht Faust ihren Folgen aus. Die vier Abschnitte, in die sich die Szene gliedern lässt, zeigen die unterschiedlichen Perspektiven, unter denen das Geschehen dargestellt wird:

Gliederung der Szene

Religionsgespräch

- Das einleitende Religionsgespräch (3414–68) macht nicht nur deutlich, dass die beiden Liebenden von der Konfession her nicht zueinander passen, sondern veranschaulicht auch den charakterlichen Unterschied zwischen ihnen.

Ablehnung Mephistos durch Margarete

- Der folgende Dialog über Margaretes „Antipathie" gegen Mephisto (3469–3501) macht klar, wer die eigentlichen Gegenspieler in diesem Menschheitsdrama um Faust sind.

Vorbereitung der Liebesnacht

- Im dritten Abschnitt (3502–20) erfolgt die Exposition der nächsten Handlungsphase, nämlich die Verabredung für den nächtlichen Besuch des Liebhabers, der durch Verabreichung eines Schlafmittels an Gretchens Mutter ermöglicht werden soll.

Mephistos Kommentar

- Schließlich werden in einem Dialog Faust–Mephisto (3521–43) sowohl das Religionsgespräch wie die bevorstehende Liebesnacht von Mephisto in seinem (nihilistischen) Sinne kommentiert.

Die ‚Gretchen-Frage'

Ausweichende Antwort Fausts

Der erste Teil beginnt mit der ‚Gretchen-Frage': „Wie hast du's mit der Religion?" Faust antwortet ausweichend mit zwei Klischees, mit der Versicherung, für seine Angehörigen – er hat aber keine! – einstehen zu wollen, und dem Toleranzprinzip:

> „Will niemand sein Gefühl und seine Kirche rauben" (3420).

Seine Einstellung ist ausgesprochen modern: Man hat keine Religion, achtet aber die der anderen. Außerdem hält man sie für eine Sache des Gefühls. Margarete genügt das jedoch nicht; für sie gehört zur Religion das „Glauben“ und der Empfang der „heil‘gen Sakramente“. Daher formuliert sie ihre Frage noch einmal: „Glaubst du an Gott?“ (3426).

Gretchens Vorstellung von Religion

Wieder versucht Faust auszuweichen, indem er die Frage als problematisch bezeichnet: „Wer darf sagen: Ich glaub‘ an Gott?“ Aber Margarete gibt sich nicht zufrieden und formuliert ihre Frage ein drittes Mal: „So glaubst du nicht?“ Damit scheint sie den entscheidenden Punkt getroffen zu haben, denn Faust reagiert mit einer ganzen Litanei von (rhetorischen) Gegenfragen, in denen die alte theologische Diskussion über ‚die Namen Gottes‘ aufgenommen wird. Doch im Unterschied zu jener Diskussion verflüchtigt sich bei Faust der Gottesgedanke immer mehr zu einem unbestimmten „Gefühl“, in das auch das Liebesverhältnis zu Gretchen gleichsam als ‚Gottesbeweis‘ einbezogen wird (3446 ff.). Wie soll diese aber die Rede des Geliebten verstehen? Sie kann nur verwirrt sein, dass dieser auf ihre klare Frage mit einer Art von lyrischem Gedicht antwortet, in dem alles, du und ich, Himmel und Erde, Herz und Gefühl, Glück und Liebe, ‚Gott‘ heißen kann und alles in einem Gefühlsnebel untergeht. Diese Verwirrung vollendet Faust dadurch, dass er auf Gretchens Hinweis, so ungefähr sage das der Pfarrer auch, erwidert, dass in dieser Frage „jedes in seiner Sprache“ rede (3464), d.h. Worte hier nichts zählen. Darauf schließt Margarete die Erörterung dieses Themas mit der lapidaren Feststellung ab: „Du hast kein Christentum“ (3468). Mehr hatte sie nicht wissen wollen. In seinem geistigen Hochmut geht Faust mit der Geliebten ähnlich überheblich um wie früher mit seinem Famulus Wagner, vermag aber hierdurch nicht ihre religiöse Sicherheit zu erschüttern.

Fausts Gefühlsreligion

Faust als Mann der großen Worte

Als Margarete nun folgerichtig zum Thema ‚Mephisto‘ übergeht, wird der wortgewaltige Faust auffallend schweigsam. Sie hält Mephisto für einen Menschen (3071, 75, 80), spürt aber, welche Gefahr von ihm ausgeht, erkennt den Feind der Liebe in ihm:

Mephisto, der Feind der Liebe

> „Man sieht, daß er an nichts keinen Anteil nimmt“ (3488).

In seiner Gegenwart hat sie sogar das Gefühl, Faust nicht mehr zu lieben (3497). Daher möchte sie, dass es ihm mit Mephisto so gehe wie ihr, d.h. dass er ihre „Antipathie“ gegen ihn teile. Fausts Wortkargheit bei diesem Thema hat ihren Grund darin, dass er befürchten muss, Gretchen könnte hinter sein Geheimnis kommen und sich von ihm abwenden. Im Gegensatz zu Faust zieht also Margarete einen klaren Trennungsstrich, ist daher auch nicht durch Mephisto gefährdet. Ihre bedenkenlose Liebe und Hingabe wird sie zwar zum Unrechttun verleiten. Doch hat Mephisto keine Macht über sie, da sie nicht gespalten ist wie Faust. Die Einheitlichkeit ihres Wesens, die sie zur vorbehaltlosen Liebe fähig macht, bewahrt sie davor, mit dem Bösen zu paktieren.

Margarete ist Mephistos Gegenspielerin

Mephisto hat keine Macht über sie

Als Margarete sich verabschieden will, geht Faust direkt auf sein Ziel los, umschreibt es aber – ganz im Sinne von Mephistos Vorhaltungen, die bürgerliche Anständigkeit betreffend – mit den Worten: „ein Stündchen ruhig dir am Busen hängen“ (3503). Gretchen, die alles für den Geliebten tun will, nimmt das Fläschchen mit dem Schlafmittel in Empfang, das er also vorsorglich schon mitgebracht hatte. Damit ist alles für die liebende Vereinigung vorbereitet.

Verabredung der Liebesnacht

Im vierten Abschnitt der Szene wird alles in Mephistos Perspektive gerückt, womit die Fronten noch einmal deutlich werden: Für ihn ist die ‚Gretchen-Frage‘ nicht durch das Bedürfnis motiviert, mit dem Geliebten in den wichtigsten Dingen einig zu sein, sondern durch den Willen, das Heft in der Hand zu behalten:

Mephistos Perspektive

> „Sie denken: duckt er da, folgt er uns eben auch“ (3527).

Dann gibt er mit spöttischen Worten zu, dass Margarete ihn richtig eingeschätzt habe (3537–41), und schließt mit einer Anspielung auf die bevorstehende Liebesnacht, die er ganz in seinem Sinne deutet:

> „Hab‘ ich doch meine Freude dran!“ (3543)

Für das, was an der Vereinigung von Faust und Gretchen Liebe ist, hat Mephisto kein Verständnis.

(20) Am Brunnen (3544–3586):

Es ist die erste derjenigen Szenen, die das leidende Gretchen zeigen. Die Zwänge werden deutlich, unter denen

Das leidende Gretchen

sie steht und die ihre Handlungs- und Entscheidungsfreiheit einschränken. Es sind die Zwänge, die durch die geltende Moral und die Kirche ausgeübt werden, in denen sie doch so fraglos zu Hause gewesen ist.

Gliederung der Szene

Die Szene hat zwei Teile, den Dialog zwischen Lieschen und Gretchen über Bärbelchens Schicksal (3544–76) und Margaretes anschließenden Monolog (3577–86), in dem ihr das eigene Schicksal erst so recht bewusst wird.

Der Brunnen ist der Treffpunkt der Mädchen und Frauen, an dem die lokalen Nachrichten ausgetauscht werden. Lieschen möchte gern eine Neuigkeit loswerden und ist froh, dass Gretchen noch nicht Bescheid weiß:

Eine uneheliche Mutter

Bärbelchen hat ein uneheliches Kind bekommen (3549). Lieschens Erzählung verrät, dass sie mit einer Mischung aus Neid und Genugtuung auf das Geschick der Freundin blickt. Was sie an Bärbelchens Liebesgeschichte tadelt, „das Vornehmtun", das „überall die Erste sein", die

Neid und Genugtuung

„Geschenke", das „Geschleck", das hätte sie sicher ebenfalls alles gern gehabt. Aber sie wurde ja zu Hause kurz gehalten, musste arbeiten, durfte nicht hinaus. So ist sie nun schadenfroh darüber, dass Bärbelchen die Folgen tragen, die Kirchenbuße auf sich nehmen muss, dass ihr Liebhaber sie sitzen gelassen hat, und tröstet sich im Falle, dass er sie doch heiratet, mit dem Gedanken an den Brauch, der für die Hochzeit unehelicher Mütter vorgesehen ist.

So gibt diese Klatschszene ein deutliches Bild von jener trostlosen Mischung von heuchlerischer Bürgermoral, kirchlicher Praxis, die eine öffentliche Demütigung der ledigen Mutter verlangte, und kleinlicher Aufpasserei auf den Mitmenschen, die jetzt auf Margarete wartet.

Gretchens neue Situation in der Gesellschaft

Für sie hat sich ihre Situation in der Gesellschaft völlig geändert: Bisher konnte sie sich an solchen Schmähungen beteiligen, nun muss sie sich mit der Geschmähten identifizieren. Sie ist nun zur Schicksalsgenossin geworden. Jenes Gesetz der sozialen Kontrolle und Ächtung, das sie bisher unreflektiert zu exekutieren half, hat sie nun zum Opfer ausgewählt:

> „Und bin nun selbst der Sünde bloß!" (3584).

Liebe und Schuld

Dabei hat sie nur ihre Liebe in diese Situation gebracht. Das kann sie nicht verstehen:

„Doch – alles, was mich dazu trieb,
Gott! war so gut! ach war so lieb!"

(21) Zwinger (3587–3619):
‚Zwinger' hieß der Raum zwischen den Häusern am Rande der Stadt und der Mauer. Hier ist eine Nische mit einem Andachtsbild zu denken, das Maria als die „schmerzensreiche Mutter" darstellt. Da Gretchen – wie die vorige Szene gezeigt hat – von ihren Mitmenschen keine Hilfe zu erwarten hat, wendet sie sich im Gebet an die Gottesmutter. Die Gliederung ist die bei Gebeten übliche:

- Anrede und allgemeine Bitte (3587–89),
- Betrachtung der Schmerzen Mariens (3590–95),
- Schilderung der eigenen Not (3596–3615) und
- Bitte um Rettung „von Schmach und Tod" (3616–19).

Warum bleibt Gretchen in ihrer Not allein?

Warum wendet sich Margarete in ihrer Not nicht an den Geliebten, den Vater ihres Kindes? Es wäre ein nahe liegender Gedanke, sich an Faust zu wenden und von ihm zu erwarten, dass er sie irgendwie vor der gesellschaftlichen Diskriminierung bewahre. Sie tut es nicht, weil sie trotz ihrer verzweifelten Lage nichts von dem Geliebten verlangen will, wovon ihr Gefühl ihr sagt, es würde seinen Vorstellungen nicht entsprechen, würde ihn unter Zwang setzen. Das ist eine heroische Haltung, zu der sie ihre Bildung und Erziehung nicht befähigt, sondern die aus der Unbedingtheit ihres Gefühls erwächst, die sie zwar auf dieser Erde in den Untergang treibt, „drüben" aber Rettung bedeutet. Sie leistet damit ein stellvertretendes Leiden aus Liebe zu einem Menschen, der sie vielleicht nur ‚vom Herrn' her gesehen wirklich verdient. So kann sie am Ende des zweiten Teils der Tragödie zur Ursache der Rettung von „Faustens Unsterblichem" werden. Ihre Worte dort weisen auf dieses Gebet zurück:

Verbindung mit dem Schluss des Faust-Dramas

„Neige, neige,
Du Ohnegleiche,
Du Strahlenreiche,
Dein Antlitz gnädig meinem Glück!" (12069 ff.).

(22) Nacht. Straße vor Gretchens Tür (3620–3775):
Die seit Beginn der Gretchenhandlung (2605) andauernde Folge von Dialogen und Monologen wird nun durch eine Szene von großer inhaltlicher und formaler Vielfalt unterbrochen. Sie bringt eine wachsende Zahl von Perso-

Eine Szene großer Vielfalt

nen auf die Bühne und läuft nach Art einer Oper in einzelnen ‚Nummern' ab. Margaretes Liebe erscheint noch einmal in unterschiedlicher Beleuchtung, ehe sie ihren Weg in Kerker und Tod antritt. Eine neue Figur, der Soldat Valentin, Gretchens Bruder, eröffnet die Szene und beschließt sie sterbend mit seinen letzten Worten.

Eine neue Figur

Die Szene hat folgende ‚Nummern':

Gliederung der Szene

1. Monolog Valentins: Enttäuschung über die Schwester (3620–49),
2. Dialog Faust–Mephisto: Auf dem Weg zu Gretchen (3650–77),
3. Mephistos „moralisch Lied" (3678–97),
4. Kampfszene: Valentin verwundet; Faust und Mephisto fliehen (3698–3715) und
5. Volksauflauf, Valentins Verfluchungsarie und Tod (3716–75).

Faust lässt Gretchen allein

Durch die Szene wird Fausts Entfernung aus der Stadt motiviert und Gretchens Verzweiflungstat, der Kindsmord, verständlich gemacht.

Valentins Auftritt

Valentin gibt in seinem Monolog das Zeugnis einer primitiven Mentalität. Er ist ein Angeber, preist aber mangels eigener Qualitäten die Vorzüge seiner jungfräulichen Schwester, um Geltung bei seinen Kameraden zu gewinnen. Nun ist er verzweifelt, dass diese Möglichkeit für ihn weggefallen ist. Das persönliche Schicksal Margaretes interessiert ihn nicht. Er will sein verlorenes Ansehen dadurch wiedergewinnen, dass er den Verführer seiner Schwester umbringt („Soll nicht lebendig von der Stelle!").

Auftritt Fausts und Mephistos

Im Dialog zwischen Faust und Mephisto wird der Abstand, der den „Geist, der stets verneint" (1338) vom liebenden und leidenden Menschen trennt, betont. Ein von dunkler Stimmung erfüllter Faust begibt sich hier zu Margarete. Sein Lebensgefühl ist auf einem Tiefpunkt angelangt: „Finsternis drängt ringsum bei! So sieht's in meinem Busen nächtig" (3653/4). In Mephisto erzeugt die Finsternis eine ganz andere Stimmung. Ihm „spukt ... schon durch alle Glieder die herrliche Walpurgisnacht" (3660/1). Ungerührt spricht er, als Faust wieder nach einem Geschenk fragt, von „Perlenschnüren" (3673), obwohl er doch wissen müsste, dass Perlen Tränen bedeuten und sich Liebende deshalb keine schenken. Mit dem

Faust in dunkler Stimmung

Hinweis, dass Faust lernen müsse, „umsonst … zu genießen", kündigt er den Vortrag eines Liedes an, „um sie gewisser zu betören". Doch ist die Kanzone, die Ophelias Lied zum St. Valentins-Tag in Shakespeares ‚Hamlet' nachgebildet ist:

> „Sie sprach: Eh' Ihr gescherzt mit mir, gelobt Ihr mich zu frein" Hamlet, IV, 5.

der blanke Hohn auf Gretchens Schicksal. Denn die Möglichkeit, vor der Liebesnacht Hochzeit zu halten, gibt es für sie nicht mehr.

Valentins Duell mit Faust und Mephisto

Valentin tritt nun hervor, ruft „Zum Teufel!", ohne zu ahnen, dass er mit ihm bereits zu tun hat, und kämpft gegen den Liebhaber seiner Schwester, bis dieser ihm, von Mephisto geführt, den Todesstoß versetzt. Doch nun müssen die beiden verschwinden, weil Mephisto nicht Herr über den „Blutbann" (3715) ist.

Valentin verflucht seine Schwester

Sogleich füllt sich die Straße mit Volk, darunter auch Marthe und Gretchen. In seiner großen Sterbearie nennt Valentin nun seine Schwester vor aller Ohren eine „Hur'" (3730) und behauptet, sie werde es bald mit allen treiben. ‚Seine Worte „Ich sag' dir's im Vertrauen nur" sind reiner Hohn, denn es können alle hören. Valentin hat absichtlich so lange mit seiner Anklage gewartet (3725). Mit einer Wonne, die Lieschens Genugtuung (3551) noch übertrifft, malt Valentin der Schwester aus, was ihr an öffentlicher Ächtung und Kirchenbuße bevorsteht. Die einzige Person, die christlich empfindet und Valentins Verhalten als gekränkte Eitelkeit richtig einschätzt, ist ausgerechnet Marthe. Sie rät zur einzigen Sache, die jetzt noch Not tut: „Befehlt Eure Seele Gott zu Gnaden!" (3764) Doch Valentin befolgt den Rat nicht. Er gibt vielmehr ein abschreckendes Beispiel von Selbstgerechtigkeit und missverstandenem Christentum, indem er meint, durch Rache an der Kupplerin seiner „Sünden Vergebung reiche Maß zu finden" (3768/9). Er gibt Gretchen die Schuld an seinem Tod und stirbt in dem Bewusstsein, geradewegs vor Gott zu gelangen, d. h. seine Gnade nicht nötig zu haben.

Marthe rät ihm, um Gottes Gnade zu beten

Gegenbeispiel christlicher Haltung

(23) Dom (3776–3834)

Gretchen wohnt einem Seelenamt bei. Die Mitleidlosigkeit ihrer christlichen Umgebung, die sie in der letzten Szene zu spüren bekam, und ihre eigene Verzweiflung

Bedeutung des ‚Bösen Geistes'

haben sich in einem ‚Bösen Geist' verkörpert. Er erinnert sie an die kindliche „Unschuld“, mit der sie früher in die Kirche gekommen sei, und stellt ihr die „Missetat“ entgegen, die nun auf ihr laste, den von ihr verschuldeten Tod der Mutter, das Blut des Bruders auf ihrer Schwelle, das neue Leben, das sich schon unter ihrem Herzen rege. Diese „Gedanken“ haben zur Folge, dass sie von der Totensequenz des Thomas von Celano nur die bedrückenden, nicht aber die hoffnungsvollen Strophen vernimmt. Nach dem Eingangssatz: „Jener Tag des Zornes wird die Welt in Asche legen“ verdolmetscht ihr der ‚Böse Geist' die weiteren Strophen, wobei er die Schreckensbilder hervorhebt (3800–7), so dass Gretchen in Atemnot gerät. Dann hört man die 6. Strophe:

Bilder vom Jüngsten Gericht

> „Wenn der Richter dann Platz nimmt,
> wird alles Verborgene offenbar,
> nichts wird ohne Strafe bleiben“ (3813–15).

Gretchen fühlt sich beengt

Gretchen fühlt sich beengt, während der ‚Böse Geist' das Bild vom Jüngsten Gericht ausmalt. Inzwischen ist der Chor bei der 7. Strophe:

> „Was werde ich Armer dann sagen,
> welchen Anwalt mir nehmen,
> wo doch nicht einmal ein Gerechter ohne Sorge sein kann“ (3825–27)?

Wieder verstärkt der ‚Böse Geist' durch seine Interpretation die Trostlosigkeit, die Gretchen empfindet. Bevor sie auch diejenigen Strophen der Sequenz hört, in denen dem Sünder aufgrund des Kreuzestodes Jesu Christi Gottes Erbarmen in Aussicht gestellt wird, fällt Gretchen in Ohnmacht.

Die Hoffnung des Evangeliums verdeckt

In dem Erlebnis der Einengung und Atemnot und den Worten des ‚Bösen Geistes' spiegelt sich die irdische Verdammung des Sünders durch die christliche Gesellschaft, welche den Blick auf die erlösende und befreiende Kraft des Evangeliums verstellt, d. h. sich als unchristlich erweist.

Die Katastrophe: Fausts Verrat und Gretchens Tod

(24) Walpurgisnacht (3835–4222):

Wie Gretchen in Mephisto den Feind ihrer Liebe zu Faust erkannt (3497) und diesen gebeten hatte, dessen Gesellschaft aufzugeben, so weiß umgekehrt auch Mephisto, dass Gretchen seine Gegenspielerin ist und Faust von der „Straße" (314), die er ihn führen will, abbringen kann. Deshalb zieht er ihn aus dem Lebenskreis der Geliebten (3712) und bringt ihn in seine Welt, die Gegenwelt der Finsternis, Verkehrtheit, Triebhaftigkeit und Nichtigkeit, die durch das Hexentreiben der Walpurgisnacht symbolisiert wird.

Gretchen und Mephisto als Gegenspieler

Mephistos Gegenwelt

Es ist eine Nachtszene, in der–vom halbdunklen Mond (3851) bis zu den sprühenden Funken (3903)–nur spärliches Licht leuchtet; es ist eine Wandelszene, in der Faust und Mephisto durch eine Berglandschaft streifen und ständig ihren Ort wechseln; es ist vor allem eine traum- und zauberhafte Szene, von der man nicht weiß, ob in ihr eine Realität vorgestellt oder nur Fausts Seelenzustand gespiegelt werden soll. Diese Frage hatte sich Faust selbst bei seiner ersten Begegnung mit Mephisto gestellt, ob ihm „ein Traum den Teufel vorgelogen" habe (1528).

Reich der Finsternis

Traum oder Realität?

In der Gliederung der Szene lassen sich vier Abschnitte erkennen, die nach dem Prinzip der Steigerung angeordnet sind:

Gliederung der Szene

- Faust und Mephisto wandern mit Hilfe der Irrlichter durch die Finsternis (3835–3911);
- Faust und Mephisto erleben den Sturm, den das wilde Heer der Hexen hervorruft (3912–4015);
- Mephisto zeigt Faust die Banalität des Bösen und fühlt „zum jüngsten Tag … das Volk gereift" (4092) (4016–4117) und
- Tanz mit den Hexen, Auftritt des Aufklärers und Fausts Gretchenvision (4118–4209).

Walpurgisnacht = Nacht zum 1. Mai

Die restlichen Verse 4210–4222 dienen der Überleitung zum Intermezzo des ‚Walpurgisnachtstraums'.

Überleitung zum Intermezzo

Dass wir uns in einer ‚verkehrten Welt' befinden, zeigt sich schon zu Anfang darin, dass Faust sich am Frühling erfreut, Mephisto aber „winterlich" zumute ist (3849), jener zu Fuß wandern möchte, dieser sich jedoch „Besenstiel“ und „Bock“ als Fortbewegungsmittel wünscht (3835). Um die Finsternis zu erleuchten, wird ein „Irrlicht“ engagiert (3855), das nun auch noch gegen seine Natur (3862) geradeaus gehen soll (3864). Mephisto spielt mit seiner Bemerkung, dass die Irrlichter mit ihrem „zickzack“ die Menschen nachahmen, auf die Worte des Herrn im Prolog an: „Es irrt der Mensch, solang, er strebt“ (317). In dieser Anspielung liegt der Hinweis, dass diese Gegenwelt in ihrer Spannung zu dem verstanden werden soll, was der Herr mit dem Menschen vorhat. Weil die Irrlichter den Weg weisen, wird die Wanderung – wie der Wechselgesang zeigt – seltsam:

Anspielung auf das irrende Streben des Menschen

Wanderung unter Führung der Irrlichter

Die Wanderer wissen nicht, ob sie stehen oder gehen (3906); alles scheint sich zu drehen; die Natur schneidet Fratzen. Aber in den Versen 3883–88 scheint sich Fausts Sehnsucht nach Gretchen zu Wort zu melden.
Auf dem weiteren Weg durch die Berglandschaft leuchten Goldadern im Berg auf, für Faust ein erhebendes Naturbild, für Mephisto Zeichen des „Herrn Mammon“ (3933), des Geldes, das Reichtum und Macht bringt. Als ein Sturm in den Wald einbricht, hat Mephisto seine Freude an den Zerstörungen, die er anrichtet. Er hat seine Ursache in der Wildheit der Hexen, die zum Brocken ziehen, wo „Herr Urian“, d.h. der Satan, Mephistos ‚Chef‘, thront – das Gegenbild zum Herrn des Prologs, dem die Teufelszunft als „Gesinde“ (274) dient. Die Äußerungen der Hexen verraten Schamlosigkeit und Obszönität. Sie verkünden – im Gegensatz zur Rede von der „engen Gnadenpforte“ 52; 716; 1991 –, dass der Weg breit sei, der zum Satan führt (3974), und dass „ewig ein verlorner Mann“ sei, wer sich nicht mit Hilfe von „Besen“, „Stock“, „Gabel“ oder „Bock“ zum Gipfel „heben“ könne (4000–03), auf dem „Herr Urian“ sitzt. Hiermit ist die christliche Lehre in ihr Gegenteil verkehrt. Faust und Mephisto haben Mühe, dem Hexentrubel zu entkommen (4016ff.). Im Gegensatz zu Mephisto aber wähnt sich Faust noch nicht am Ziel. Er möchte hinauf zum Brocken, um hinter das Geheimnis des Teufels zu kommen:

„Das Tor ist weit, das ins Verderben führt, und der Weg dahin ist breit“ NT Mt 7, 13

Faust möchte das Geheimnis des Bösen lüften

> „Dort strömt die Menge zu dem Bösen;
> Da muss sich manches Rätsel lösen“ (4039/40).

Doch genau das will Mephisto verhindern; deshalb hält er ihn auf halbem Wege dort fest, wo man in Grüppchen am Feuer sitzt und:

> „Man tanzt, man schwatzt, man kocht, man trinkt, man liebt" (4058).

Walpurgisnachts-treiben

Er verspricht Faust auch eine neue Verbindung (4054), um ihn ganz von Margarete wegzuziehen. Und er meint, Faust unter dem Motto zum Lebensgenuss bringen zu können:

> „Die Müh' ist klein, der Spaß ist groß" (4049).

Kostenloser Genuss

Auch hierin ist die ‚Walpurgisnacht' eine Gegenwelt: Während Liebesbeziehungen im Menschenleben in fremdes Leben eingreifen, Spuren hinterlassen, Folgen haben können, kann man in Mephistos Reich ‚zugreifen', ‚naschen', ‚sich ergötzen' (1760 ff.), ohne irgendwelche Konsequenzen fürchten zu müssen. Aber wo alles erlaubt ist, hat im Grunde nichts mehr einen Wert. Dieses Banale und Wertlose des triebhaften Verhaltens, bei dessen Erfüllung sich der Mensch allerdings grenzenlose Genüsse zu versprechen pflegt, wird hier veranschaulicht. Die Szene zeigt, dass buchstäblich ‚Nichts' dahintersteckt. Und eben dies soll Faust nach Mephistos Absicht nicht herausfinden.

Banalität des Bösen

Es steckt ‚Nichts' dahinter

Bei einem Blick auf die Geschichte wird dieser Eindruck bestätigt: Vier Vertreter des ‚Ancien régime', ein General, der sich vom revolutionierenden Volk verraten fühlt, ein Minister, der „die rechte, goldne Zeit" betrauert (4083), ein Höfling, dem nun der Lohn für seine Schurkereien entgeht, sowie ein mäßiger Schriftsteller, der sich plötzlich der Kritik ausgesetzt sieht, sind die Beispiele für Mephistos These, dass die Menschen „zum jüngsten Tag" reif seien, die Welt „auf der Neige" stehe (4092). Eine Trödelhexe macht sozusagen einen ‚Ausverkauf der Geschichte', indem sie Dolche, von denen Blut geflossen, Kelche, aus denen Gift getrunken, Schwerter, die dem Meuchelmord gedient, oder Schmuck, mit denen Weiber verführt wurden, anbietet. Mit dem Rat, sich „auf Neuigkeiten" zu verlegen, leitet Mephisto zum nächsten Abschnitt über. Da erscheint Lilith, die Urverführerin (in der jüdischen Sage Adams erstes Weib). Faust tanzt mit einer jungen, Mephisto mit einer alten

Blick in die Geschichte

Lilith AT Jes 34, 14

Hexentanz

Hexe, d. h. die Konstellation der Paare aus der Szene (15) wiederholt sich. Die beiden Welten, die Faust und Mephisto verkörpern, werden kontrastiert: Während der elegante Wortwechsel Fausts mit der „Schönen“ in der erotischen Metapher ein Bild der heilen Natur enthält (4128–29), geben die unflätigen Verse des anderen Paares den Eindruck zerstörter Natur (4136–43). Auch singt Faust von einem „schönen“, Mephisto aber von einem „wüsten Traum“.

Die Lücken in den Versen sind folgendermaßen zu füllen: „Der hatt‘ ein ungeheures Loch, so groß es war …“ – „Halt‘ er einen rechten Pfropf bereit, wenn er das große Loch nicht scheut.“

Auf der Höhe des sexuellen Genusses weht Faust die von ihm verachtete (1851) Vernunft in Gestalt des ‚Proktophantasmisten‘, d. h. „Arschgespenstlers“, an. Es gibt eine komische Einlage, in der die Frage nach der Realität des Bösen aus der ‚Hexenküche‘ (2507) wieder aufgenommen wird.

Es handelt sich um den aufklärerischen Schriftsteller Friedrich Nicolai (1733–1811), der – obwohl er alle übernatürlichen Erscheinungen leugnete – das Missgeschick hatte, von quälenden Phantasien heimgesucht zu werden. Er führte sie auf starken Blutandrang im Kopf zurück und bekämpfte diesen durch das Ansetzen von Blutegeln am Gesäß. Daher erklärt sich der griechische Spitzname. Auch durch einen Bericht über einen Spuk im Schloss Tegel (4161) hatte er sich lächerlich gemacht.

Gibt es Teufel und Hexen wirklich?

Der Aufklärungsautor sieht nun – wie der Zuschauer – die Teufel und Hexen auf der Bühne herumspringen und erklärt getreu seiner Regel, dass nicht sein kann, was nicht sein darf (4151/2):

„Verschwindet doch! Wir haben ja aufgeklärt! (4159)

Aber er fühlt sich durch das, was er sieht, doch verunsichert und verspricht, dagegen vorzugehen; d. h. er erkennt den fiktiven Figuren auf der Bühne doch eine gewisse Realität zu.

Fausts Ernüchterung

Die Ernüchterung, die Faust durch das Dazwischentreten des ‚Proktophantasmisten‘ erfahren hat, bringt ihn in Distanz zum Hexentreiben. Er sieht „aus dem Munde“ der ‚Schönen‘ „ein rotes Mäuschen“ springen

(4179). Gleichzeitig hat er die Vision von einem ‚blassen, schönen' Mädchen, deren Einzelheiten – die er genau beschreibt – er sich nicht erklären kann. Er meint, „daß sie dem guten Gretchen gleicht" (4188). Der Zuschauer aber weiß sehr wohl, dass das „rote Schnürchen", das so „sonderbar" ihren „schönen Hals" ziert, „nicht breiter als ein Messerrücken" (4205), auf Gretchens Hinrichtung vorausdeuten soll. Mephisto schleppt Faust, um ihn abzulenken, nun ins Theater, das – weil es hier nur Nonsens geben darf – als durch und durch „dilettantisch" angekündigt wird, von einem ‚dienstbaren Geist' (Servibilis), der auch nur „dilettiert".

Gretchenvision

Vorausdeutung auf das Ende

Besuch des Dilettantentheaters

(25) Walpurgisnachtstraum (4223–4398):
Während die beiden Wanderer sich bisher von Ort zu Ort fortbewegten, nehmen sie nun als Theaterzuschauer einen festen Platz ein. Vor ihren Augen läuft ein höfischer Maskenzug ab, den die Festgäste zur goldenen Hochzeit des elfischen Königspaares aufführen. Der Theatermeister weist auf die Harzlandschaft als Kulisse, der Herold in holpriger Sprache und Metrik auf den Inhalt des ‚Stücks'. Die spielerische Verschachtelung im Aufbau des ‚Faust' erreicht hier ihren Höhepunkt:

Ein Maskenzug zu Ehren des Elfenpaares

Theater: Reales Publikum einer ‚Faust'-Aufführung:

‚Vorspiel auf dem Theater': Fiktives Publikum wartet auf das vom Dichter noch zu schreibende Stück:

‚Prolog im Himmel': Der Herr und die Engel schauen zu, ob es Mephisto gelingt, Faust seine Straße zu führen

‚Walpurgisnacht': Faust und Mephisto werden innerhalb der Dramenhandlung zu Zuschauern eines Dilettantenstücks:

‚Intermezzo': Oberon und Titania schauen einem Maskenzug ihrer Festgäste zu:

Die Festgäste führen vor dem Jubelpaar einen Maskenzug auf.

Die 44 vierzeiligen Strophen sind den unterschiedlichsten Gegenständen gewidmet. Der Eindruck von einem „Ragout", wie es der Direktor dem Theaterdichter empfohlen hatte (100), ist beabsichtigt und wird in einigen Strophen auch thematisiert:

Freilichtaufführung einer Laiengruppe (4217 ff.); die Bühnenarbeiter („Miedings wackere Söhne": 4224) werden nicht benötigt

1. **Erste und zweite Strophe (4223–30):** Ankündigung des Spiels.
2. **Dritte bis siebte Strophe (4231–50):** Oberon lädt zum Fest; Puck, sein Begleiter, kündigt Gäste an; Ariel, der Luftgeist, sorgt für Musik; Oberon und Titania zeigen sich als vorbildliches Ehepaar (Anspielung auf Faust und Gretchen): „Wenn sich zweie lieben sollen, braucht man sie nur zu scheiden".
3. **Achte bis elfte Strophe (4251–66):** Der Dilettantismus des Ganzen wird illustriert; die Einzelheiten passen nicht zueinander.
4. **Zwölfte bis achtzehnte Strophe (4267–94):** Das Thema der Darstellung des Nackten in der klassischen Kunst wird abgehandelt. Während sie von der Orthodoxie abgelehnt wird, will sie der nordische Künstler studieren. Der akademische Maler findet sie anstößig. Die prüde Matrone schimpft auf die schamlose junge Hexe, bei deren Anblick die Musiker aus dem Takt kommen.
5. **Neunzehnte bis vierundzwanzigste Strophe (4295–4318):** In satirischen Anspielungen auf Schriftsteller der Zeit wird deren Unentschiedenheit kritisiert und der literarische Betrieb angeprangert, in dem ein Mann darüber entscheidet, wer auf den „deutschen Parnaß" gelangen, d. h. als bedeutender Dichter gelten darf.
   Xenien: Satirische Epigramme von Schiller und Goethe, erschienen 1797. August von Hennings (1746–1826) war Herausgeber der Zeitschrift ‚Der Musaget', in der Goethes Dichtungen herabgesetzt worden waren. Sie hieß früher (= cidevant) ‚Genius der Zeit'.

‚Musaget' (Gr. = „Anführer der Musen"): Beiname des Apoll

6. **Fünfundzwanzigste bis siebenundzwanzigste Strophe (4319–30):** Religiöse Engherzigkeit wird gegeißelt und als etwas hingestellt, das auf den „Blocksberg hier" (4329), d. h. in das Reich des Bösen, gehört.
   Mit dem ‚Kranich' ist der schweizerische Schriftsteller Joh. Kaspar Lavater (1741–1801) gemeint (Eckermann 17. 2. 1829).

Frage nach der Realität des Bösen

7. **Achtundzwanzigste bis fünfunddreißigste Strophe (4331–62):** Ein Philosophenchor wird angekündigt, der nun die Diskussion über die Realität des Bösen (4144 ff.) wieder aufnimmt. Während der Dogmatiker an der Existenz des Teufels festhält, der Idealist sich genarrt fühlt, der Realist angesichts dessen, was er hier sieht, „zum ersten Mal" seine empirische Grundlage gefährdet sieht, schließt der Supernaturalist einfach von der Existenz des Teufels auf die Existenz Gottes. Der Skeptiker erkennt natürlich im Teufel, der alles bezweifelt, einen Genossen. Es geht also einigen Philosophen wie dem ‚Proktophantasmisten', für den der Teufel zwar nicht existiert, der aber in

der ‚Walpurgisnacht' dieses Nichts' ansichtig wird und so die Erfahrung jener Menschen teilt, die trotz dieser Nichtigkeit des Teufels in der Welt die Macht des Bösen erfahren.

8. **Sechsunddreißigste bis einundvierzigste Strophe (4363–86):** Ein letztes Thema sind die unterschiedlichen Schicksale nach der Französischen Revolution. Da gibt es diejenigen, die sich anpassen können, „die Gewandten", dann verarmte Flüchtlinge, die sich nicht helfen können, weiter Leute, die in den Wirren nach oben gekommen sind, solche, die aus hoher Stellung, sozusagen ‚vom Himmel' gefallen sind, schließlich aber die revolutionären Massen, die „Platz" fordern.

Revolutionsschicksale

9. **Zweiundvierzigste bis vierundvierzigste Strophe (4387–98):** Die „Massiven" werden im Ausklang zurechtgewiesen. Ariel zieht sich mit seinen Musikern zurück, während das Orchester – „pianissimo" – verkündet, dass die Finsternis vorbei und der ganze Spuk „zerstoben" sei.

Ausklang: Der Spuk ist vorbei

Der Stoff, den Goethe Shakespeares ‚Sommernachtstraum' entnommen hat, erlaubt es, die Trennung von Faust und Gretchen in Kontrast zu einem (mythologisch verkleideten) bürgerlichen Happy-End zu setzen, das als Frucht einer solchen Trennung gepriesen wird (4243 ff.). So wird die tragische Handlung banalisiert, die schlimme Welt der ‚Walpurgisnacht' in ein harmloses, irreales Spiel verwandelt. Mit dem Pianissimo des Orchesters kommt das Tageslicht, ein Luftzug vertreibt Nebel und Qualm: „Alles ist zerstoben", als sei es nie gewesen. Es ist, als habe am Ende der ‚Proktophantasmist' recht mit seinem Ruf:

Die Frage nach der Realität des Bösen ist offen

> „Verschwindet doch! Wir haben ja aufgeklärt!" (4159).

Doch die nächste Szene wird sogleich zeigen, dass die bösen Geister nicht aus der Welt verschwunden sind.

(26) Trüber Tag – Feld (ohne Verszählung):

Diese Szene ist die einzige, die Goethe nicht nachträglich in Verse gesetzt, sondern in Prosa belassen hat, weil ihre Wirkung auf dem Kontrast zwischen Fausts leidenschaftlicher Rede in freien Rhythmen und Mephistos kühler und sachlicher Argumentation beruht. Die Szene hat zwei thematisch unterschiedliche Teile:

Gegensatz im Sprechstil der beiden Figuren

- Fausts Vorwürfe gegen Mephisto und dessen Entgegnung,
- Fausts Aufforderung zu Gretchens Rettung und Mephistos Einwände.

Gliederung der Szene

Während der erste Teil auf die gesamte bisherige Handlung und bis in den ‚Prolog im Himmel' zurückverweist, deutet der zweite Teil auf die Kerkerszene voraus. Zunächst erfährt der Leser aus Fausts entsetztem Aufschrei, was inzwischen – während sich Faust auf dem Blocksberg herumtrieb – mit Gretchen geschehen ist: Sie ist „erbärmlich" umhergeirrt, „als Missetäterin" in den Kerker geworfen und nun „bösen Geistern übergeben und der richtenden gefühllosen Menschheit". Die Einzelheiten der ‚Missetat' werden später in der Kerkerszene angedeutet, Kindesmord (4552 ff.), Gifttod der Mutter (4566 ff.). Faust drückt nun nicht etwa seinen Schmerz über das durch ihn verursachte Unglück, über den Tod seines Kindes aus, sondern er überhäuft Mephisto mit Vorwürfen, er habe ihn „in abgeschmackten Zerstreuungen" festgehalten, er habe „ihren wachsenden Jammer" vor ihm verborgen, er lasse sie „hülflos verderben". Von freier Entscheidung und persönlicher Schuld will Faust nichts wissen. Wie jetzt die Folgen, hatte er vorher den Entschluss zum Handeln Mephisto zugeschoben:

Gretchens Leiden

Vorwürfe gegen Mephisto

Blindheit für persönliche Schuld

> „Du, Hölle, **mußtest** dieses Opfer haben!" (3361).

Mit seiner Entgegnung „Sie ist die Erste nicht" weitet Mephisto das Thema von Gretchens Einzelschicksal auf das Geschick der Menschheit überhaupt aus. Da erst packt Faust das Entsetzen über des Teufels Wirken. Er möchte alles rückgängig gemacht haben; Mephisto solle in seine Hundegestalt (1323) zurückkehren, vor ihm wieder „auf dem Bauch kriechen" (1164). Als ob dadurch die Tatsache aus der Welt zu schaffen wäre, dass „mehr als ein Geschöpf in die Tiefe dieses Elends versank"! Damit ist das Problem der Theodizee erneut angesprochen, d. h. der Rechtfertigung eines gütigen Gottes angesichts des Bösen in der Welt. Im Prolog war es in der Perspektive ‚von oben' entfaltet worden (340 ff.). Nun erscheint es in der Perspektive des Einzelmenschen Faust, der nur „das Elend dieser Einzigen" beklagt und die Frage stellt, warum nicht schon das Elend der „Ersten" vor Gott, dem „ewig Verzeihenden", ausgereicht hat „für die Schuld aller übrigen". Er wirft Mephisto vor:

Des Teufels Wirken in der Menschheit

Kosmische und einzelmenschliche Perspektiven

> „Du grinsest gelassen über das Schicksal von Tausenden hin!"

Die Gegenfrage, die Mephisto nun stellt, erinnert an Fausts Zurückweisung durch den Erdgeist (512):

> „Warum machst du Gemeinschaft mit uns, wenn du sie nicht durchführen kannst?“

Und nun verbindet er das Theodizee – Problem mit der Frage der Ethik: „Drangen wir uns dir auf, oder du dich uns?“ Mit anderen Worten: Wenn du dich beklagst, dass du durch die Gemeinschaft mit dem Teufel am Elend der Vielen und der weltweiten Zerstörung teilhast, musst du dich fragen, ob du nicht die Freiheit hattest, auf diese Gemeinschaft zu verzichten – wie Margarete, könnte der Leser hinzufügen. Diesen Zusammenhang sieht Faust jedoch nicht. Er ist weiterhin – wie schon bei seinem Ausflug in die Natur in ‚Wald und Höhle‘ – der Meinung, der Erdgeist habe ihn „an den Schandgesellen“ geschmiedet (3241 ff.).

Zusammenhang von Theodizee und Ethik

Mit der Abbruchsformel „Endigst du?“ leitet Mephisto zum zweiten Teil der Szene über, in dem es um Gretchens Rettung aus dem Kerker geht. Während im ersten Teil Fausts Redeanteil überwiegt, hat hier Mephisto die Führung. Seine vielen Einwände zeigen, dass er die Rettung nicht will. Sie würde ja auch gegen seine Wertordnung verstoßen, in der das ‚Gute‘ in der Zerstörung besteht. Mephisto will nur den Wärter gefechtsunfähig machen und die „Zauberpferde“ bereithalten, handeln soll Faust. Mephisto benutzt dieses Arrangement, um noch einmal klarzustellen, dass Faust für alle seine Taten verantwortlich ist. Er hat Gretchen „ins Verderben“ gestürzt, hat durch Valentins Tod „Blutschuld“ auf sich geladen. Auf Fausts zornige Ausbrüche hat er nur den – sachlich nicht von der Hand zu weisenden – Einwand:

Fausts Bitte um Gretchens Rettung

Mephistos Einwände

Fausts Verantwortung

> „Das ist so Tyrannenart, sich in Verlegenheiten Luft zu machen.“

Auf diese Weise schließt die Szene mit dem doppelten Hinweis, wie beschränkt Mephistos Möglichkeiten sind und wie groß die Chance des Menschen ist, die Gemeinschaft mit dem Bösen zu meiden.

(27) Nacht – Offen Feld (4399–4404):

In dieser kürzesten Szene des ganzen Dramas sind Faust und Mephisto auf den Zauberpferden unterwegs, um

Fausts düstere Stimmung

den Rettungsplan auszuführen. Fausts innere Verfassung und die Vorahnung des bitteren Endes werden durch das Halbdunkel und die unheimliche Stimmung der Szene symbolisiert. Man kommt an einem Richtplatz vorbei, um die sich irgendwelche Wesen – Mephisto nennt sie natürlich „Hexenzunft" – bewegen. Klarheit ist nicht beabsichtigt. Es kommt nur auf die Stimmung an, die hier vor allem durch den Klang der Sprache hervorgerufen wird:

Klangwirkungen

> „weben", „kochen", „schaffen", „schweben auf, schweben ab", „neigen", „beugen", „streuen", „weihen", dazu das abschließende „vorbei, vorbei".

Zwischen zwei inhaltlich bedeutsamen Szenen findet sich hier also eine kurze Episode, die gar keinen rationalen Gegenstand, kein ‚Thema', hat.

Die Vermutung, es könne sich um Gretchens Richtplatz handeln, ist deshalb abwegig, weil sie, wie ihre Vision in der Kerkerszene andeutet (4587–95), auf dem Marktplatz der Stadt unter dem Fallbeil sterben wird. Auf einem Richtplatz außerhalb der Stadt blieben dagegen die Leichen der Gehenkten und aufs Rad Geflochtenen.

(28) Kerker (4405–4612):

Fausts Monolog und Gretchens Lied

Diese dramatischste Szene des ganzen ‚Faust' hat eine Einleitung, die aus einem Monolog Fausts und einem Lied Gretchens besteht. Faust hat „ein längst entwohnter Schauer" ergriffen; denn in Gretchens Schicksal kommt ihm „der Menschheit ganzer Jammer" entgegen. Er hat Angst vor dem Wiedersehen.
Von drinnen hört man Gretchen singen. Sie ist in ihren Gedanken schon weit fort, in einem neuen Leben.

Das Lied stammt aus dem Märchen ‚Vom Machandelboom' (Brüder Grimm KHM Nr. 47), das Goethe schon als Kind vertraut war. Sein Inhalt: Die böse Stiefmutter tötet das Brüderchen. Sie zerhackt die Leiche und macht daraus ein Gericht, das sie dem Vater vorsetzt. Das Schwesterchen sammelt die Knochen und begräbt sie unter dem lebenspendenden Wacholderbaum, der dann in Flammen aufgeht. Das Brüderchen fliegt aus ihm als leuchtender Vogel empor. Mit ihm identifiziert sich Gretchen.

Gliederung der Szene

Im Folgenden lassen sich vier Abschnitte der Szene unterscheiden:
1. Margarete glaubt, der Henker käme sie bereits holen. In ihren Gedanken vermischen sich Hinrichtungstag

und Hochzeitstag, an dem ihr als lediger Mutter der Brautkranz zerrissen wird, wie es Lieschen ankündigte. Sie meint auch, ihr Kind lebe noch. Als Faust sich vor ihr theatralisch niederwirft, fordert sie ihn zum gemeinsamen Gebet auf, um der drohenden Verdammung zu entgehen (4423–59).

2. Eine Wende tritt ein, als Faust ihren Namen ruft. Nun erst glaubt sie an seine Gegenwart. „Alle Qual" fällt von ihr ab und sie glaubt an Rettung. Szenen ihrer Liebesgeschichte treten ihr wieder vor die Augen, die Straße, auf der sie ihn zum ersten Mal sah (4475/6), der Garten, in dem sie sich trafen (4477/8). Doch als sie sich nun an ihn drängt, spürt sie seine Kälte und wendet sich von ihm (4460–97).

Gretchen nimmt ihre Schuld auf sich

3. Dann aber bekennt sie, als Faust sie bittet, mit ihm zu kommen, vor ihm ihre Schuld und erinnert ihn an seine Schuld. Doch Fausts Antwort lautet:

> „Laß das Vergangne vergangen sein" (4518).

Aber eben dies ist für Margarete unmöglich. Sie trägt dem Geliebten die Pflege der Gräber auf und weigert sich, ihm zu folgen, um „mit bösem Gewissen" weiterzuleben und verfolgt zu werden. Je mehr Faust drängt (4563/4), desto intensiver treten ihr die Bilder der toten Angehörigen vor die Seele (4498–4573).

4. Margarete weiß, dass der beginnende Tag ihr letzter sein wird. In einer Vision nimmt sie ihre Hinrichtung vorweg, spürt schon die dann folgende Todesruhe:

> „Stumm liegt die Welt wie das Grab!" (4595)

Gretchens Weg zu Gott, Fausts Rückkehr zu Mephisto

Als Mephisto draußen zur Eile mahnt, wehrt sich Margarete mit allen Kräften gegen seine Gegenwart und gibt sich dem „Gericht Gottes" anheim, erbittet Rettung von Gott und seinen Engeln, schaudert vor Faust zurück, der sich – während „von oben" eine Stimme Gretchens Rettung verkündet – wieder zu Mephisto schlägt (4574–4612).

Funktion der Szene im Ganzen des Dramas

In dieser Schlussszene des ersten Teils der Tragödie hat sich die Bühne wieder – wie im ‚Vorspiel auf dem Theater' angekündigt (242) – zum kosmischen Welttheater geweitet:

Himmel:	„Gericht Gottes! dir hab' ich mich übergeben" (4605); „Ihr Engel! Ihr heil'gen Scharen, lagert euch umher, mich zu bewahren!" (4608/9)
Welt:	„Bist du ein Mensch, so fühle meine Not!" (4425)
Hölle:	„Sieh! unter diesen Stufen, unter der Schwelle siedet die Hölle …" (4454 ff.); „Was steigt aus dem Boden herauf? Der! der! Schick ihn fort!" (4601 ff.)

Es ist bezeichnend, dass Gretchens Sinn für die Welt schon verwirrt ist. Hinrichtung und Hochzeit gehen in ihren Gedanken durcheinander. Ihr Sinn für Himmel und Hölle aber ist geschärft. Doch weiß nur Gretchen, dass hier Himmel, Erde und Hölle miteinander zu tun haben. Für Faust, der ja nach dem Willen des Dichters jenseitsblind sein soll,

„Das Drüben kann mich wenig kümmern" (1660)

Unvereinbarkeit von Fausts und Gretchens Situation

sieht die Situation völlig anders aus. Er ist noch dem Leben verhaftet, hat noch mit Dingen zu tun, über die Margarete längst hinaus ist. Für sie geht es buchstäblich um ‚die letzten Dinge'. Die Dramatik der Szene ist deshalb nur für sie und den Zuschauer, nicht aber für Faust fassbar. Er kann nicht erkennen, wie belanglos für Gretchen sein Versuch sein muss, sein Gewissen dadurch zu beschwichtigen, dass er sie rettet, um „das Vergangne vergangen sein" lassen zu können (4518). Sie möchte nicht „mit bösem Gewissen" weiterleben (4547).

Fausts und Gretchens Entwicklung verschieden

So ist also der Dialog zwischen Faust und Margarete in der Kerkerszene – der längste, der jemals zwischen ihnen stattgefunden hat – ein Aneinandervorbei. Auch die Wege, die sie in der Dramenhandlung gegangen sind, waren gegenläufig: Während Fausts „neuer Lebenslauf" (2072) zu einem Abstieg in die Sinnlosigkeit reinen Genusslebens wurde, hat Margarete ihre Schuld und ihr Elend in einen Aufstieg verwandelt. Aus der Enge der Unfreiheit des unreflektierten Kirchenglaubens, den sie als tugendstolzes Bürgermädchen gehabt hatte, ist sie

Fausts Niederlage vor Gretchen

zu der geistigen Klarheit, moralischen Freiheit und reifen Frömmigkeit gelangt, die es ihr ermöglichten, ihre Schuld zu erkennen und – auch stellvertretend für den Geliebten – alle Folgen ihres Handelns auf sich zu nehmen. So schließt der erste Teil der Tragödie mit Fausts

Niederlage vor der von ihm geliebten Frau. Margarete ist das erste Beispiel für die Worte des Herrn im Prolog:

> „Ein guter Mensch in seinem dunklen Drange
> Ist sich des rechten Weges wohl bewußt“ (328/9).

In der Schlussszene des zweiten Teils ‚Bergschluchten‘ wird Faust dann – nunmehr in „höheren Sphären“ (12094) – erfahren, dass er Margarete seine Erlösung verdankt, weil „an ihm die Liebe … von oben teilgenommen“ habe (11934–41). Sie empfängt ihn dort im „Chor der Büsserinnen“ (vor 12032) und wird ihn „belehren“ (12092). Er folgt ihr nach (s. u. S. 113f.).

Faust – Zweiter Teil

Voraussetzungen zum Verständnis des zweiten Teils

Der erste Teil des Faust kann als ein Charakterdrama angesehen werden, in dem die Entwicklung der Titelfigur in bedeutsamen Stationen dargestellt wird. Das ist beim zweiten Teil anders. Er muss als eine Reihe von Metaphern verstanden werden, deren Zusammenhang weniger durch die Faustgestalt als vielmehr durch bestimmte Grundvorstellungen zur Problematik der Moderne hergestellt wird. Die Personen, sei es Faust oder der Kaiser, Helena oder Philemon und Baucis, seien es Gärtnerinnen oder Nereiden, Fürsten oder die drei Gewaltigen, fungieren nicht als handelnde Charaktere, sondern als Träger von Ideen, die sie – teils allegorisch, teils symbolisch – in ihrer Rede darstellen und erläutern. Man darf also von den Vorgängen und Handlungen des zweiten Teils keine dramatische Folge erwarten im Sinne herkömmlicher Bühnendichtungen, sondern Elemente eines sinnbildlichen Verweisungszusammenhangs. An der tiefsinnigen Umgestaltung, welche die Faustfigur in diesem Zusammenhang erfährt, nimmt Mephisto nicht teil. Er vertritt im zweiten Teil das Prinzip des Einwandes, der Gegenstimme, des Kontrastes, z. B. als Geiz gegenüber Fausts Maske als Gott des Reichtums, als hässliche Phorkyas gegenüber dem Schönheitssymbol Helena usw. Die Figuren selbst und ihre Worte stecken voller Anspielungen auf die ganze Fülle der abendländischen Geschichte, Dichtung, Mythologie, Kunst, Religion, zwischen deren Symbolen viele Sinnbezüge hergestellt werden. Der Text setzt also einen Leser von hohem Bildungsstand und großer Belesenheit voraus. Der zweite Teil des Faust ist sozusagen ein enzyklopädisches Werk, in das sein Dichter alle Gebiete des zeitgenössischen Wissens hineingenommen hat, und ein Spiegelwerk weltliterarischer Traditionen, deren Inhalte und Formen überall im Text anzutreffen sind. Goethe hat im ‚Faust' einen Wissensbestand von überschaubarer und geordneter Vielfalt, wie er in der Kultur um 1800 bereitgehalten wurde, dichterisch gestaltet. In der Folgezeit wurde das Wissen abstrakt, unübersichtlich, unverständlich, eher befremdend als sinnvermittelnd. Es verlor die gesellschaftliche Verbindlichkeit, die es damals noch hatte. Auch wenn wir heute vieles davon im Lexikon nachschlagen müssen, ist uns dieser Bestand noch zugänglich und verständlich.

Handlungsüberblick Faust II

1. Akt: Fausts Genesung – Eintritt in die höfische Welt – Maskenball		
(1) Anmutige Gegend	4613–4727	Bad des Vergessens – Läuterung seines Strebens – „Am farbigen Abglanz haben wir das Leben"
(2) Kaiserliche Pfalz – Saal des Thrones	4728–5064	Mephisto verspricht dem Kaiser Abhilfe in dessen Finanznot – Anarchie im Reich – Fausts Kommen angekündigt
(3) Weitläufiger Saal mit Nebengemächern	5065–5986	Karneval: Mitglieder der mittelalterlichen Lehnsordnung stellen in antikem Gewand die Lebensformen der bürgerlichen Gesellschaft dar – Faust als Plutus (Gott des Reichtums)
(4) Lustgarten	5987–6172	Mephistos Papiergeld hat zu wirtschaftlicher Blüte geführt
(5) Finstere Galerie	6173–6306	Fausts Abstieg zu den ‚Müttern' – Er soll den Dreifuß holen, Sinnbild des Dichtertums
(6) Hellerleuchtete Säle	6307–6376	Kaiser und Fürsten, Damen und Herren des Hofes wandeln durch den Palast – Mephisto als Wunderdoktor in Liebesdingen
(7) Rittersaal. Dämmernde Beleuchtung	6377–6565	Faust und Mephisto lassen Paris und Helena erscheinen, die vor dem Hof ein pantomimisches Schäferspiel aufführen
II. Akt: Fausts Weg zu Helena – Das Fest des Werdens der Natur am Ägäischen Meer – Faust, Mephisto und Homunculus erreichen ihr Ziel		
(8) Hochgewölbtes enges gotisches Zimmer	6566–6818	Mephisto, in Fausts ehemaligem Studierzimmer, angetan mit dessen altem Pelz, spricht mit Wagners Famulus und einem Baccalaureus (dem Schüler aus dem ersten Teil 1868–2048)
(9) Laboratorium	6819–7004	Dr. Wagner hat den Homunculus gemacht – Dieser bringt Faust und Mephisto in die Antike
(10) Klassische Walpurgisnacht (7005–8487)		
(10.1) Pharsalische Felder	7005–7079	Die Hexe Erichtho erinnert an die historische Antike – Faust, Mephisto und Homunculus wollen aber ins Fabelreich der Antike
(10.2) Am oberen Peneios	7080–7248	Mephisto begegnet urtümlichen Mischwesen – Faust wird zu Chiron geleitet
(10.3) Am unteren Peneios	7249–7494	Chiron bringt Faust zur Seherin Manto, die ihn zu Helena in den Hades geleiten soll
(10.4) Am oberen Peneios wie zuvor	7495–8033	Erdbeben verändert die Landschaft – Mephisto findet die Phorkyaden, Inbilder der Hässlichkeit, und wird einer der ihren
(10.5) Felsbuchten des Ägäischen Meeres	8034–8487	Höhepunkt des mythischen Festes – Nereus verweist den Homunculus an Proteus, der sich ständig verwandelt – Das Gefäß des Homunculus zerschellt an Galatees Wagen, er selbst geht im Meer auf – Hymnus auf Eros

III. Akt: Helena-Akt (Mephisto inszeniert Fausts und Helenas Hochzeit, Vereinigung von Antike und Abendland)		
(11) Vor dem Palaste des Menelas zu Sparta	8488–9126	Helena, aus Troja heimkehrend, findet Mephisto (= Phorkyas) im verlassenen Palast – Sie braucht nur die Zeit, nicht den Ort zu wechseln, um gerettet zu werden
(12) Innerer Burghof	9127–9573	Faust empfängt Helena in der mittelalterlichen Burg bei Sparta, macht sie zur ‚Herrin' und wehrt Feinde ab
(13) Der Schauplatz verwandelt sich durchaus	9574–10038	In Arkadien, der Landschaft antiker Schönheit, wird Euphorion, Sohn des Faust und der Helena, geboren – Er stürzt zu Tode, als er in die reale Welt hinaustreten will – Helena folgt ihm in den Hades – Faust bleibt mit ihrem Kleid zurück, das ihn emporträgt
IV. Akt: Faust besiegt den Gegenkaiser und gewinnt politische Macht		
(14) Hochgebirg	10039–10344	Helena und Gretchen als Wolkenvision – Mephisto führt Faust in Versuchung, der nicht bloß Macht ausüben, sondern eine politische Vision verwirklichen will – Eingreifen in die Reichswirren
(15) Auf dem Vorgebirg	10345–10782	Mit magischer Hilfe Mephistos wird der Gegenkaiser besiegt – Widersinn des Krieges
(16) Des Gegenkaisers Zelt	10783–11042	Der Kaiser nimmt den Thron wieder ein und reorganisiert das Reich – Verleihung der Erzämter – Belehnung Fausts mit Küstenland
V. Akt: Fausts Landgewinnung – Zerstörung der Welt des Philemon und Baucis – Fausts Erblindung, Tod, Grablegung – Engel tragen sein Unsterbliches (= Entelechie) empor		
(17) Offene Gegend	11043–11142	Philemon und Baucis zeigen dem Wanderer Fausts neue Welt – Abendgebet
(18) Palast	11143–11287	Fausts Ärger über das Idyll nebenan: Er möchte, dass ihm alles gehört – Mephisto meldet wirtschaftliche Erfolge
(19) Tiefe Nacht	11288–11383	Beim Versuch der Zwangsumsiedlung finden Philemon, Baucis und der Wanderer den Tod; alles geht in Flammen auf
(20) Mitternacht	11384–11510	Aus der Trümmerstätte sind die vier grauen Weiber zu Faust gekommen – Die Sorge bringt Faust zur Einsicht und lässt ihn erblinden
(21) Großer Vorhof des Palasts	11511–11603	Mephisto lässt Fausts Grab schaufeln – Faust gibt Anweisungen zur Arbeit – Schlussmonolog vom freien Volk auf freiem Grund – Faust stirbt, Mephisto meint, gewonnen zu haben
(22) Grablegung	11604–11843	Engel und Teufel kämpfen um Fausts Unsterbliches – Die Engel überlisten den Teufel
(23) Bergschluchten	11844–12111	Fausts Unsterbliches wird immer weiter emporgetragen, bis Maria mit dem Chor der Büßerinnen es empfängt und Gretchen den „früh Geliebten" aufnimmt

Die einzelnen Akte

I. Akt: Fausts Genesung und Eintritt in die höfische Welt

Anknüpfung an den ersten Teil

In der ersten Szene **'Anmutige Gegend'** wird die Verbindung zwischen dem ersten und dem zweiten Teil des Dramas hergestellt. Der Luftgeist Ariel spricht in seinem Gesang von dem „grimmigen Strauß des Herzens", von den „bittren Pfeilen des Vorwurfs" und „von erlebtem Graus". Damit kann nur Fausts Erlebnis in Gretchens Kerker gemeint sein, der innere Konflikt zwischen seiner Liebe und seinem egoistischen Lebenshunger, die Gewissensunruhe über seinen Verrat an der Geliebten. Es ist also der Faust des ersten Teils, der hier ermüdet auf dem Rasen liegt. Doch soll er seine Schuld nicht aufarbeiten, er soll vielmehr vergessen. Denn der Dichter hat noch viel vor mit ihm. Der heilende Schlaf, der ihm mit Hilfe der Elfen Vergessen, Genesung und Stärkung bringen soll, wird durch vier Chorstrophen symbolisiert, welche den vier Nachtwachen entsprechen:

Heilschlaf und Vergessen

Abenddämmerung (4634–41)
Nacht (4642–49)
Morgendämmerung (4650–57)
Sonnenaufgang (4658–65)

Wie der 'Prolog im Himmel' mit Raphaels Hymnus an die Sonne begann, so steht hier Ariels Preis der Geburt des neuen Tages (4768) am Anfang. Wieder wird also ein kosmischer Rahmen ausgespannt, bevor sich Faust in einem längeren Monolog äußert. Damit ist der Monolog „des Lebens Pulse schlagen frisch lebendig" (4679) deutlich mit dem Monolog der Nachtszene „Habe nun, ach! Philosophie …" (354) in Beziehung gesetzt. Es ist ein geläuterter Faust, der jetzt neue Kräfte in sich fühlt, „zum höchsten Dasein immerfort zu streben" (4685). Damit ist auch das Stichwort, unter dem die Faustgestalt im 'Prolog' eingeführt wurde („Es irrt der Mensch, solang' er strebt …" 317) und das auch der Wette mit Mephis-

Kosmischer Rahmen

Stichwort „Streben"

to ihren Akzent gab („Das Streben meiner ganzen Kraft …" 1742), wieder aufgenommen. Es ist nicht mehr der Faust mit dem maßlosen Erkenntnisstreben und dem Anspruch, ein „Ebenbild der Gottheit" (517, 614) zu sein, der hier die Schönheit des Tagesanbruchs wie „ein Paradies" (4694) erlebt. Im Unterschied zu seinen früheren, mit Allmachtsfantasien verbundenen Naturerlebnissen („gabst mir die herrliche Natur zum Königreich" 3220) zeigt er sich jetzt fähig, einen Natureindruck in allen Einzelheiten zu empfangen und seine Lehre daraus zu ziehen. Was diese Lehre besagt, erfährt der Leser, wenn er Fausts Blick folgt: Zunächst schaut er ins Tal, wo das Dunkel weicht und die Farben freigibt (4686–94). Dann hebt er das Auge zu den Gipfeln, muss sich jedoch – von der Sonne geblendet – wegkehren (4695–4703). Der Blick wendet sich nun wieder der Erde zu, da er nicht fähig ist, das „Flammenübermaß" zu ertragen (4704–14). Schließlich lässt der Schauende die Sonne im Rücken und betrachtet den Wasserfall, auf dem ihr Licht alle Farben hervorbringt (4715–24). Es wird ihm klar, dass er sich mit seinem Erkenntnisdrang an den Regenbogen statt an die Sonne halten muss, die ihn hervorbringt:

Neues Verhältnis zur Natur

Keine unmittelbare Anschauung des Göttlichen

> „Der spiegelt ab das menschliche Bestreben.
> Ihm sinne nach, und du begreifst genauer:
> Am farbigen Abglanz haben wir das Leben" (4725–27).

Der menschliche Geist ist nicht gemacht, das Göttliche unmittelbar zu erkennen. Aber er vermag es an seinem „Abglanz" zu erfassen, das Wirkliche als etwas zu sehen, das auf Göttliches hindeutet. Die Schlussverse nehmen das Motiv wieder auf:

Irdische Wirklichkeit gleichnishaft

> „Alles Vergängliche
> Ist nur ein Gleichnis" (12104/5).

Mit dieser Eingangsszene ist der Leser auf die bunte Bilderfolge eingestimmt, welche ihm im zweiten Teil die verschiedenen Lebensbereiche, Geschichtsepochen, Sagengestalten und Kunstformen vorführen wird, welche die abendländische Kultur ausmachen.

Mit der nächsten Szene **‚Kaiserliche Pfalz – Saal des Thrones'** beginnt der zweite Teil von Mephistos Reiseprogramm:

Erste Station der neuen Lebensreise

„Wir sehn die kleine, dann die große Welt“ (2052).

Er führt Faust sogleich an die Spitze der gesellschaftlichen Hierarchie des Mittelalters, an den kaiserlichen Hof, den Inbegriff der ‚großen Welt‘. Wie üblich macht Mephisto die Gelegenheit. Er begibt sich zunächst in der Rolle des Hofnarren in das Zentrum der weltlichen Macht. Das Reich befindet sich jedoch in Auflösung. Der Kaiser hat kein Geld. Es herrschen Habsucht, Korruption und Gewalt im Land. Mephisto verspricht Abhilfe, wobei er auch Fausts Kommen ankündigt. Er weist auf Schätze hin, die überall im Boden liegen, des Kaisers Eigentum. Aber der Kaiser möchte erst Karneval feiern.

Das Reich im Niedergang

Dieses Fest wird in der dritten Szene **‚Weitläufiger Saal mit Nebengemächern‘** vorgeführt. Es findet in der Form statt, dass die Mitglieder der mittelalterlichen Lehnsordnung in antiken Gewändern die Lebensformen der neuzeitlichen Gesellschaft darstellen, die auf dem bürgerlichen Erwerbssinn beruht, sich durch rege wirtschaftliche Tätigkeit auszeichnet und privaten Reichtum hervorbringt. Dieser wird durch Faust in der Maske des Plutus verkörpert, während Mephisto wieder das Gegenprinzip zur Geltung bringt, den Geiz (5665), der nur horten, nicht aber investieren will. Der Kaiser in der Maske des „großen Pan“ (5920) lässt sich dazu verleiten, der Schatzkiste zu nahe zu kommen, und beugt sich so tief über das glühende Gold, dass sein Bart Feuer fängt und ihn auf diese Weise demaskiert – als einen, der „nie vernünftig“ wird (5960).

Maskenfest zum Karneval

Verbindung von Antike, Mittelalter und Neuzeit

Demaskierung des Kaisers

Am nächsten Morgen im **‚Lustgarten‘** wünscht sich der Kaiser von Faust und Mephisto noch mehr „dergleichen Scherze“ (5988). Er kommt sich vor wie in „Tausend Einer Nacht“ und vergleicht den Zauberer Mephisto mit „Scheherazaden“ (6033). Die Großen des Reichs melden ihm, dass dank des von Mephisto ausgegebenen Papiergeldes all ihre Probleme gelöst seien und im ganzen Lande wirtschaftliche Prosperität und Konsumrausch zu beobachten sei. Die Szene **‚Finstere Galerie‘** zeigt Faust und Mephisto allein im Gespräch. Der Kaiser möchte amüsiert werden und „will Helena und Paris vor sich sehn“ (6184). Doch über „das Heidenvolk“ (6209) hat Mephisto keine Gewalt. Deshalb muss Faust hinab (oder hinauf? 6275) zu den „Müttern“ ins Reich des „längst

Wirtschaftsblüte durch Papiergeld

Der Kaiser will Helena und Paris sehen

nicht mehr Vorhandnen“ (6278), um von dort den „Dreifuß“ zu holen, das heilige Gerät Apolls, des Gottes der Dichtung. Der wird nämlich gebraucht, um jene Gestalten aus Homers Epos erscheinen zu lassen.

Fausts Abstieg zu den „Müttern“

Während Faust unterwegs ist, wird Mephisto in der Szene **‚Hellerleuchtete Säle‘** von Hofdamen als Wunderarzt und Berater in Liebesdingen in Anspruch genommen. Die Sorgen, welche hier die Spitzen der Gesellschaft beschäftigen, sind von der gleichen Banalität, wie sie die ‚kleinen Leute‘ in der Szene ‚Vor dem Tor‘ zeigen. Wie werden sie auf das in Paris und Helena Gestalt gewordene antike Schönheitsideal reagieren?

Mephisto als Wunder- und Liebesdoktor

In der letzten Szene des 1. Aktes sind Kaiser und Hofstaat bei „dämmernder Beleuchtung“ im **‚Rittersaal‘** versammelt. Der Astrolog kündigt das magische Spiel an; Mephisto sitzt im Souffleurkasten; Faust taucht „großartig“ (vor 6427) mit dem Dreifuß auf. Paris und Helena erscheinen und führen ein pantomimisches Schäferspiel auf. Während die Damen Paris bewundern und an Helena herumnörgeln, machen es die Herren umgekehrt. Faust ist mit seiner Begeisterung (6487 ff.) allein. Als er nach den fiktiven Gestalten greift, um sie im wirklichen Leben festzuhalten, gibt es eine Explosion, die ihn zu Boden wirft. Der Akt endet in Finsternis und Tumult.

Magisches Spiel mit Paris und Helena

Die Gestalten entziehen sich Fausts Zugriff

II. Akt: Fausts Gang zu Helena – Klassische Walpurgisnacht

Ein **‚Hochgewölbtes enges gotisches Zimmer‘** ist der Schauplatz der ersten Szene dieses Aktes: Nachdem Fausts Versuch, das antike Schönheitsideal handgreiflich festzuhalten, gescheitert ist, hat Mephisto ihn in sein altes Studierzimmer zurückgebracht. Dort scheint alles unverändert zu sein; doch ist inzwischen viel Zeit vergangen, das Blut in der Feder, mit der er den Teufelspakt unterschrieben hatte (1737), längst eingetrocknet (6576), Fausts alter Pelz voller Ungeziefer. Während Faust bewusstlos, von „Helena paralysiert“ (6568), daliegt, schlüpft Mephisto in den Pelz, um den „Prinzipal“ (6617) zu spielen, und läutet nach dem Famulus. Ein bejahrter Student erscheint und berichtet von Fausts

Fausts Rückkehr an den Ausgangspunkt

Mephisto wiederum in Fausts Rolle

„unbegreifliche(m) Verschwinden" (6660) und von Dr. Wagners Aufstieg „in der gelehrten Welt" (6644). Während der Famulus ihn bei Dr. Wagner anmeldet, empfängt Mephisto den Schüler, den er im ersten Teil des Dramas so ausführlich belehrt hatte (1868–2050) und der inzwischen zum Baccalaureus promoviert wurde. Dieser zeigt nun, was er aus den Lehren seines Meisters gemacht hat. Er trägt den „Schwedenkopf" (6734), die kurze Haarmode der Befreiungskriegsgeneration, und verkündet die philosophischen Thesen des deutschen Idealismus:

Gespräch mit dem Baccalaureus

- „Erfahrungswesen! Schaum und Dust! Und mit dem Geist nicht ebenbürtig …" (6758/9)
- „Wenn ich nicht will, so darf kein Teufel sein" (6791).
- „Die Welt, sie war nicht, eh' ich sie erschuf" (6794).

Johann Gottlieb Fichte (1762–1814): Das denkende Subjekt setzt sich selbst, und die Welt als ein Nicht-Ich sich gegenüber.

Je mehr der Baccalaureus dabei die Jugend preist und keinem über dreißig trauen will (6787 ff.), desto stärker kehrt Mephisto das Alter hervor und fordert die Jungen auf, alt zu werden, um den Teufel zu verstehen.

Im **‚Laboratorium'** trifft Mephisto gerade zu der Sternstunde ein, als Dr. Wagner auf experimentellem Wege in einer Glasflasche den künstlichen Menschen ‚Homunculus' erzeugt hat. Dieser beginnt zu sprechen, nennt Dr. Wagner „Väterchen" und Mephisto „Herr Vetter" und beweist die ihm eigentümliche „Gabe" (6901) damit, dass er in das Innere des schlafenden Faust sieht und dessen Traumbilder beschreibt, „die lieblichste von allen Szenen"(6920), in welcher der zum Schwan verwandelte Göttervater Zeus mit Leda die schöne Helena zeugt. Da Mephisto aus dem Norden kommt und nur „romantische Gespenster" kennt (6946), ist Homunculus nötig, um Faust „zu seinem Elemente" zu bringen (6943). Er übernimmt deshalb die Führung „zum Peneios frisch hinab" (7001) in die klassische Walpurgisnacht. Dr. Wagner muss zu Hause bleiben, weil sein Teil in der gelehrten Sammlungs- und Ordnungsarbeit besteht, während nur der freie, noch nicht an Körper gebundene Geist – durch Homunculus symbolisiert – den Weg in die Antike weisen kann.

„Es wird ein Mensch gemacht" 6835

Fausts Traum von der Zeugung Helenas

Homunculus weist den Weg in die klassische Walpurgisnacht

Die den Rest des zweiten Aktes füllende **‚Klassische**

Walpurgisnacht' ist in fünf Szenen gegliedert. Die erste Szene **‚Pharsalische Felder'** hat Einleitungsfunktion. In ihr tritt die aus dem römischen Bürgerkriegsepos bekannte thessalische Hexe Erichtho auf und erinnert an die reale historische Antike, indem sie auf die Wiederkehr des 9. August verweist, an dem im Jahr 48 v. Chr. Caesar seinen Gegner Pompejus bei Pharsalus in Thessalien schlug. Doch kündigt sie auch die mythologische Antike an, „hellenischer Sage Legion" (7028), die sich in der gleichen Nacht versammeln soll. Als sich die drei Luftfahrer nähern, um in das „Fabelreich" (7055) des griechischen Mythos hinabzutauchen, entfernt sich Erichtho, weil es nicht ihre Sache ist, „Lebendigem zu nahen" (7037). Faust erwacht und fragt sogleich nach Helena. Mephisto schlägt vor, jeder solle „sich sein eigen Abenteuer" suchen (7065). Damit ist die Leseanweisung erteilt, in den folgenden Szenen die Wege Mephistos, Fausts und des Homunculus zu unterscheiden.

Einleitung zur Klassischen Walpurgisnacht

Faust, Mephisto und Homunculus gehen eigene Wege

Die Szene **‚Am oberen Peneios'** ist vor allem Mephistos Weg gewidmet. Er begegnet mischgestalteten Ungeheuern aus der vorheroischen Zeit des Mythos, Greifen (Löwenadlern), Sirenen (Vogeljungfrauen) u. a., die noch nicht zu Helenas Tagen „hinaufreichen" (7197). Wie Faust bei ihrer ersten Begegnung (1327), so fragt auch die Sphinx Mephisto nach seinem Namen (7116) und Wesen. Sie gibt dem Befragten sich selbst als Rätsel auf (7134–7), in dem man die Wesensbestimmung wiedererkennt, die der Herr im Prolog von Mephisto gegeben hat (338 ff.). Die Fabelwesen akzeptieren jedoch Mephisto nicht als einen der Ihren. Faust, der herantritt und nach Helena fragt, leiten sie zu Chiron, dem weisen Kentauren, weiter, während Mephisto sich von ihnen entfernt, weil er den Lamien, „lustfeine(n) Dirnen" (7235), nachstellen will.

Mephistos Weg

Mephistos Wesensbestimmung

Faust zu Chiron weitergeleitet

Die Szene **‚Am unteren Peneios'** dient der Darstellung von Fausts weiterem Weg. Was er in seinem gotischen Zimmer geträumt hatte (6903–20), sieht er nun leibhaftig vor sich, die badenden Frauen, unter ihnen die Königin Leda, den heransegelnden Schwan. Als Chiron herantrabt, setzt er seine Reise auf dessen Rücken fort, auf dem einst auch Helena gesessen hatte (7405), der sein „einziges Begehren" gilt (7412). Chiron wirft ihm aber vor, dass er sich noch immer wie ein „Philologe" be-

Faust schaut den Leda-Traum mit eigenen Augen

Wesen Helenas als „mythologische Frau"

nähme (7426), und belehrt ihn darüber, was es mit dem Wesen Helenas als einer „mythologischen Frau" (7428) auf sich habe, die eine Schöpfung des Dichters sei, den keine Zeit binde (7433). Faust ist also, wenn er Helena, „die einzigste Gestalt", „ins Leben ziehn" (7439) will, als Künstler gefordert. Deshalb bringt Chiron ihn zu der Seherin Manto, die einst auch den Sänger Orpheus in den Hades geleitet hat. Damit ist Faust am Ziel seines Weges angelangt und verschwindet bis zur Mitte des dritten Aktes (9182) aus der Handlung.

Faust am Ziel

Die nächste, erheblich längere Szene ‚**Am oberen Peneios wie zuvor**', ist deutlich in vier Abschnitte gegliedert, in deren erstem (7495–7675) die beiden noch verbliebenen Wanderer und Homunculus nicht auftreten. Es findet ein Elementarereignis statt, ein Erdbeben, in dem die griechische Gebirgslandschaft mit ihren Göttersitzen entsteht. Das Ereignis legt Gold frei, das die Greife sogleich erspähen, von den Ameisen bergen lassen, um ihre „Klauen" draufzulegen (7603). Anhand des Goldsymbols wird aus dem Naturphänomen des Erdbebens eine politische Allegorie, in der die Pygmäen die Bourgeoisie verkörpern, welche die proletarischen Imsen und Daktyle ausbeutet, die auf Befreiung hoffen (7654ff.). Reiher und Kraniche, gegen die der Generalissimus antritt, stehen für die Aristokratie, die nun ein Opfer „mißgestaltete(r) Begierde" (7666) wird.

Erdbeben

Gold tritt zutage

Politische Allegorie

Im zweiten Abschnitt (7676–7850) lobt sich Mephisto gegenüber diesen vulkanischen Vorgängen die beständige Bergwelt des Harzes und meint, in den Lamien so etwas wie die nordischen Hexen vor sich zu haben. Doch merkt er bald, dass hinter den „holden Maskenzügen" schaurige Gespenster stecken (7797), die ihn genarrt haben. Immer noch fühlt er sich „entfremdet" (7081), nicht „viel klüger … geworden" (7791). Homunculus erscheint auf seiner Suche nach einer Möglichkeit, „im besten Sinne" zu „entstehn", die mit Fausts Suche nach Helena vergleichbar ist. Mephisto verabschiedet sich mit dem Rat: „Entsteh auf eigne Hand!" (7848).

Mephisto lobt sich seinen Blocksberg

Homunculus erscheint

Der dritte Abschnitt der Szene (7851–7950) gehört der Homunculus-Handlung. Das Gespräch der beiden Philosophen Thales und Anaxagoras mit ihm hat das Erdbeben aus dem ersten Abschnitt mit seinen politischen Konnotationen zum Gegenstand. Thales, der alle Entwick-

Gespräch Thales – Anaxagoras – Homunculus

lung als „lebendiges Fließen“ (7861) versteht, hält die morphologische Veränderung für „nur gedacht“ (7946). Anaxagoras, der im Gegensatz dazu ihre Realität so übertreibt, dass er einen Meteor für den herabstürzenden Mond ansieht (7920 ff.), bietet Homunculus die Königsherrschaft über die durch das Erdbeben ans Tageslicht getretenen Wesen an. Während also Thales, was er wahrgenommen hat, für bloße Wahngebilde hält, nimmt Anaxagoras die politische Allegorie, welche die Bergfabelwesen darstellen, für blanke Realität. Homunculus, der sich aus dem Streit der beiden heraushält, entfernt sich, um seinen Weg „zum heitern Meeresfeste“ (7949) fortzusetzen.

Thales hält das Wasser, Anaxagoras das Feuer für das Urelement

Unterschiedliche Deutung der Pygmäenwelt

Im vierten Abschnitt (7951–8033) gelangt Mephisto an das Ziel seines Weges. Er findet in einer Höhle im „Dreigetüm“ der Phorkyaden das Inbild der Hässlichkeit und das ausgerechnet mitten „in der Schönheit Land“ (7978). Mit ihnen, „des Chaos Töchter(n)“, die nur ein Auge und einen Zahn zu dreien haben, verbindet sich „des Chaos vielgeliebter Sohn“ (8027), wovon die Phorkyaden entzückt sind.

Mephisto am Ziel seines Weges

Relativität der Schönheit

> „Im neuen Drei der Schwestern **welche Schöne**!
> Wir haben zwei der Augen, zwei der Zähne“ (8030/1).

Damit hat Mephisto die Rolle gefunden, in der er im dritten Akt Helena und Faust zusammenführen kann. Denn während Faust die Schönheit immer noch in einer realen Person sucht, die er notfalls aus dem Reich der Toten heraufholen muss, erfährt der Zuschauer nun, dass Schönheit und Hässlichkeit dialektisch aufeinander bezogen sind: Schön sind sogar die Phorkyaden, wenn sie zwei Augen und zwei Zähne haben statt – wie sonst – nur je eines davon. In der letzten großen Szene der ‚Klassischen Walpurgisnacht‘, die in **‚Felsbuchten des Ägäischen Meeres‘** spielt, findet Homunculus das Ziel seines Weges. Hier erreicht das mythische Fest seinen Höhepunkt. Die Zeit steht still, der Mond verharrt „im Zenit“ (vor 8034). Unter Sirenen, Tritonen und anderen Meeresfabelwesen erscheint Nereus, der weise „Greis des Meers“ (8102), an den sich Thales mit dem Problem des Homunculus wendet, „wie man entstehn und sich verwandlen kann“ (8153). Sie werden an Proteus verwiesen, den Meergott, der ständig seine Gestalt wechselt. Dieser

Dialektik von „schön“ und „hässlich“

Höhepunkt des Festes

Nereus verweist Thales und Homunculus an Proteus

Homunculus auf Proteus´ Rücken im Festzug

nimmt als Delphin den ‚Verkörperlichung' begehrenden (8252) Homunculus auf den Rücken, um sich mit ihm in den Festzug der Meeresfabelwesen einzureihen, d. h. ihn auf den Weg des Werdens und der Verwandlung „durch tausend, abertausend Formen" (8325) zu bringen. Die Nereustochter Galatee nähert sich auf dem Muschelwagen der zyprischen Liebesgöttin, die weder durch römische oder venezianische noch fränkische oder türkische Fremdherrschaft über die Insel (8371/2) in ihrem Wirken gestört wurde. In einer Liebesvereinigung der Elemente zerschellt das Gefäß des Homunculus an Galatees Wagen und er selbst „vermählt" sich „dem Ozean" (8320). Mit einem Hymnus auf „Eros, der alles begonnen" (8479) endet der Akt.

Homunculus´ Vermählung mit dem Meer

Klassische versus nordische Walpurgisnacht

Mit dieser Feier des „Entstehens" erweist sich die ‚Klassische' als Gegengewicht zur nordischen ‚Walpurgisnacht', in der Mephisto herrscht, „der Geist, der stets verneint", und sich nur für das Zugrundegehen interessiert (1338 ff.). Während die Bilder dort „die Welt … auf der Neige" und reif „zum jüngsten Tag" zeigen (4092 ff.), wird hier die Natur vorgeführt, der „das frischeste Leben entquellt" (8444). Es ist die Natur, zu deren Betrachtung der Herr im Prolog die Engel auffordert:

> „Erfreut euch der lebendig reichen Schöne!
> Das Werdende, das ewig wirkt und lebt,
> Umfaß' euch mit der Liebe holden Schranken …"
> (345 ff.).

III. Akt: Helena-Akt – Vereinigung von Antike und Abendland

Helena als Gestalt der Dichtung

Zu Beginn des dritten Aktes stellt sich Helena **‚Vor dem Palaste des Menelas in Sparta'** dem Zuschauer in ihrer wahren Existenzform vor, als Figur der Dichtung. Sie spricht im Vers der griechischen Tragödie und ist – aus Troja heimkehrend – von einem Chor gefangener Troerinnen begleitet, der die üblichen allgemeinen Betrachtungen anstellt: „Gutes und Böses kommt unerwartet dem Menschen" (8594). Sie referiert ihren Mythos; doch das Stück, in dem sie nun auftritt, kennt sie noch nicht. Der Gatte habe sie vorausgeschickt, um zu prüfen,

Heimkehr nach Sparta

ob alles „noch an seinem Platze“ (8558) steht, und um ein feierliches Opfer vorzubereiten. Sie fürchtet, dass Menelaos gegen sie „Unheil sänne“ (8537), und fühlt sich in ihrem Gefühl bestätigt, als sie im Palast ein „verhülltes großes Weib“ entdeckt (8676), das ihr den Zutritt verwehrt, Mephisto in der Gestalt der Phorkyas. Der Chor beschimpft ihn als „Scheusal neben der Schönheit“ (8736), muss sich aber vorwerfen lassen, dass Schönheit schamlos sei (8754 ff.). Im Gegensatz zu den Chormädchen, die kein Zeitgefühl haben, lässt sich Helena von Phorkyas bewusst machen, dass sie eine fiktive Gestalt sei, ein „Idol“, und ihre persönliche Geschichte ein „Traum“ (8880). Dass er etwas von Schönheit versteht (8912), von der Schwierigkeit, sie aus ihrer früheren geschichtlichen Form zu lösen und zeitlos, übertragbar zu machen, zeigt Mephisto nun dadurch, dass er Helena den drohenden Tod, d. h. das Versinken in die Vergessenheit, deutlich macht (8927). Mit seiner Erzählung von den geschichtlichen Ereignissen, die sich seit dem trojanischen Krieg bis zur Aufrichtung fränkischer Fürstentümer auf griechischem Boden im Mittelalter zugetragen haben, macht er Helena klar, dass ihr Weiterleben nur möglich sei, wenn sie sich anstelle des antiken Palastes von der mittelalterlichen Burg umgeben lässt (9050). Sie braucht also nur die Zeit, nicht aber den Ort zu wechseln, um Faust begegnen zu können. Faust trifft Helena in ihrem Land, Helena aber begegnet Faust in seiner Zeit.

Mephisto in der Maske der Phorkyas verwehrt ihr den Eintritt

Helena erkennt ihre Rolle im griechischen Mythos

Helenas Weiterleben nur an anderem historischen Ort möglich

Ein **‚Innerer Burghof‘** mittelalterlichen Gepräges umgibt nun Helena und den Chor, d. h. das Personal der antiken Tragödie. Faust tritt der Griechin in herrscherlichem Aufzug entgegen und teilt seine Herrschaft sogleich mit ihr, indem er eine Pflichtverfehlung seines Turmwärters Lynkeus ihrer Gerichtsbarkeit überlässt. Dieser erklärt sein Wachvergehen damit, dass er durch Helenas Schönheit so geblendet gewesen sei, dass er „vergaß des Wächters Pflichten“ (9242). Wieder einmal muss Helena erfahren, dass es ihr „streng Geschick“ sei, „überall der Männer Busen so zu betören“, dass sie sich und andere ins Unglück bringen (9246 ff.). Sie verzichtet auf Bestrafung. Faust aber, der befürchtet, dass seine Leute „der siegend unbesiegten Frau“ gehorchen werden (9266), erkennt sie als „Herrin“ an. Lynkeus lässt nun allerlei Schätze heranschaffen, welche die germanischen

Der mittelalterliche Vasall von der antiken Schönheit geblendet

Faust erkennt Helena als Herrin an

Stämme während der Völkerwanderung in den Ländern der klassischen Antike geraubt haben, und bittet Helena, ihnen „mit einem heitern Blick" ihren „ganzen Wert zurück" zu geben (9331). D.h. Fausts Welt, die in der europäischen Geschichte über die politische Macht verfügt, aber ohne Schönheit geblieben ist, öffnet sich – im Übergang vom Hochmittelalter zur Renaissance – zunehmend der antiken Kunst und Kultur. Doch die Wiederbelebung der Schönheit lässt diese nicht unverändert: Helena muss Fausts Sprache lernen! So wird ihre Liebesvereinigung, welche die Aneignung der antiken Kultur durch das spätmittelalterliche Abendland symbolisiert, durch eine „Wechselrede" eröffnet, in der Helena, von Faust geleitet, den ihr unbekannten Reim zu gebrauchen lernt.

Rezeption der antiken Kunst und Kultur

Helena lernt reimen

Kriegerischer Hintergrund der Rezeption

Phorkyas stört das Idyll mit der Meldung, Menelas nahe mit einem Heer. Faust versammelt seine Vasallen und lässt im Gespräch mit ihnen die Ereignisse der Kreuzzüge vor Augen treten. Immer mehr aber geht die politische Auseinandersetzung mit den Ländern des Altertums in eine kulturelle Auseinandersetzung über, an deren Ende der im Kunstwerk gestaltete Entwurf einer idealen Daseinsweise des Menschen steht, die Schaffung „Arkadiens" (9569). **‚Der Schauplatz verwandelt sich durchaus'**, d.h. die Landschaft antiker Schönheit wird zur Geburtslandschaft der klassizistischen Kunst, der künftigen Heimstatt Fausts und Helenas. Aus ihrer Verbindung geht der Knabe Euphorion hervor, der „in der Hand die goldne Leier" hält (9620) und sich als „künftigen Meister alles Schönen" darstellt, Allegorie der Poesie also – wie im ersten Akt der Knabe Lenker (5573). Doch Euphorion drängt aus Arkadien heraus, aus dem Bereich der Innerlichkeit in das geschichtliche Leben, in dem es „Sorg' und Not" zu teilen gilt (9894). Gegenüber dem antiken Symbol der Poesie, dem Knaben Hermes, von dem der Chor erzählt (9629–9678), verkörpert Euphorion die moderne Poesie, die sich nicht in das klassische Maß fügt. Die Stationen ihrer Wandlung werden in Wechselreden zwischen Helena und Faust, dem Chor und Euphorion angedeutet. Euphorions Versuch, als Figur der Kunstwelt Arkadiens wie ein realer Krieger „in Waffen" (9871) für die Freiheit eines Volkes zu kämpfen, muss scheitern. Als ein zweiter „Ikarus" (9901) stürzt er zu Bo-

Zuerst kriegerische, dann kulturelle Auseinandersetzung

Arkadien, die Kunstlandschaft klassizistischer Kunst

Euphorion als Allegorie der modernen Poesie

Stationen der Geschichte der modernen Poesie

den. Sein Tod zieht Helenas Tod nach sich, die mit dem Wort scheidet, „daß Glück und Schönheit dauerhaft sich nicht vereint“ (9940). Der Traum von Arkadien ist ausgeträumt.

Auflösung des arkadischen Glückstraums

Phorkyas fordert Faust auf, Helenas Kleid festzuhalten; denn dieses löst sich nun in Wolken auf und trägt Faust hinweg. Mephistos Abschiedsgruß (9954) weist auf den Beginn des vierten Aktes voraus. Während der Chor – wie in der antiken Tragödie – den Schlussgesang (den ‚Exodus‘) vorträgt, der von der Verwandlung der Choretiden in Naturgeister handelt, legt Mephisto seine Maske als Phorkyas ab. Der Vorhang fällt. Es war alles nur ein Spiel, ein Kunstgebilde, Helena nicht eine wirkliche Person, sondern die Darstellung des Symbols der Schönheit auf der Bühne, die wiederbelebte Antike aber keine Realität, sondern der Bewusstseinsinhalt einer nichtantiken Gesellschaft.

Mephisto legt seine Phorkyas-Maske ab

IV. Akt: Faust gewinnt politische Macht

Die Wolke, die sich aus Helenas Gewand gebildet hatte, setzt Faust im **‚Hochgebirg‘** ab. Er befindet sich am Beginn einer neuen Epoche seines Lebens. Sein Blick wendet sich – wie die Wolkensymbolik zeigt – zugleich zurück und in die Zukunft bis zum Schluss des Dramas. In der nach Osten abziehenden Kumuluswolke erscheint ihm noch einmal das antike Schönheitsideal, das für ihn „flücht‘ger Tage großen Sinn“ bedeutet (10054). Der andere Teil der Wolke formt sich zur Cirrus-Bildung, in deren „holde(r) Form“ sich ihm Gretchens „Seelenschönheit“ (10064) zeigt und „das Beste“ seines „Innern mit sich fort“ zieht, wie es dann in der Grablegungsszene geschehen wird, wenn Engel „Faustens Unsterbliches entführen“ (nach 11824).

Faust an einer Wende seines Lebens

Wolkensymbolik

Mephisto erscheint in Siebenmeilenstiefeln und führt ihn – wie es der biblische Satan mit Jesus getan hat (NT Mt 4, 8/9) – in Versuchung, indem er in Faust das „Gelüst“ nach Macht zu wecken unternimmt (10131 ff.). Er nimmt dazu das Erdbeben-Thema mit seiner politischen Symbolik aus dem zweiten Akt (7495–7675 und

Mephistos Auffassung von Politik

7851–7950) wieder auf, das ihm dazu dient, seine Auffassung von Politik zu illustrieren: Ihm macht es natürlich Spaß, „das Unterste ins Oberste zu kehren" (10091); er will mit „Tumult, Gewalt und Unsinn" in der Politik „Großes ... erreichen" (10126); die Perspektive von oben auf die Beherrschten, diesen „Ameis-Wimmelhaufen" (10151), erfreut ihn; er möchte „von Hunderttausenden verehrt" sein (10154), sich ein „Schloß zur Lust" bauen (10160) und sich einen Harem von Maitressen halten (10170 ff.). Doch Faust distanziert sich von solchen primitiven Phantasien mit dem Hinweis, dass man sich auf diese Weise „nur Rebellen" heranziehe (10159). Er hat eine Vision, die er verwirklichen möchte, nämlich „das herrische Meer vom Ufer auszuschließen" (10229), d. h. Land zu gewinnen zum Besten der Menschen. Mephistos Ideal „Regieren und zugleich genießen" (10251) erscheint ihm als „ein großer Irrtum", denn „Genießen macht gemein" (10259). Dennoch willigt er ein, mit Mephistos Methoden sein Ziel zu verfolgen, der die Reichswirren „zu seinem Vorteil" benutzen will (10237) und seine „Drei Gewaltigen" namens „Raufebold, Habebald und Haltefest" zu Hilfe holt, die freilich nur Allegorien sind (10329).

Fausts Auffassung von Politik

Fausts politische Vision

Mephistos Methoden

Weil der Kaiser, den der Zuschauer aus dem ersten Akt kennt, nach Mephistos Devise das Regieren allzu sehr mit dem Genießen verbunden hat, „zerfiel das Reich in Anarchie" (10261). Nun hat sich seine Familie, wie wir in der nächsten Szene **‚Auf dem Vorgebirg'** erfahren, gegen ihn erhoben (10375 ff.) und einen Gegenkaiser aufgestellt (10401 ff.). In dieser schwierigen Lage, welche die Führungsschwäche des Kaisers offenbart, bietet Faust mit den „drei Gewaltigen" Hilfe an. Er stellt sich als Beauftragter des Zauberers von Norcia vor, den der Kaiser an seinem Krönungstag in Rom einst vor dem Scheiterhaufen gerettet hat und der ihm nun seine Dankbarkeit bezeugen wolle (10439–54). Faust gibt ihm damit den Vorwand, die Zuhilfenahme von Zauberei vor sich selbst zu entschuldigen (10603–19). Doch wird der Erzbischof den gleichen Vorfall später dazu benutzen, den Kaiser zu erpressen (10981–11002). Als nun noch Herolde auf des Kaisers Angebot, die Entscheidung im Zweikampf mit seinem Gegner herbeizuführen, eine spöttische Ablehnung überbringen (10489 ff.), gibt der Kaiser das Kom-

Das Reich liegt in Anarchie

Faust als Abgesandter des Zauberers von Norcia

mando ab (10501) und überlässt den finsteren Gewalten das Feld. Doch zeigt er in dieser Schwäche immer noch die Arroganz der Herrschenden, wenn er es ablehnt, den Marschallstab, den ihm sein Obergeneral zurückgegeben hat, dem das Kommando führenden Mephisto zu verleihen: Er sei „nicht der rechte Mann" (10704). In den Einzelheiten der Szene wird die Widersinnigkeit und Unnatürlichkeit des Krieges symbolisiert. Mephisto hat „die Waffensäle ringsum ausgeräumt", wo die Ritterfiguren „zu Fuß, zu Pferde" standen, „als wären sie noch Herrn der Erde" (10558), und gibt durch ihre Verwendung im Kampf einen Hinweis auf die Tatsache, dass das bloße Vorhandensein eines Rüstungsapparats dazu führt, dass die Menschen immer wieder „wie in der holden alten Zeit" aufeinander losschlagen (10770).

Der Kaiser gibt das Kommando ab

Unsinnigkeit des Krieges

Nach dem Sieg sehen wir in **‚Des Gegenkaisers Zelt'** zunächst einen der ‚Drei Gewaltigen', Habebald mit der Marketenderin Eilebeute, beim Plündern, wovon sie sich auch durch Begleiter des siegreichen Kaisers nicht abhalten lassen. Es ist eine satirische Einleitung zur Erzämterszene, in der sich die Ausbeutung des Staates durch die Partikularinteressen des „Landesherrn" (10944) und der Kirche fortsetzt und die historische Überfälligkeit der alten feudalen Reichsordnung signalisiert.

Im Zelt des Gegenkaisers wird geplündert

Feudale Reichsordnung am Ende

Goethe hat in der Erzämterszene – wie immer im ‚Faust' historisch Auseinanderliegendes zusammenfassend – die Begründung der vier karolingischen Hofämter (Kämmerer: Unterhalt und Unterbringung, Truchsess: Verpflegung, Mundschenk: Getränke, Marschall: Pferd und Stall), wie sie Hincmar von Reims im 9. Jh. in ‚De ordine palatii' beschrieben hat, und die Erteilung der Grundrechte an die aus diesen Ämtern entstandenen Kurfürstentümer durch die ‚Goldene Bulle' Karls IV. (1356) miteinander verbunden.

Die Situation ist grotesk: Der Kaiser hat sich soeben als unfähig erwiesen und tritt nun in der Pose des Siegers auf, der das Verdienst für sich in Anspruch nimmt (10858). Obwohl seine Genusssucht das Reich in die Anarchie geführt hat, ist bei der Verleihung der Hofämter wieder fast nur vom Festefeiern die Rede. Als der Erzbischof, der auch Kanzler des Reichs ist, auftritt, berichtet ihm der Kaiser von der neu erlassenen Ordnung, welche die Territorialfürsten mit Landbesitz, Gerichtsbarkeit und Steuerpri-

Mangelhafte Selbsteinschätzung des Kaisers

Ausstattung der Territorialfürsten

vilegien ausstattet und ihnen das Recht zur Kaiserwahl erteilt. Die Macht des Kaisers, durch dessen Unterstützung Faust zu „Herrschaft" und „Eigentum" kommt, wie er es sich gewünscht hat (10187), ist am Ende.

Das zeigt der Aktschluss mit dem Dialog zwischen Kaiser und Erzbischof, in dem der Zuschauer von Fausts Belehnung mit „des Reiches Strand" erfährt (11036). Es ist eine satirische Zugabe zu der feierlichen Erzämterszene, weil der Erzbischof in ihr – wie der „Pfaffe" in Mephistos Schwankerzählung im ersten Teil des ‚Faust' (2813 ff.) – ein Beispiel für die Fähigkeit der Kirche gibt, mit ihrem „guten Magen (...) ungerechtes Gut verdauen" zu können. Der Kaiser solle das Land, auf dem „böse Geister" ihm geholfen haben (10994), der Kirche vermachen, auch ein Gotteshaus darauf errichten lassen. In seiner Geschäftstüchtigkeit denkt der Erzbischof an alles, Unterhaltskosten, Steuern, Materialzufuhr, Frondienste usw. Die Pointe besteht darin, dass er – unter Androhung des Bannes – auch die Abgaben von dem Land verlangt, das Faust erst dem Meere abringen will. Zum Schluss stellt der Kaiser – wieder allein – fest, dass er wohl auf diese Weise „das ganze Reich verschreiben" könne.

Der „gute Magen" der Kirche

V. Akt: Fausts Unternehmertum, Erblindung, Tod und Erlösung

Im letzten Akt des Dramas wird Faust wieder sesshaft. Statt eines engen Studierzimmers bewohnt er nun einen Palast, von dem aus er sein Wirtschaftsreich lenkt. In der ersten Szene **‚Offene Gegend'** erscheint dieses Reich zuerst in einer Außenperspektive, wird von einer Gegenwelt her in den Blick genommen, dem kleinen Anwesen des alten Ehepaars Philemon und Baucis. Ein Wandrer tritt auf, der als junger Mann dort Schiffbruch erlitten hatte und von den Alten gastlich aufgenommen worden war. Von ihm erfahren wir, wie Fausts Küstenland früher einmal ausgesehen hat: eine hafenlose Dünenküste, für die Schifffahrt gefährlich. Der Wandrer, voll Dankbarkeit für die einstige Rettung, möchte „schaun das grenzenlose Meer" (11076) und dort beten. Philemon aber zeigt ihm, dass sich dort, wo er das Meer

Gegenwelt zu Fausts Reich

wähnt, eine Gartenlandschaft breitet, „ein paradiesisch Bild“ (11086). „Kluger Herren kühne Knechte“ hätten sie geschaffen, auch einen Hafen gebaut und viele Menschen angesiedelt. Als Philemon von einem „Wunder“ spricht (11109), versteht Baucis diesen Begriff anders als ihr Mann, der sich damit beruhigt, dass alles seine Ordnung habe, weil es sich um ein kaiserliches Lehen handle. Sie meint, dass es „nicht mit rechten Dingen“ zugegangen sei (11114):

Menschliche Leistung schafft Siedlungsraum

> „Menschenopfer mußten bluten,
> Nachts erscholl des Jammers Qual“ (11127/8).

Sie nennt Faust „gottlos“, weil es ihn nach ihrem Anwesen gelüste, und misstraut seinem Umsiedlungsangebot. Philemon fordert auf, zur „Kapelle“ zu „treten“ zum Gebet, von dort den „letzten Sonnenblick zu schaun“ (11140), und im Gottvertrauen nicht nachzulassen. Es klingt wie ein Abschied.

Die wichtigsten Merkmale der beiden Welten, die sich hier gegenüberstehen, sind in der Szene angesprochen:

Merkmale der beiden Welten

Alte Welt	Moderne Welt
Hilfsbereitschaft (11052)	Ausbeutung (11127/8)
Frömmigkeit (11055)	Gottlosigkeit (11131)
Dankbarkeit (11064)	Anmaßung (11133/4)
Gastfreundschaft (11057)	Recht des Stärkeren (11131/2)
Einfaches Leben (Hütte)	Wohlstand (11095 ff.)
Naturbelassene Umwelt (Offene Gegend)	Eingriff in die Natur (11093)
Einzelgehöft (11071)	Hohe Wohndichte (11106)

In der zweiten Szene, die im **‚Palast‘** spielt, erfolgt eine Umkehrung der Perspektive: Während der Zuschauer die neue Welt zunächst aus der Sicht der alten erlebte, erfährt er nun, wie die alte Welt sich in den Augen der modernen ausnimmt. Beide Szenen sind gleichzeitig zu denken, wie die ersten Worte des Türmers zeigen, der die Heimkunft der „letzten Schiffe“ meldet. Faust hört das Glöckchen, das auf der Düne läutet, wo die beiden Alten und der Wandrer ihr Gebet verrichten. Was für diesen einst ein „Silberlaut“ gewesen war, der Rettung aus akuter Not versprach (11072), veranlasst den reichen und mächtigen Patron zum Fluchen: „Verdammtes Läuten!“ (11151).

Gleichzeitigkeit der Szenen

Faust möchte alles haben

Es erregt in ihm Gefühle von Hass, Neid, Habsucht, Groll, dass es da etwas gibt, das ihm noch nicht gehört: „Mein Hochbesitz, er ist nicht rein" (11156). Dann berichtet Mephisto von erfolgreichen Unternehmungen auf dem „freien Meer" (11171–88). Die ‚Dreieinigkeit' von „Krieg, Handel und Piraterie" (11187), die dabei die entscheidende Rolle spielt, entspricht genau den Verhältnissen der frühkapitalistischen Epoche, in der die alten Handelskompanien, z.B. die englische ‚East India Company' (1600), die Meere beherrschten und ungeheure Reichtümer nach Hause brachten. Sie durften dafür ihre Schiffe bewaffnen, Befestigungen anlegen und Hoheitsrechte ausüben. Es galt weithin das Recht des Stärkeren („man hat Gewalt, so hat man Recht" 11184). Typisch für den frühkapitalistischen Wirtschaftsstil ist auch der Umgang mit dem Gewinn, der die Kritik der „drei gewaltigen Gesellen" findet. Statt – wie der Kaiser und sein Hofstaat im ersten Akt – „die Zeit in Fröhlichkeit" zu vertun (5057), legt der neuzeitliche Unternehmer den Gewinn als Kapital in neuen Unternehmungen an, er ‚reinvestiert', d.h. er „berechnet ... alles mehr genau" (11211/2), um mit „Fleiß" den Besitz zu vergrößern (11231). Denn seine wirtschaftliche Tätigkeit beruht auf dem Prinzip des Privateigentums. Deshalb vergällt Faust das kleine Nachbargrundstück mit Lindenduft und Glöckchenklang „den Weltbesitz", weil es noch nicht sein eigen ist (11241/2). Er hält es für das Schlimmste im Leben, „im Reichtum" zu fühlen, „was" ihm noch „fehlt" (11251/2). Mephisto fördert den Plan einer Zwangsumsiedlung der beiden Alten mit dem Hinweis, Faust müsse unbedingt „kolonisieren", d.h. Expansion gehöre notwendig zu dieser Wirtschaftsweise. Die „drei Gewaltigen" freuen sich auf ein „Flottenfest" (11285) und Mephisto erinnert den Zuschauer an das alttestamentliche Muster, nach dem Faust hier sein Problem löst:

Frühkapitalistische Epoche der Handelskompanien

Anhäufung von Kapital

Prinzip des Privateigentums

Notwendigkeit expandierenden Wirtschaftens

Die Geschichte von Naboths Weinberg

> König Achab begehrte Naboths Weinberg, der neben seinem Palast lag. Da dieser nicht verkaufen wollte, ersann Achabs Frau eine List. Sie ließ zwei falsche Zeugen besorgen, die vor Gericht aussagten, Naboth habe Gott und den König gelästert. Das Volk verurteilte ihn; und er wurde zu Tode gesteinigt.
> (1 Kön 21, 1–16).

In der nächsten Szene ist es ‚**Tiefe Nacht**'. Der Türmer preist die Schönheit von Gottes Natur, die den Menschen, der sie betrachtet, beglückt. Seine Worte klingen wie ein Abgesang: „Es war doch so schön!" (11303). Plötzlich gehen seine ruhigen Verse in erregte Trochäen („Nícht alleín mich zú ergétzen": 11304) über. Er ist entsetzt und schildert als Augenzeuge in allen Einzelheiten, wie Funken durch die Linden sprühen, die Hütte lodert, das Kapellchen zusammenbricht. Das seit Jahrhunderten gewohnte Bild der Welt ist dahin (11336/7). Faust ist durch das Jammern seines Türmers auf den Balkon gelockt und erfährt von Mephisto, dass aus der geplanten Umsiedlung Raub und Mord geworden sind, die beiden Alten und der Fremde den Tod gefunden haben. Als Faust die Schuld Mephisto und seinen Gesellen zuschiebt, rechtfertigen diese ihr Vorgehen in zynischer Weise damit, dass die Opfer selbst für ihr Geschick verantwortlich seien, denn ihnen sei ja „das alte Wort" bekannt gewesen, das da lautet: „Gehorche willig der Gewalt!" (11375). Wie in der Geschichte von Achab und Naboth der Tat das Unheil auf dem Fuße folgt, so lösen sich aus dem „Rauch und Dunst" der niedergebrannten Hütte Schatten, die auf Faust zuschweben.

Preis der Schönheit der Welt

Das Anwesen von Philemon und Baucis wird zerstört

Faust schiebt die Schuld von sich

In der Szene ‚**Mitternacht**' geben sich diese als „vier graue Weiber" zu erkennen, Mangel, Schuld, Sorge und Not. Doch nur die Sorge kann in den Palast des Reichen hinein. Der Tod, „der Bruder" der Weiber, naht ebenfalls (11397). Faust spürt seine Nähe und wird sich plötzlich seiner Endlichkeit bewusst. Und zu dieser Endlichkeit gehört es, der Sorge verfallen zu sein. Sie ist immer schon da, wie Faust erkannt hatte, als er nach der Erdgeisterscheinung über das „Menschenlos" nachdachte (629, 644). Aber er hatte sie von sich geschoben und verdrängt, als er sich für den Weg der Magie und das Bündnis mit Mephisto entschied. Nun bringt sie ihn dazu, sein Leben zu widerrufen. Er möchte den Weg der Magie verlassen, „die Zaubersprüche ganz und gar verlernen" (11405), wieder „ein Mensch … sein", wie er es war, bevor er all das verfluchte, womit die Phantasie die Seele erfüllt, um das Leben erträglich zu machen (1587ff.). Fausts Tragödie besteht darin, dass er zu dieser Einsicht erst gelangt, als es zu spät ist, aus ihr Konsequenzen zu ziehen, d.h. erst im Angesicht des Todes. Immerhin verzichtet er darauf,

Aus den Trümmern kommen „vier graue Weiber"

Faust überdenkt sein Leben

Absage an das Leben mit Zauber und Magie

Die Einsicht kommt zu spät

Faust stellt sich der Sorge

die Sorge durch ein „Zauberwort" (11423) zu vertreiben. Auf ihre Frage: „Hast du die Sorge nie gekannt?" erwidert Faust, er habe sein „Leben durchgestürmt" (11439), ohne sich um sie zu kümmern. Er wiederholt sein Bekenntnis zu entschiedener Diesseitigkeit, das er einst vor Mephisto abgelegt hatte (1660), und kennzeichnet sich als „unbefriedigt jeden Augenblick" (11452). Damit ist das Thema vom irrenden Streben und vom „dunklen Drange" (317, 328) aus dem Prolog wieder aufgenommen, Eigenschaften, die Fausts Wesen letztlich dem Zugriff Mephistos entziehen. Die Sorge aber versucht nun – ähnlich wie der „Böse Geist" Gretchen in die Verzweiflung trieb (3776 ff.) – unter Wiederaufnahme des Vergeblichkeitsmotivs aus dem Prolog, durch ihre „schlechte Litanei" (11469) Faust zu „betören" und zu frustrieren. Dieser erkennt den dämonischen Charakter der Sorge und verweigert ihr seine Anerkennung (11487–94), d. h. er unterscheidet das an ihr, was unabdingbar zur Begrenztheit menschlicher Existenz gehört, von dem, was erst dadurch im Innern des Menschen entsteht, dass er sich durch „Gespenster" quälen lässt. Gegen diesen Geisterspuk (11450) wehrt sich Faust, indem er an seinem Streben festhält, was er „gedacht", auch zu „vollbringen" (11501). Er ist zwar erblindet, doch „im Innern leuchtet helles Licht". Er gibt Anordnungen an seine „Knechte", damit „sich das größte Werk vollende" (11509). Denn dazu genüge „ein Geist für tausend Hände". Aber es ist nun die Frage, die der Leser in die nächste Szene hineinnimmt, ob oder inwieweit dieser Geist sich den Knechten noch mitzuteilen vermag. Der Geist ist zwar die quälende Spannung zwischen „Geist" und „Stoff" los, die unser „Menschenlos" ausmacht (629 ff.), wenn er sich vom Körper zu lösen beginnt. Doch kann der Mensch auf der Erde nur wirken, wenn er zwischen Geist und Materie eingespannt bleibt, d. h. seine Entelechie in einem Körper wohnt.

Vergeblichkeitsmotiv (287 ff.)

Doppelcharakter der Sorge

Erreicht Faust noch die Realität?

Spannung zwischen innerer und äußerer Handlung

In der nächsten Szene **‚Großer Vorhof des Palasts'** wird die genannte Frage negativ beantwortet. Fausts Geist erreicht die Realität um ihn herum nicht mehr. Seine Fähigkeit, wirksam in sie einzugreifen, ist damit geschwunden.

Die Szene ist durch die Spannung bestimmt, die zwischen der inneren Handlung, Fausts Denken und Streben, und der äußeren Handlung, der Vorbereitung seines Grabes und seinem physischen Tod, besteht. Mephisto lässt bei Fackelschein von Lemuren – so nannten die alten Römer die des Nachts als Geister umherirrenden Seelen der Verstorbenen – Fausts Grab schaufeln. Ihr Gesang ist nach dem Totengräberlied aus Shakespeares ‚Hamlet' gestaltet:

> "In jungen Tagen ich lieben tät …"
> Shakespeare, Hamlet V 1.

Obwohl Faust sich also schon auf dem Wege „aus dem Palast ins enge Haus" (11529) des Sarges befindet, hält er das Spatengeklirr für das Zeichen, dass die Arbeiter dabei seien, seine Befehle auszuführen. So ordnet er an, das Unternehmen zu beschleunigen, weitere Arbeitskräfte durch Lohnanreize, Überredung, ja Zwangsrekrutierung (11554) herbeizuschaffen. Obwohl es längst nicht mehr um einen „Graben", sondern um sein „Grab" geht (11558), hält er an der Attitüde des mächtigen Patrons (11170) fest, ja, erhebt sich in der Euphorie, die dem Tod vorangeht, zu einer utopischen Vision von einem „freien Volke" „auf freiem Grund" (11580), die bis in Einzelheiten hinein an die Vision des alttestamentlichen Propheten Jesaja von der „neuen Erde" und dem „neuen Himmel" erinnert (65, 17–25). Fausts Vorstellungen sprengen jedes Maß: Er will Raum für „viele Millionen" schaffen (11563) und einen Ruhm gewinnen, der „nicht in Äonen" untergeht (11584). Er spricht vom „Gemeindrang", der zur Arbeit motivieren soll (11572), wo er doch unbedenklich bisher Zwangsarbeit zur Durchsetzung seiner Ziele benutzt hat:

Nicht der Graben, sondern sein Grab wird geschaufelt

Schlussmonolog

Maßlosigkeit seiner Vorstellungen

> „Es ist die Menge, die mir frönet" (11540).

In diesem Schlussmonolog wiederholt Faust das Stichwort, mit dem er Mephisto einst die „Wette" angeboten hatte:

Das Stichwort der Wette fällt

> „Werd' ich zum Augenblicke sagen: Verweile doch, du bist so schön, dann magst du mich in Fesseln schlagen …" (1699 ff.)

> „Solch ein Gewimmel möcht' ich sehn, auf freiem Grund mit freiem Volke stehn. Zum Augenblicke dürft' ich sagen: Verweile doch, du bist so schön!" (11579 ff.)

Bild von der Wasseruhr

Mephisto meint, das Spiel gewonnen zu haben, und nimmt das Stichwort auf, indem er das Bild von der Wasseruhr, das Faust damals gebraucht hatte, nun zur Feststellung von dessen Tod verwendet:

Das Fallen des Zeigers

> „Die Uhr mag stehn, der Zeiger fallen, es sei die Zeit für mich vorbei!" (1705/6)

> „Die Zeit wird Herr, der Greis hier liegt im Sand. Die Uhr steht still … Der Zeiger fällt … es ist vollbracht … Es ist vorbei." (11592 ff.)

Die antike Wasseruhr (Klepsydra) besteht aus zwei Gefäßen in verschiedener Höhe, deren oberes ständigen Wasserzulauf hat, so dass ein gleichmäßiger Überlauf zum unteren Gefäß stattfindet, dessen Wasserspiegel langsam ansteigt und dabei einen auf einem Schwimmer ruhenden horizontalen Zeiger bewegt, der auf einer vertikalen Skala die buchstäblich ‚verfließende' Zeit anzeigt. Wenn kein Wasser mehr fließt, „fällt" der Zeiger.

Die Worte „Es ist vollbracht", die Christus bei seinem Kreuzestod spricht (Joh 19,30), benutzt Mephisto, um Fausts Tod in seinem Sinne zu interpretieren:

> „Vorbei und reines Nichts, vollkommnes Einerlei!
> Was soll uns denn das ew'ge Schaffen!" (11597/8)

Nicht nur das Stichwort der Wette schlägt den Bogen zurück zum Anfang des Dramas. Auch seine Charakterisierung Fausts wiederholt Mephisto noch einmal:

Fausts unruhiger Charakter

> „Und alle Näh' und alle Ferne befriedigt nicht die tiefbewegte Brust." (306/7)

> „Ihm hat das Schicksal einen Geist gegeben,
> der ungebändigt immer vorwärts dringt …" (1856/7)

> „Ihn sättigt keine Lust, ihm gnügt kein Glück …" (11587)

Mephisto, der „Geist, der stets verneint"

Schließlich stellt er sich auch noch einmal ausführlich als den „Geist, der stets verneint" (1338) dar, dessen Interesse darin besteht, alles zu vernichten, „was sich dem Nichts entgegenstellt" (1363). Im Grunde habe auch Faust ihm in die Hand gearbeitet, da er mit seinen „Dämmen" und „Buhnen" (11545) den zerstörerischen Elementen etwas zum Vernichten angeboten habe.
Mit der nächsten Szene, **‚Grablegung'**, ist die Binnenhandlung zu Ende, die Bühne zeigt wieder kosmische

Dimensionen, der Anschluss an den ‚Prolog' wird hergestellt. Die ‚letzten Dinge' werden thematisiert, Leib und Seele, Tod und Erlösung, Sünde und Vergebung. Und das geschieht ausgerechnet in einer burlesken Szene, deren Handlungsschema auf dem mittelalterlichen Bild vom Kampf der Engel und Teufel um die Seele des Menschen beruht.

Kosmische Dimension des Geschehens

Burleske Szene

Nach den Totengräberklagen der Lemuren folgt Mephistos Klage über die Probleme, die der Teufel heute mit dem Einfordern der ihm verfallenen Seelen habe, da nicht nur das „Wann? wie? und wo?", sondern sogar „das Ob?" des eingetretenen Todes fraglich geworden sei (11631 ff.), d. h. „das Seelchen, Psyche mit den Flügeln" (11660) nicht mehr – wie auf den alten Bildern – als weibliche allegorische Gestalt aus dem Munde des Verstorbenen auffliegt. Wie im barocken Welttheater öffnet sich der Höllenrachen, und Mephisto gibt seinen Teufeln Anweisung, nicht nur an gewohnter Stelle nach Fausts „Genie" zu suchen (11664 ff.). Gleichzeitig nähert sich „Himmlische Heerschar", den Sündern Vergebung verkündend, was Mephisto zu der ärgerlichen Feststellung veranlasst, dass die Himmlischen die wirksamste Teufelserfindung zur Vernichtung des menschlichen Geschlechts (11690), die Sünde, in ein Gnadenmittel verwandelt haben. Die Vertauschung der Vorzeichen, die für Mephistos Perspektive so charakteristisch ist, wird noch einmal pointiert, wenn er seine Helfer beruhigt, die Engel seien schließlich „auch Teufel, doch verkappt" (11696), Umkehrung der christlichen Vorstellung, dass die Teufel gefallene Engel sind (NT Lk 10, 18). Aber in Mephistos Problemen mit Seele und Sünde deuten sich Identitätsprobleme an. Die ursprüngliche Gleichheit von Engeln und Teufeln, die Mephisto anspricht:

Problem der Trennung von Leib und Seele

Die Engel bekämpfen die Teufel mit deren „eigenen Waffen" (11695)

> „Seid ihr nicht auch von Luzifers Geschlecht?" (11770)

wird beim Eindringen der ‚Liebesflammen', welche die Engel in Gestalt von Rosenblüten aussenden, zu einem Kampf des Teufels mit sich selbst:

Angriff der Engel mit Liebesflammen auf Mephisto

> „Auch mir. Was zieht den Kopf auf jene Seite?
> Bin ich mit ihr doch in geschwornem Streite!"
> (11759/60)

Die Liebe, mit der er „in geschwornem Streite“ liegt, die aber das Element der Engel ist, beginnt Mephistos Teufelsnatur als etwas Fremdes zu durchdringen (11762). Doch kann sie bei ihm nur Sexualität wecken (11780–800). Dadurch gelingt es ihm, seine Identität als Teufel zu bewahren:

Mephisto findet seine Identität wieder, verliert aber Fausts Seele

> „Gerettet sind die edlen Teufelsteile“ (11813).

Diesen Kampf Mephistos mit seiner Identität, der seine Aufmerksamkeit von Faust abzog, haben die Engel ausgenutzt, „Faustens Unsterbliches“ aufzuheben und „sind mit der Beute himmelwärts entflogen“ (11827). Mephisto bleibt wie der geprellte Teufel der alten Legende zurück und muss feststellen:

> „Ein großer Aufwand, schmählich! ist vertan“ (11837).

Die letzte Szene des Dramas, ‚**Bergschluchten**‘, ist eine Wandelszene wie die Walpurgisnacht. Wie dort sind auch hier Figuren von unten nach oben in einer Berglandschaft verteilt, die „Faustens Unsterbliches“ – von Engeln emporgetragen – allmählich durchmisst, bis es in den ‚Himmel‘ gelangt. So hat das Spiel, wie es der Theaterdirektor versprochen hatte, tatsächlich „den ganzen Kreis der Schöpfung“ ausgeschritten (240). In der Gliederung der Szene lassen sich vier Phasen unterscheiden:

Der ganze Kreis der Schöpfung ist ausgeschritten

Gliederung der Szene

1. Gesänge der heiligen Anachoreten, d.h. Einsiedler, und der seligen Knaben, ungetauft verstorbener (11900) Kinder (11844–11933),
2. Gesänge der Engel, die Faustens Unsterbliches diesen Knaben übergeben (11934–11988),
3. Monolog des Doctor Marianus, der den Weg zu den Frauen weist (11989–12031), und
4. Gesänge der „Büßerinnen“, darunter Gretchen, die um die „Himmelskönigin“ schweben; Schlusschor (12032–12111).

Die Landschaft, welche Chor und Patres beschreiben, ist in Bewegung, der Wald „schwankt heran“ (11844) und „wogt“ (11875). „Felsenabgrund“, „Wasserfülle“, „Blitz“ usw. sind „Liebesboten“, die „verkünden, was ewig schaffend uns umwallt“ (11882). Das ‚Jenseits‘, in das Faust nun gelangt, ist eine Welt des Werdens, wie sie die Engel nach dem Willen des Herrn betrachten sollen (345 ff.) und wie sie Fausts Erkenntnisziel gewesen ist. Während Homunculus, um zu „entstehn“, d. h. um die materielle Körperlichkeit zu erhalten, in das feuchte Element eintauchen musste, „steigt“ Faust auf dem Wege der Vergeistigung aus der Sphäre des Feuchten „hinan zu höherm Kreise“ (11918), in den ‚freien Äther‘. Die seligen Knaben reagieren mit „Schreck und Grauen“ auf den Anblick dieser bewegten Natur (11916).

Fausts Aufstieg aus dem Feuchten in den Äther

Engel nahen mit „Faustens Unsterblichem“ und verkünden, dass er gerettet sei, weil er „immer strebend sich bemüht“ (11936) und „die Liebe … von oben“ an ihm „teilgenommen“ habe. Die jüngeren Engel berichten voller Genugtuung vom Kampf mit den Teufeln und ihrer Kriegslist. Die vollendeteren Engel weisen darauf hin, dass eine Auflösung der „geeinte(n) Zwienatur“ (11962), in der die „Geisteskraft“ mit „Erdenrest(en)“ vermischt ist, ohne Hilfe der „ewigen Liebe“ nicht gelingen kann. Im Unterschied zur christlichen Lehre, die an die ‚Auferstehung des Fleisches‘ glaubt, besteht die Erlösung hier also in der Abtrennung des Geistes von den „Elementen“. Der Leib bleibt unerlöst. Die seligen Knaben nehmen Faustens Unsterbliches daher noch „im Puppenstand“ (11982) in Empfang, weil von ihm noch „Flocken“ losgelöst werden müssen, ehe es in die „obere Welt“ (11977) gelangen darf.

Gründe für Fausts Erlösung

Unterschied zur christlichen Lehre

Diese Sphäre wird nun vom Doctor Marianus als ein Bereich von Frauen vorgestellt, in dem die „Himmelskönigin“ von „Büßerinnen“ umgeben ist, die der „Gnade bedürfen“. Dieser Teil des Himmels ist ganz im Hinblick auf die Gretchen-Tragödie des ersten Faust-Teils gestaltet. Er ist ausdrücklich für „die leicht Verführbaren“ (12022) reserviert, die sich vertrauensvoll an die Jungfrau Maria wenden, wie es Gretchen getan hat. Die Worte des Doctor Marianus sind voller Verständnis für die „Schwachheit“, die sich nicht selbst aus „der Gelüste Ketten“ befreien kann und zu Fall kommt (12024 ff.).

Die Himmelssphäre der Frauen

Rückblende zur Gretchen-Tragödie

Im letzten Teil der Schlussszene ist Gretchen die Hauptperson. Der Chor der Büßerinnen spricht ein Mariengebet, das an Gretchens Gebet im ‚Zwinger‘ anklingt (3587 ff.). Dann erscheinen drei kanonische Sünderinnen der christlichen Überlieferung, die Sünderin, die Jesus Füße salbte (Lk 7, 36 ff.), die Samariterin, die Jesus am Jakobsbrunnen traf (Joh 4, 7 ff.), und die ägyptische Einsiedlerin Maria (Acta Sanct. v. 2. April), und verrichten jede eine Fürbitte für Gretchen. Die Himmelskönigin möge ihr

Sünderinnen bitten füreinander

Der „früh Geliebte" kehrt zurück

ihre Schuld „verzeihen" (12068). Gretchen stimmt in das Gebet ein und begrüßt dankbar den „früh Geliebte(n)", nun geläutert zurückkehrenden Faust, den die seligen Knaben bringen, die noch etwas von ihm lernen wollen. Gretchen sieht, dass er die „alte Hülle" abgelegt hat und nun im „ätherischen Gewande" wieder über seine „erste Jugendkraft" verfügt. Sie bittet Maria, „ihn … belehren" zu dürfen. Das gewährt ihr die ‚glorreiche Mutter'; es sind die einzigen Worte, die sie in der Szene spricht. Zum Abschluss gibt der mystische Chor die Anweisung, das ganze Spielgeschehen als ein „Gleichnis" zu nehmen und zu bedenken, dass hier etwas in Szene gesetzt wurde, wo man gewöhnlich nicht hingelangen kann („das Unzulängliche", „das Unbeschreibliche"). Aber „hier ist's getan", d. h. auf dieser Bühne ist es aufgeführt worden. Statt des christlichen Himmels, den der Zuschauer nach der Burleske mit dem geprellten Teufel erwarten durfte, gibt es einen Himmel der begnadeten Büßerinnen, deren liebende Fürbitte zur Erlösung verhilft. Gott ist ganz in eine Richtungsangabe verwandelt („hinan") und „das Ewig-Weibliche" weist den Weg dorthin. Allein kann ihn der Mann nicht gehen.

Alles als Gleichnis zu nehmen

Die Frau als Mittlerin

Bauformen und Zeitstruktur des Faust-Dramas

Man hat unter Hinweis auf die Vielfalt unterschiedlicher poetischer Formen, die im ‚Faust'-Text anzutreffen sind, die Frage gestellt, ob es sich überhaupt um ein Drama handelt. Schon die Grundelemente, aus denen die Faust-Dichtung allmählich zu einem einheitlichen Werk zusammengewachsen ist, gehören verschiedenen Gattungen an. Die **Gelehrtentragödie**, d.h. die Folge der Monologe des an der Unzulänglichkeit menschlicher Erkenntnis verzweifelnden Wissenschaftlers, den auch die Magie nicht an das ersehnte Ziel zu bringen vermag, stellt eine Art von Ein-Personen-Stück (Monodrama) dar, das viele lyrische Elemente enthält (z.B. die Klage über das „ungewisse Menschenlos" 632ff.). Gegenbild zu Fausts Erkenntnisstreben ist die Parodie auf das trockene Fachwissen (Schülergespräch 1868ff.) oder philosophische Modeströmungen (Baccalaureusszene 6689ff.) in der Universitätssatire, welche in Form der Komödie behandelt wird. Der Gelehrte, der in der Forschung seine Grenzen nicht zu überschreiten vermag, sucht dann die Befreiung aus den Fesseln des Ichs in der Liebe zu Margarete. Diese Liebesgeschichte, die **Gretchentragödie**, erinnert in ihrem Handlungsverlauf an eine Tragödie im klassischen Stil: Ein unschuldiges, reines Mädchen wird durch selbstlose Liebe in Schuld verstrickt und zur Straftäterin. Indem sie bereitwillig die Sühne auf sich nimmt, kämpft sie sich zu sittlicher Freiheit durch. Diese Handlung wird als Stationendrama durchgeführt, in dem das Ganze des dramatischen Geschehens in einzelnen Ausschnitten vor die Augen des Zuschauers gebracht wird, auch eine längere Zeiterstreckung hat und Nebenhandlungen an den verschiedensten Orten umfasst. Goethe nimmt sich hier Shakespeare zum Vorbild und erklärt dessen Vorgehen am Beispiel des ‚Macbeth' mit dem Argument, dass die Worte, welche die Figuren des Dramas äußern, „weiter nichts beweisen" wollen,

Grundelemente des Werks

Mischung der Gattungen

Komödie

Tragödie

Stationendrama

Vorbild Shakespeare

> „als daß der Dichter seine Personen jedesmal das reden läßt, was eben an dieser Stelle gehörig, wirksam und gut ist, ohne sich viel und ängstlich zu bekümmern und zu kalkulieren, ob diese Worte vielleicht mit einer anderen Stelle in scheinbaren Widerspruch geraten möchten." (Eckermann 18. 4. 1827)

Andere Formen

Bei der weiteren Ausgestaltung der Dichtung traten zu diesem dreifachen Kern immer mehr verschiedene Formen hinzu. In ihrem Wechsel von Sprech- und Gesangspartien zeigen manche Szenen opernhafte Züge (z. B. Hexenküche, Walpurgisnacht, Dom). Andere gehören der Gattung der Maskenspiele an, wie sie der Hofpoet Goethe oft als Gelegenheitsdichtung für allerlei Feste der großherzoglichen Familie in Weimar geschrieben hat (z. B. Walpurgisnachtstraum, Mummenschanz). Vielfältig sind die Formen der musikalischen Einlagen, die teils volksliedhaft sind (z. B. Tanzlied 949 ff., Trinklied 2126 ff., Ballade 2759 ff., Liebesklage 3374 ff.), teils aus dem kirchlichen Raum stammen (Hymnus 243 ff., Chöre des Osterspiels 737 ff., Gebet 3587 ff., Sequenz 3798 ff.), teils nach antiken Maßen gestaltet sind (adonische Verse 1447 ff., Chorstrophen tragischer Dichtung 9385 ff.). Der ‚Prolog im Himmel‘ und die Schlussszene des zweiten Teils gehen auf das Vorbild des spätmittelalterlichen Mysterienspiels zurück, in dem geistliche Inhalte (Erlösung des Menschen durch Christus) im Spiel dargestellt wurden. Wenn sich in der Kerkerszene die Bühne nach oben (Himmel) und unten (Hölle) öffnet, erhält sie die Dimensionen des barocken Welttheaters, das man folgendermaßen charakterisieren kann:

Maskenspiel

Liedformen

Mysterienspiel und Welttheater

> Gott bereitet sich und seinem himmlischen Hofstaat ein Schauspiel. Die Bühne ist die Welt, die Schauspieler sind die Menschen. Das Stück, das gespielt wird, ist das Leben. Wenn es zu Ende ist, ruft der Tod die Spieler von der Bühne ab. Gott, der Spielmeister, aber hält Gericht. Er lädt diejenigen, die ihre Rolle gut gespielt haben, zur himmlischen Festtafel.

Epischer Charakter des Werks

Infolge des extremen Verhältnisses von Spielzeit und gespielter Zeit und im Hinblick auf die dem Leser dadurch aufgegebene Phantasiearbeit hat man zu Recht vom epischen Charakter der Faust-Dichtung gesprochen:

Gespielte Zeit = ein langes Menschenleben

Die Handlung der beiden Teile umfasst Fausts Leben von den frühen Mannesjahren des temperamentvollen Professors bis zum Tode des greisen Patrons am Meeresstrand. Er solle dann „gerade hundert Jahre alt sein“, vermerkt Eckermann am 6. 6. 1831 als Äußerung Goethes. Daraus würden sich für die gespielte Zeit wenigstens sechzig Jahre ergeben, ebenso viele, wie das Werk zu seiner Vollendung benötigte. Wenn wir aber die sich in der

Sprache, Stil und Metrik

Auch in Sprache, Stil und Metrik zeigt der ‚Faust' eine reiche Vielfalt an Formen, die auf unterschiedliche Gattungen hinweisen. Diese poetischen Mittel, d.h. Wortwahl, Satzbau, Versmaß und Reim, helfen mit, sinnlich fassbar zu machen, was die Symbole als Bild vor Augen stellen. Ein gutes Beispiel für das gleichzeitige Zusammenwirken dieser Faktoren findet sich in der Burghofszene des Helena-Aktes im II. Teil. Es geht darum, die abendländische Rezeption der Antike zu symbolisieren. Goethe wählt dazu das Mittel, dass Faust Helena im Gebrauch des ihr fremden Reimes unterweist. Eine wichtige Auskunft über das Wesen literarischer Rezeption liegt in dem Umstand, dass hier Helena, das Ideal antiker Schönheit, etwas zu lernen begehrt. Der für die germanische Dichtung typische Reim erscheint in der Perspektive Helenas in ganz neuem Licht:

Zusammenwirken von Sprache, Stil und Versmaß

Beispiel: Reimszene des Helena-Aktes

> „Ein Ton scheint sich dem andern zu bequemen,
> Und hat ein Wort zum Ohre sich gesellt,
> Ein andres kommt, dem ersten liebzukosen" (9369 ff.).

Reim als „Liebkosung" zwischen Wörtern

Wie Helena dabei aus dem jambischen Trimeter, dem Vers der griechischen Tragödie, in den nordischen Blankvers übergegangen ist, so vertauscht nun Faust den Blankvers mit dem regelmäßigen, d.h. gereimten, Fünftakter, um in der „Wechselrede" Helena zum Gebrauch des Reimes zu veranlassen:

Gereimte Wechselrede

F: Das íst gar leícht, es múß von Hérzen géhn.
Und wénn die Brúst von Séhnsucht ǘberflíeßt,
Man siéht sich úm und frágt –
H: wer mítgeniéßt.
F: Nun schaút der Geíst nicht vórwärts, nícht zurǘck,
Die Gégenwárt alleín –
H: ist únser Glǘck.
F: Schátz íst sie, Hóchgewínn, Besítz und Pfánd;
Bestắtigúng, wer gíbt sie?
H: Meíne Hánd. (9378 ff.)

Schönheitssehnsucht hat den Menschen aus dem Norden zum Genuss der antiken Schönheit gebracht, die er zur Gegenwart machen möchte und als einen Schatz betrachtet. Voraussetzung aber ist, dass diese auch die eige-

Rezeption als schöpferische Aneignung

ne Sprache zu sprechen, ‚mitzugenießen', die schöpferische Aneignung zu ‚bestätigen' vermag. So etwas lässt sich nur in einem Zusammenwirken von Sprache, Stil, Versmaß und Reim sagen.

Die ‚Faust'-Dichtung weist eine einzigartige Fülle unterschiedlichster rhythmischer Formen auf. Sie entspricht der Vielfalt ihrer Gegenstände, in der sich Altdeutsches und Antikes, Feierliches und Alltägliches, Lyrisches und Satirisches, Episches und Dramatisches mischen. Fausts Eingangsmonolog beginnt in Knittelversen. Das sind Vierheber mit unregelmäßiger Taktfüllung, wobei bis zu drei Silben oder auch gar keine in der Senkung auftreten. Der Auftakt kann mehrere Silben haben oder auch fehlen. Der Reim ist paarig:

Knittelverse

> „Hábe nun, ách! Phílosophíe,
> Jurístereí und Médizín
> und leíder aúch Théologíe ..." (354 ff.)

In diesem Rhythmus kann sich Fausts Heftigkeit und Unausgeglichenheit äußern. Wird er ruhiger, so gebraucht er regelmäßige Vierheber mit Auftakt und Alternation, d. h. Wechsel von Hebung und Senkung:

Regelmäßige Vierheber

> „Und frágst du nóch, warúm dein Hérz
> Sich báng in deínem Búsen klémmt" (410 f.).

Madrigalverse

Dieser Vers kann bei variierender Taktzahl zum Madrigalvers werden:

> „Ihr dúrchstudiért die gróß' und kleíne Wélt,
> Um és am Énde géhn zu lássen,
> Wie's Gótt gefällt.
> Vergébens, dáß Ihr ríngsum wíssenschäftlich
> schweíft,
> Ein jéder lérnt nur, wás er lérnen kánn ..." (2012 ff.)

Wir haben nacheinander 5, 4, 2, 6 und wieder 5 Hebungen im Vers. Kurzverse ermöglichen pointierte Formulierungen:

> „Vernúnft wird Únsinn, Wóhltat Pláge" (1976).

Mephistos parodistischer Stil

Der Vers dient der zugleich scharfen und lässigen Redeweise Mephistos und seinem oft den Partner parodierenden Stil, z. B. dort, wo er mit Fausts Lieblingswort „Wonne" (3241) spielt, es zu „wonniglich" (3284) verniedlicht, um es schließlich zu „liebewonniglich“ (3289) zu steigern. Er will damit Fausts Naturbetrachtung als Kaschierung sinnlicher Begierde desillusionieren:

> „Und dánn die hóhe Ińtuitión –
> Ich dárf nicht ságen, wíe – zu schlíeßen“ (3291/2).

Mephistos verführende Redeweise

Auch in verführerischer Absicht treibt Mephisto solche Wortspiele, z. B. dort, wo er die Redensart von „der Weisheit Brüsten“, womit die Universität als ‚Alma Mater‘ (‚nährende Mutter‘) symbolisiert wird, auf „gelüsten“ reimt, um den Schüler allmählich auf das Thema Sexualität zu bringen (1893), was ihm auch durchaus gelingt („Man sieht doch, wo und wie“ 2037).
Fausts leidenschaftliche Gefühlssprache ist nicht nur durch Wiederholungen von Schlüsselwörtern, sondern auch durch den Übergang in freie Rhythmen gekennzeichnet:

Freie Rhythmen

> „Die Lámpe schwíndet!
> Es dámpft – Es zúcken róte Stráhlen
> Mír um das Haúpt – Es wéht
> Ein Schaúer vom Gewölb‘ herab
> Und fáßt mích án!
> Ich fühl‘s, du schwébst um mích, erfléhter Geíst.
> Enthülle dích!“ (470 ff.)

Fausts Gefühlssprache

Die Erdgeistbeschwörung sprengt alle Regeln der Metrik, etwa Vorschriften über die Taktfüllung oder Reimzwang, um die Akzentgebung ganz den Erfordernissen des Gefühlsausdrucks dienstbar zu machen.
Da der Madrigalvers oft gereimte Vier- und Fünftakter aufweist, liegt der Übergang in den regelmäßigen gereimten Fünftaktern (immer mit Auftakt) nahe. Er hat feierlichen Charakter:

Regelmäßige Fünftakter

> „Des Lébens Púlse schlágen frísch lebéndig,
> Äthérische Dämmerung mílde zú begrüßen …“ (4679 f.)

Blankverse

Seltener sind reimlose Fünftakter, sogenannte Blankverse. Auch sie dienen Aussagen ernsten Charakters, z. B.:

> „Erhábner Geíst, du gábst mir, gábst mir álles,
> Warúm ich bát. Du hást mir nícht umsónst
> Dein Ángesícht im Feúer zúgewéndet.
> Gábst mír die hérrliche Natúr zum Königreích …“ (3217 ff.)

Spannung zwischen Satzakzent und Versakzent

Die Hebungen zeigen sich durchaus nicht immer da, wo sie nach dem Versschema hingehören. Satzakzent und Versakzent stehen in Spannung (3220 „gábst mir“ → „gabst mír“). Darum sind die verschiedenen Verstypen nicht immer leicht zu identifizieren.

Leichter Übergang eines Verstyps in den anderen

Jeder dieser Verstypen kann, ohne dass es dem Leser auffällt, in einen anderen übergehen. Gerade der Wechsel zwischen Versen mit freier Taktfüllung (z.B. Knittelversen) und solchen von regelmäßiger Art ist deshalb so unauffällig, weil auch diese im Deutschen nie ganz nach der Regel gebaut sind. Aber gerade die Unregelmäßigkeit ermöglicht den charaktervollen Klang, die wechselnde Melodie. Wo im ‚Faust‘ das Versschema genau eingehalten wird, hat dies etwas Bestimmtes zu bedeuten.

Trochäische Viertakter

So signalisieren z.B. die regelmäßigen fallenden (d.h. trochäischen) Viertakter in der ‚Mummenschanz‘ (II. Teil 1. Akt) ein konventionell stilisiertes Verhalten der Figuren:

> „Eúren Beífall zu gewínnen,
> Schmǘckten wír uns diése Nácht ...“ (5088 f.)

Alexandriner

Der Alexandriner, der sechshebige pompöse Vers des Barockdramas, dient in der feierlichen Belehnungszeremonie des 4. Aktes der Charakterisierung rituellen Verhaltens:

> „Mit wélchem bíttern Schmérz / find‘ iḉh in diéser Stúnde
> Dein hóchgeheíligt Haúpt / mit Sátanás im Búnde!
> Zwar, wíe es scheínen wíll /, gesíchert aúf dem Thrón,
> Doch leíder! Gótt dem Hérrn, / dem Váter Pápst zum Hóhn.“ (10981 ff.)

Satzbau und Wortwahl im Alexandriner

Es sind alternierende Sechstakter mit Zäsur nach dem dritten Takt und Paarreim, wobei sich weibliche („Stunde/Bunde“) und männliche Reime („Thron/Hohn“) abwechseln müssen. Dem strengen Versschema entsprechen der umständliche Satzbau („zwar, wie ... doch“) und die altertümliche Wortwahl („hochgeheiligt Haupt“, „Satanas“). In der ‚Walpurgisnacht‘ wird diese Form von Mephisto parodiert, um die führenden Herren eines inzwischen gestürzten Regimes zu begrüßen:

> „Ich lóbt‘ euch, wénn ich eúch / hübsch iń der Mítte fánde ...“ (4073)

Die antike Atmosphäre im II. Teil des ‚Faust' wird durch den jambischen Trimeter klanglich symbolisiert. Dieser griechische Dramenvers ist auch ein Sechsheber, aber ohne Zäsur und Reim, wodurch er – im Gegensatz zum Alexandriner – strömende Rede und rhythmische Abwechslung erlaubt:

Jambischer Trimeter

„Bewúndert víel und víel geschólten, Hélená,
Vom Stránde kómm' ich, wó wir érst gelándet
sínd ..." (8488 ff.)

Durch das ganze Werk ziehen sich Chöre und Lieder, die im Kontrast zu den Sprechversen stehen und zugleich auf diese abgestimmt sind. Zu den antiken Trimetern im Helena-Akt passen die Chorstrophen, wie wir sie aus der griechischen Tragödie kennen. Die nach dem Vorbild der kirchlichen Hymnen gestalteten Ostergesänge illustrieren Fausts religiöse Kindheitserinnerungen. Margarete äußert sich oft in Liedform, wo Faust seine Gedanken in diskursivem Monolog zur Sprache bringen würde. So gibt sie ihrem Liebesideal in der Volksballade vom „König in Thule" Ausdruck (2759 ff.), zeigt ihre innere Unruhe in einem liedhaften Monolog (3374 ff.) oder weist mit Märchenversen auf ihren Zustand hin (4412 ff.). Mephisto aber benutzt auch solche lyrischen Formen zu parodistischen Zwecken, wenn er z.B. Margarete mit einer – zur Zither gesungenen – Liebhaber-Serenade verspottet (3682 ff.).

Chöre und Lieder

Antike Chorstrophen

Kirchliche Hymnen

Mephistos Parodie der Liedform

Zum Schluss sei noch einmal auf die in der Einleitung erwähnte „Bodenlosigkeit" des Goethe-Textes aufmerksam gemacht. Das Bild will besagen, dass die Bedeutungszusammenhänge der einzelnen Aussage weiter reichen, als man zunächst vermutet. So will Baucis mit ihren Worten:

Bedeutungsfülle der Aussagen

„Menschenopfer mußten bluten,
Nachts erscholl des Jammers Qual ..." (11127 f.)

ihren Verdacht äußern, dass beim Kanalbau Zauberei im Spiele sei. Doch im Zusammenhang mit dem gesamten 5. Akt, in dem der „Patron" Faust den „Eigensinn" (11269) der Menschen beklagt, die seinen Plänen im Wege stehen, als „**ein** Geist für tausend Hände" (11510) denken will, seine Freude hat an der „Menge, die" ihm „frönet" (11540), wird ein Bild der modernen Industriear-

beit daraus, welche ganze europäische Landschaften zu Anfang des 19. Jahrhunderts verwandelt und das Leben unzähliger Menschen von Grund auf verändert hat.
Es ist verständlich, dass sich Ingenieure und Technikwissenschaftler des 19. und frühen 20. Jahrhunderts in diesem Bild wiedererkannt und in der Figur des Faust ein Vorbild gesehen haben. Allerdings vergaßen sie dabei, dass es sich um eine tragische Gestalt handelt. (Mehr dazu auf S. 178 f.)

Thematik

Wodurch wird bei all dieser Vielfalt der poetischen Formen und der dargestellten Gegenstände die Einheit des Faust-Dramas bewirkt? Es geschieht durch das übergreifende Thema des menschlichen Irrens und Strebens, das im Mittelpunkt von Goethes Menschenbild steht und im ‚Faust' die innere Einheit des Handlungsschemas bildet. Wie Irren und Streben untrennbar zusammengehören, zeigt eine Briefstelle Goethes aus dem Jahr 1804:

Irren und Streben des Menschen

„Bei strenger Prüfung meines eigenen und fremden Ganges in Leben und Kunst fand ich oft, daß das, was man mit Recht ein falsches Streben nennen kann, für das Individuum ein ganz unentbehrlicher Umweg zum Ziele sei. Jede Rückkehr vom Irrtum bildet mächtig den Menschen im Einzelnen und Ganzen aus, so daß man wohl begreifen kann, wie dem Herzensforscher ein reuiger Sünder lieber sein kann, als neunundneunzig Gerechte. Ja, man strebt oft mit Bewußtsein zu einem scheinbar falschen Ziel, wie der Fährmann gegen den Fluß arbeitet, da ihm doch nur darum zu tun ist, gerade auf dem entgegengesetzten Ufer anzulanden."
(zitiert nach Paul Requadt, a.a.O., S. 56)

Irren und Streben gehören zusammen

Der in diesem Thema begründeten Einheit entspricht als äußere Klammer die doppelte Wette. Infolge dieser Wette bleibt am Ende des ersten Teils alles offen. Eine Antwort gibt erst die Schlussszene des zweiten Teils. Als Träger des Themas vom irrenden Streben aber ist Faust von vornherein mehr als ein dramatischer Charakter, nämlich Exempel des Menschen schlechthin:

Faust Exempel des Menschen

„Es irrt der Mensch, solang' er strebt" (317).

Das gibt der Herr zu bedenken, als Mephisto mit ihm wetten will. Auch Faust selbst bietet eben dieses Streben als Einsatz der Wette an, als er statt eines Pakts, den Mephisto mit ihm schließen will (1656-59), eine Wette vorschlägt (1698):

„Das Streben meiner ganzen Kraft
Ist grade das, was ich verspreche" (1742/3).

Im Anfang des zweiten Teils erneuert Faust diesen Einsatz, indem er aufs Neue beschließt,

„Zum höchsten Dasein immerfort zu streben" (4685).

Streben Bedingung der Erlösung

Am Ende aber wird gerade dieser Einsatz zur Bedingung seiner Erlösung:

„Wer immer strebend sich bemüht,
Den können wir erlösen“ (11936/7).

Vom Irren ist nicht mehr die Rede; das Irren bildet den Inhalt des Dramas und wird dann am Ende in Fausts Lebensbeichte thematisiert (11404 ff.), die ihn übrigens nicht daran hindert, bis zum Schluss im Irrtum zu verharren.

Mephistos Angebot der Wette im Prolog

Wenn der Herr Mephisto freistellt, Faust zu versuchen, „solang‘ er auf der Erde lebt“ (315), und gleichsam als Begründung den Satz zufügt:

„Es irrt der Mensch, solang‘ er strebt“ (317),

Hat Mephisto eine Chance?

so bleibt damit Mephistos Chance in der Schwebe. Der Mensch könnte verloren gehen, wenn er sich ihm ganz in die Hand gäbe. Doch hat der Herr das für Faust ausdrücklich ausgeschlossen:

„Wenn er mir jetzt auch nur verworren dient,
So werd‘ ich ihn bald in die Klarheit führen“ (308/9).

Faust in der Hut des Herrn

Damit sind Ausgangs- und Zielpunkt des Dramas beschrieben. Mag sich Faust auch von Mephisto verführen lassen und von Irrtum zu Irrtum fortschreiten, durch die Unstillbarkeit seines Strebens wird er zur Wahrheit zurückfinden. Von hier aus gesehen, hat Mephisto keine Chance, weil Faust in der besonderen Hut des Herrn steht, wie das Bild vom Gärtner und Bäumchen (310/11) zeigt. Nur von Mephisto aus gesehen ist also die Erlaubnis des Herrn eine Wette. Er missversteht sie, weil er vom irrenden Streben des Menschen und von dessen Möglichkeit, „in seinem dunklen Drange“ doch zum Ziel zu kommen, nichts weiß. Er reduziert das Leben des Menschen auf das Animalische und ist sich sicher, am Ende Fausts Seele wie eine Maus fangen zu können (322 und 11624).

Fausts Angebot der Wette

Faust lehnt Pakt ab

Faust will Mephistos Zauberkräfte nützen, ohne sich ihm in die Hand zu geben. Deshalb lehnt er Mephistos Vorschlag, einen Pakt mit ihm zu schließen (1656-59), ab und bietet ihm eine Wette an (1698). Ohne es zu wissen, beweist er damit, dass sich „ein guter Mensch in seinem dunklen Drange ... des rechten Weges wohl bewußt“ ist (328/9). Denn nach Mephistos Plan, in dem das „wenn“ zeitliche Bedeutung hat (1658), wäre er ihm mit Sicherheit verfallen, so aber besinnt er sich auf jene menschliche Eigenschaft, an die Mephisto nicht herankommt, wenn der Mensch sie nicht freiwillig aufgibt, und setzt sein ‚hohes Streben‘ als Pfand in der Wette ein. Deshalb kann er auf Mephistos Versprechen: „Ich gebe dir, was noch kein Mensch gesehn“ (1674), diese Überlegenheit in die Worte kleiden:

Fausts Einsatz

> „Was willst du armer Teufel geben?
> Ward eines Menschen Geist, in seinem hohen Streben,
> Von deinesgleichen je gefaßt?“ (1675–77)

Fausts Bedingung

Wenn Faust nun aus dem Termin („**wenn** wir uns drüben wiederfinden“ 1658) eine Bedingung macht, Mephisto müsse schon sein Streben zur Ruhe bringen, ihn „mit Genuß betrügen“ (1692 ff.), wenn er gewinnen wolle, dann denkt er an eine ganz andere „Unersättlichkeit“ und nicht an jene animalische „Unersättlichkeit“, von der Mephisto dann in seinem Monolog spricht (1851–67). Dieser versteht nicht, dass Faust nur aus Enttäuschung am Wissen und Forschen den Genuss wählt (1746 ff.), sondern meint, der Sinnengenuss und nichts anderes sei sein Ziel. Er kann deshalb die Worte „mit Genuß betrügen“ (1696) nicht so verstehen, wie es der Leser bzw. Zuschauer tut, der ergänzt:

Mephistos Missverständnis

> „mit Genuß (um das hohe Streben) betrügen“.

Mephistos ‚Straße‘

Zwei Abschnitte der Lebensreise

Auf der Lebensreise, die Faust nun mit Mephistos magischer Hilfe „in das Rauschen der Zeit, ins Rollen der Begebenheit“ (1754) führen soll, werden sogleich zwei Abschnitte unterschieden, welche den beiden Teilen des ‚Faust‘ entsprechen:

„Wir sehn die kleine, dann die große Welt“ (2052).

Versuchung zur Macht

Im ersten Teil soll es in dieser kleinen Welt in die „Tiefen der Sinnlichkeit“ (1750) gehen, während im zweiten Teil die Verführung der Macht an Faust herantritt. Es gibt dazu eine der Versuchungsszene im Neuen Testament (Mt 4, 8/9) nachgestaltete Passage, in der Mephisto auf „die Reiche der Welt und ihre Herrlichkeiten“ zeigt:

„Empfandest du wohl kein Gelüst?“ (10133)

Wie im ersten Teil aus Sinnenlust bei Faust Liebe wird, so verwandelt er im zweiten Teil Machtgelüste in politische Visionen (10198), die wiederum Mephistos Horizont übersteigen:

„Was weißt du, was der Mensch begehrt?“ (10193)

Einheit der Handlung

Aus dem Thema des irrenden Strebens und den damit zusammenhängenden Wetten ergibt sich folgendes Handlungsschema:

<table>
<tr><td colspan="2">Rahmenhandlung
Prolog im Himmel: Mephisto darf Faust seine Straße führen</td></tr>
<tr><td colspan="2">Exposition der Binnenhandlung
Szenen (4) bis (7): Der Vertrag zwischen Faust und Mephisto kommt zustande</td></tr>
<tr><td>Binnenhandlung I
(die „kleine" Welt)</td><td>Binnenhandlung II
(die „große" Welt)</td></tr>
<tr><td>Übergang in die ‚kleine' Welt: Szenen (8) und (9)
Durchführung: Gretchenhandlung (örtliche und zeitliche Beschränkung)
Zwischenspiel: Nordische Walpurgisnacht (Triebwelt – Perspektive vom Ende her)

Anknüpfung der Binnen- an die Rahmenhandlung:
Kerkerszene (28):
Gretchen zwischen Himmel und Hölle</td><td>Übergang in die ‚große' Welt: Szene (1)
Durchführung: Fausts Gang durch die Geschichte (Vielfalt der Zeiten und Räume)
Zwischenspiel: Klassische Walpurgisnacht (Natur und Kunst – Perspektive vom Anfang her)
Anknüpfung der Binnen- an die Rahmenhandlung:
Grablegungsszene (22):
Engel und Teufel streiten um ‚Faustens Unsterbliches'</td></tr>
<tr><td colspan="2">Rahmenhandlung
Schlussszene ‚Bergschluchten': Faust wird von Gretchen ‚hinangezogen'</td></tr>
</table>

Personen des Dramas

Der titanische Gelehrte

Bereits im ‚Prolog' werden die beiden Hauptpersonen, Faust und Mephisto, zu einem die Handlung bestimmenden Paar zusammengegeben. Doch tritt Faust selbst noch nicht auf. Es ist von ihm lediglich die Rede: Der Herr nennt ihn seinen „Knecht" (299), während Mephisto ihn einen Toren nennt, den die „Gärung in die Ferne treibt", der das Höchste vom Himmel und von der Erde „fordert", aber nie zufrieden ist (300 ff.). Diese Charakterisierung passt einigermaßen zu dem Bild, das Faust dem Zuschauer in der Nachtszene bietet. Er ist der titanische Gelehrte, dem die Grenzen der Schulwissenschaft zu eng sind, die Ausnahmeexistenz unter den Professoren, die sich deutlich vom Typus abhebt, wie das Gespräch mit Wagner zeigt. Während sich dieser an Worte klammert, sind für Faust „Verstand und rechter Sinn" entscheidend (550), denn es kommt ihm auf den „Geist", nicht auf das „Wort" an (1228, 1236). Dieser aber ist ihm im „Gefühl" zugänglich. Im Sinne der Worte des Herrn, der sich um ihn wie ein Gärtner um sein Bäumchen kümmern will (310), wird die Faust-Gestalt immer mehr zum Inbegriff des Menschen schlechthin, der schließlich an sich selbst erfahren will, „was der ganzen Menschheit zugeteilt ist" (1770). Die Maßlosigkeit, die seine Ansprüche bereits in der Gelehrtenrolle auszeichnete, überträgt er also in diese neue Funktion. Sie ist auch notwendig, um Faust in alle Dimensionen der ‚kleinen und großen Welt' zu führen, bedeutet also mehr als die Eigenart eines dramatischen Charakters. Es ist nicht darauf abgesehen, in Faust die Entwicklung eines solchen Charakters zu zeigen, wie man vielfach gemeint hat, indem man aus naturphilosophischen Äußerungen Goethes ein sechsstufiges Schema konstruierte, um eine Reifung Fausts im Verlauf des Dramas erkennen zu können:

Weitung der Faust-Figur vom titanischen Gelehrten zum exemplarischen Menschen

1. Elementares Naturwesen	Der Mensch steht der Welt nicht als denkendes Subjekt gegenüber, sondern geht in der Natur auf	Spaziergänger vor dem Tor, Höflinge am Kaiserhof, Philemon und Baucis
2. Verstandeswesen	Mensch steht dem Weltganzen kritisch gegenüber, erwirbt Wissen, wendet es an	Faust während seines Studiums, Wagner, Baccalaureus
3. Vernunftwesen	Mensch wird zur Wesensschau fähig, erkennt, wie alles zusammenhängt	Faust in ‚Wald u. Höhle' und am Anfang des II. Teils
4. Erfahrungswesen	Mensch erlebt („genießt") das reale Leben in allen seinen Bereichen	Faust auf dem Weg durch die ‚kleine' und ‚große' Welt
5. Seiner selbst bewusstes Wesen	Mensch wird zur Selbsterkenntnis fähig, kann aus Fehlern lernen	Faust bei der Begegnung mit der Sorge im 5. Akt
6. Entelechie (griech: = was seinen Zweck in sich hat)	Mensch als tätige Kraft der Weltgestaltung, überdauert den Tod	Faustens Unsterbliches im 5. Akt

Man wird dieses Stufenmodell an vielen Textstellen durchscheinen sehen, doch hat es mit dem Handlungsschema nichts zu tun. Nicht ein Bildungs- oder Reifungsprozess ist das Thema des ‚Faust', sondern das menschliche Leben als Weg eines Irrenden, den sein Streben schließlich zur Wahrheit führt. Um dieses Themas willen ist auch Fausts betonte Diesseitigkeit („Nach drüben ist die Aussicht uns verrannt" 11442; vgl. 1660) nicht nur ein Charakterzug, sondern Bauelement des ganzen Spiels. Faust darf so wenig wie Hiob wissen, was der Herr Mephisto erlaubt hat. Er soll ja zeigen, wie der Mensch „in seinem dunklen Drange" ins Ziel findet (328). Zu diesem Zweck muss ihm der Blick in den göttlichen Bereich verwehrt werden. Mögen im ersten Teil noch viele persönliche Züge der Figur, wie sie in den ersten Szenen entwickelt wurden, für die Handlung bedeutsam

Thema nicht Fausts Entwicklung, sondern das menschliche Leben

Faust kein individueller Charakter

sein, die Lebensferne des Gelehrten, seine Verachtung des Wortes bei gleichzeitiger rhetorischer Virtuosität, seine Hochschätzung des Gefühls, seine emotionale Unausgeglichenheit usw., im zweiten Teil spielen diese Züge kaum mehr eine Rolle. Gleichwohl hat Goethe von „Fausts Charakter" gesprochen, wo er seine Funktion als einer alle Lebensbereiche durchwandernden und dadurch verbindenden Figur kennzeichnet:

> „Fausts Charakter ... stellt einen Mann dar, welcher in den allgemeinen Erdeschranken sich ungeduldig und unbehaglich fühlend den Besitz des höchsten Wissens, den Genuß der schönsten Güter für unzulänglich achtet, seine Sehnsucht auch nur im mindesten zu befriedigen, einen Geist, welcher deshalb nach allen Seiten hin sich wendend immer unglücklicher zurückkehrt."
> (Zweiter Entwurf zu einer Ankündigung der ‚Helena', Dez. 1826, abgedruckt bei Erich Trunz, Goethes Faust, HA, S. 438).

In diesem Sinne versteht auch die neuere Forschung wieder „Fausts Charakter". Deshalb meint Stuart Atkins (geb. 1914), man müsse sehen,

> „mit welcher Kunstfertigkeit Goethe jenen Menschen sympathisch gemacht hat, der das höchste menschliche Streben und das bemitleidenswerteste Versagen bei der Realisierung dieses Strebens par excellence verkörpert."
> (Stuart Atkins, in: W. Keller [Hrsg.]: Aufsätze zu Goethes ‚Faust I', a.a.O., S. 508)

Gattungsbezeichnung ‚Tragödie'

Von hier aus wird auch verständlich, warum Goethe an der Gattungsbezeichnung ‚Tragödie' festgehalten hat. Der Mensch werde – so argumentiert Atkins – in der Tragödie

> „vor ethische Wahlen gestellt, und seine Entscheidungen bringen seine Zerstörung mit sich, auch wenn er dabei menschlich wertvolle Eigenschaften zeigt, die beim Zuschauer dieser poetischen Darstellung seiner Zerstörung Furcht und Mitleid erwecken."
> (Atkins, in: W. Keller, a.a.O.)

Atkins spielt auf Aristoteles an, der die Wirkung der Tragödie in der Weckung von „Furcht und Mitleid" beim Zuschauer ansah (Poetik cap. 6 1449 b).

Denn wenn man am Ende fragt, welche „Spur von seinen Erdentagen" (11583) Faust hinterlassen hat, ergibt sich folgende Bilanz: Als Liebender hat er eine ganze

Familie zu Tode gebracht. Als Künstler ist es ihm nicht gelungen, das antike Schönheitsideal festzuhalten; als Hofmann des Kaisers hat er den Verfall des Reichs gefördert; als mächtiger Unternehmer ist er bei der Expansion seiner Besitzungen über Leichen gegangen, hat er Zwangsarbeit eingeführt und sich die Natur gewaltsam unterworfen. Deshalb weist Mephisto in seinem ironischen Kommentar darauf hin, dass sich der Mensch mit dieser Unterwerfung selbst ‚das Grab grabe' (11557/8). Im Sinne seiner Umkehrung der Vorzeichen hält er Fausts Vision vom „paradiesisch Land" (11569) die Möglichkeit globaler Vernichtung entgegen:

Fausts Lebensbilanz

Mephistos Kommentar

> „Die Elemente sind mit uns verschworen,
> Und auf Vernichtung läuft's hinaus" (11549).

Die Utopie, die Faust in seinem Sterbemonolog verkündet, wird also mit der Anmerkung versehen, dass sich die Natur, welche sich der Mensch unterwirft, auch gegen den Menschen kehren könne, eine heutzutage aktuell gewordene Alternative. An dieser Stelle verbinden sich zwei Funktionen, welche der Mephisto-Figur von Anfang an zugedacht werden: Er verkörpert das negative Prinzip, ist „der Geist, der stets verneint" (1338), doch zugleich auch „der Schalk" (339), der als „Geselle" des Menschen wirken soll (343). Das tut er – wie der schlaue Sklave der antiken Komödie – als der eigentliche Spielmeister, der die Handlung in Gang hält. Deshalb bietet er sich Faust als „Diener" und „Knecht" an (1648), um ihm „die Grillen zu verjagen" (1534). Viele komödienhafte Züge des ‚Faust' erklären sich durch diese Verwandtschaft der Mephisto-Figur zur ‚Lustigen Person' der Komödie. Typisch für sie ist der Umstand, dass sie meist ‚das letzte Wort' behält. So endet die ‚Hexenküche' mit dem beiseite gesprochenen Verspaar:

Funktionen der Mephisto Figur

Der „Schalk"

> „Du siehst, mit diesem Trank im Leibe,
> Bald Helenen in jedem Weibe" (2603).

Fausts Wunsch, sein Mädchen zu beschenken, kommentiert er mit der Hyperbel:

> „So ein verliebter Tor verpufft
> Euch Sonne, Mond und alle Sterne
> Zum Zeitvertreib dem Liebchen in die Luft" (2862).

Oder er beschließt die Szene, in der sich Faust und Margarete finden, mit der desillusionierenden Feststellung:

> „Das ist der Lauf der Welt“ (3204).

Der „Geist, der stets verneint“

Als „Schalk“ spielt Mephisto auch mit seinem Status als nachaufklärerischer Teufel, den es ja eigentlich gar nicht mehr gibt, der „schon lang‘ ins Fabelbuch geschrieben“ ist (2507), weshalb er auf „Hörner, Schweif und Klauen“ verzichte (2498). Doch die Rolle des ironischen Kommentators ist mit der des Verneiners verwandt. Das zeigt sich z. B. am Ende der Gartenszene mit dem Religionsgespräch. Mephisto interpretiert Gretchens Bedürfnis, sich mit dem Geliebten in religiösen Dingen eins zu wissen, als bloße taktische Maßnahme: „Ein Mägdelein nasführet dich“ (3535). Er ist darauf aus, das Höchste im Menschen, die Liebe, die ja mit seinem Niedrigsten, den Trieben, verquickt ist, auf eben dies Niedrigste zurückzuführen. Es ist die Umkehrung der Perspektive des Herrn, der den Menschen auch in der Dunkelheit seines Trieblebens noch auf dem „rechten Wege“ (329), d. h. zum Göttlichen unterwegs weiß. Schließlich verkörpert Mephisto die Verführung, die bereits in Fausts sinnlicher Triebhaftigkeit steckt. Die Handlung – so sagt er an einer Stelle – würde ohne ihn nicht viel anders verlaufen:

Symbol der menschlichen Triebhaftigkeit

> „Und hätt‘ er sich auch nicht dem Teufel übergeben,
> Er müßte doch zugrunde gehn!“ (1866/7)

Faust und Mephisto

Aber dann wäre es ein Monodrama. So ist in dem Figurenpaar die menschliche „Zwienatur“ (11962) enthalten:

> „Immer siegt das Mephistophelische und zieht ihn herab. Doch jedesmal, wenn Mephistopheles zu gewinnen scheint, kommt eine Wende. Mephistopheles will einen Pakt, in dem Faust Lebensgenuß versprochen wird, Faust aber macht daraus eine Wette, daß er stets ein Strebender bleiben werde. Mephistopheles will ihn in reine Geschlechtlichkeit führen, und bei Faust wird es Liebe. Mephistopheles will ihn zum Tyrannen machen, aber Faust kommt zu einem Herrscherideal, das edel ist … Die schlimmsten Taten Mephistos geschehen hinter Fausts Rücken (der Mord an Gretchens Mutter und an Philemon und Baucis), doch weil Faust hineinverstrickt ist, ist er nicht frei von Schuld. Mephistopheles wirkt als Kraft in seiner Richtung, aber eben dadurch offenbart sich, dass Faust sich in anderer Richtung bewegt

> und immer, wenn er Mephisto folgte, eine Umkehr erlebt. So wird die Gegenkraft in ihm deutlich; sie erlahmt nicht; aber Faust wird anderseits auch nicht besser."
> (Erich Trunz, HA S. 473)

Margarete lehnt Mephisto ab

Mit Beginn der Gretchenhandlung erweitert sich das Figurenpaar zu einem Figurendreieck. Mephisto erhält eine Gegenspielerin, in deren Sicht seine satanischen Eigenschaften hervortreten. Im Gegensatz zu Faust lehnt Gretchen den „Menschen", wie sie Mephisto nennt (3471, 75, 80), entschieden ab. Er ist ihr „in tiefer innrer Seele verhaßt". Sie erkennt in ihm den Feind der Liebe, der „an **nichts** Anteil nimmt", dem man ansieht, „daß er nicht mag eine **Seele** lieben" (3490). Ahnungslos verwendet sie hier Schlüsselwörter Mephistos, der das Nichts herbeiführen und Seelen verderben möchte. Während Faust zwischen Gretchen und Mephisto laviert, am Ende sie im Stich lässt, um ihm zu folgen, weil er die Annehmlichkeiten des Lebens über seine Liebe stellt, hat sich Margarete sogleich aus sicherem Instinkt gegen Mephisto entschieden. Diese Entschiedenheit zeigt sie auch in der Liebe: Sie ist es, nicht Faust, welche das Liebeseinverständnis herbeiführt (3179). Sie führt es wagend im Blumenspiel herbei, nicht als bewusstes Liebesbekenntnis, sondern als Zeichen ihrer naturhaften Zuneigung. Sie kann nicht reflektieren, wie Faust es tut, um den Standesunterschied zu überbrücken (3100 ff.), kennt auch keine lyrischen Ausbrüche wie Faust bei seiner Beantwortung der Gretchenfrage (3431 ff.). Sie kennt nur das Lied als Äußerungsform und sie kann erzählen (3109 ff.). Der Bericht über ihre aufopfernde Pflege des kranken Schwesterchens muss festgehalten werden als Hintergrund für die Tötung ihres eigenen Kindes, die als Tat einer Geistesgestörten erscheinen muss. Margarete ist realitätssicherer als Faust. Sie macht sich nichts vor über den Standes- und Bildungsunterschied, der sie vom Geliebten trennt. Sie weiß auch Bescheid, als sie in „Sünde" geraten ist (3584), was sie erwartet. Trotz ihrer Verwirrtheit sieht sie in der Kerkerszene klar, was es heißt, „mit bösem Gewissen" weiterleben zu müssen (4547). Doch ist sie nicht idealisiert, sondern auch in ihren Schwächen charakterisiert: Der gefundene Schmuck weckt ihre Begehrlichkeit (2796), sie zieht „ein schiefes Maul", als die Mutter ihn ihr wegnimmt (2827). Sie konnte auch bisher

Entschiedenheit Margaretes

Realitätssicherheit Margaretes

Gretchens Schwächen

„tapfer schmälen“, wenn am Brunnen über ein gefallenes Mädchen hergezogen wurde (3577).

Gretchen und Helena

In der Wolkenvision am Anfang des vierten Aktes im zweiten Teil ist die Gretchengestalt mit der Figur Helenas in Verbindung gebracht. Helena – es könnte auch Juno oder Leda sein – ist für Faust „ein göttergleiches Fraungebild“, das ihm „flücht'ger Tage großen Sinn“ bedeutet (10054). In Gretchens „holder Form“ ist für ihn dagegen „Seelenschönheit“ (10064) verkörpert, an der das Beste seines Innern hängt, wie er sich ausdrückt (10066). Auf diese Weise wird deutlich gemacht, dass Gretchen als menschliche Partnerin einer Liebesbeziehung die ethische Existenz von Faust betroffen hat, während es bei dem antiken Schönheitsideal Helenas um seine ästhetische Existenz ging, um seine Leistung als Künstler. Helena ist, als Faust ihr Bild in der abziehenden Wolke sieht, bereits aus der Handlung verschwunden. Gretchens Aufgabe wird erst in der Schlussszene des fünften Aktes erfüllt sein.

Komposition

Frage nach den Kompositionsmitteln

Da ein geschlossener, sich konsequent abwickelnder Handlungszusammenhang fehlt, statt dessen lediglich Stationen eines universalen Lebenslaufs vorliegen, liegt die Frage nahe, durch welche Kompositionsmittel die durch das Thema gegebene Einheit poetisch ausgeführt wird. Es fällt auf, dass die einzelnen Szenen spiegelbildlich aufeinander bezogen sind. Sie können z.B. im Gegensatz zueinander stehen. So geschehen die Geisterbeschwörung und der Selbstmordversuch Fausts bei Nacht, während die Szene ‚Vor dem Tor', in der er sich mit dem durchschnittlichen Leben der Menschen versöhnt fühlt, bei Tage spielt. In Gretchens Zimmer erlebt Faust die Begrenztheit ihres Daseins als bergende „Hütte" (2708), wogegen er draußen in der Natur sich seiner eigenen, Unbehaustheit' (3348) bewusst wird und um Margaretes „Hüttchen" (3353) und ihre Welt bangt. Diese Szene, ‚Wald und Höhle', steht wiederum in Spannung zu der (gleichzeitig zu denkenden) Szene, die Gretchen „am Spinnrade allein" zeigt, wie sie im Liede ihre Sehnsucht äußert (3374). Zu diesen Spiegelungen, die auch innerhalb der Szenen den Aufbau ausmachen können, gehören bestimmte Konfigurationen, in denen sich die Probleme gegenseitig erhellen. So wird Fausts geistiger Titanismus in der Nachtszene durch Wagners Auftreten mit einem besonderen Akzent versehen. In der Gartenszene (15) hebt der ständige Wechsel der beiden Paare den Unterschied zwischen den Beziehungen von Faust und Margarete auf der einen Seite und Marthe und Mephisto auf der anderen Seite hervor. Beziehungen zwischen den Szenen können auch in Form von Vorausdeutungen hergestellt werden. Die typischen Personen ‚Bürgermädchen' ,,Soldaten' und die ‚Alte' in der Genreszene ‚Vor dem Tor' nehmen die individuellen Personen Margarete, Valentin und Marthe aus der Gretchenhandlung vorweg. In dem Streitgespräch zwischen Faust und Mephisto wehrt sich Faust dagegen, dass sein Geselle Liebesschwüre auch zu den Lügen zählt. Er gebraucht dabei die gleichen Worte (3065), die er dann Gretchen gegenüber tatsächlich äußert (3192). Auch durch Rückverweise und Wiederholungen können Szenen miteinander verbunden sein. In der Kerkerszene (4475 ff.) erinnert Gretchen sich

Spiegelbildliche Beziehung der Einzelszenen

Konfigurationen

Vorausdeutungen

Rückverweise

an den Schauplatz der ersten Begegnung mit Faust, die Straße (2605 ff.) und an den Garten der Nachbarin, wo das erste Rendezvous stattfand (3073 ff.). Während sich Faust in ‚Wald und Höhle' (3217 ff.) mit einem Dankgebet an den Erdgeist wendet, der ihn in der Osternacht von sich gewiesen hatte (512), bittet er ihn in ‚Trüber Tag – Feld' verzweifelt, Mephisto wieder in einen Pudel zu verwandeln, womit in wörtlicher Entsprechung auch an die Szene ‚Vor dem Tor' erinnert wird:

„… daß er vor mir im Sand auf dem Bauch krieche …"	„Er knurrt und … legt sich auf den Bauch …" (1164)

Verhältnis von Diastole und Systole

Bei der Erforschung der Komposition des ‚Faust' hat man auch bemerkt, dass Elemente des Handlungsverlaufs im Verhältnis von Zusammenziehung und Ausdehnung zueinander stehen können. Goethe hat hier eine Naturerkenntnis auf die dichterische Arbeit übertragen:

> „So setzt das Einathmen schon das Ausathmen voraus und umgekehrt; so jede Systole ihre Diastole. Es ist die ewige Formel des Lebens, die sich hier äußert." (Farbenlehre, WA II, 1, 15)

Wechsel von Ich-Erweiterung und Beengtheitsgefühl in Faust

Wechsel von Aufschwung und Ruhe

Symbolzusammenhang

Und in der Tat findet sich ein solches Verhältnis im Handlungsaufbau: Während Faust in seinem nächtlichen Studierzimmer zunächst eine Ausdehnung seines Inneren empfindet („Bin ich ein Gott?" 439), drückt ihn die Begegnung mit dem Erdgeist („Du … furchtsam weggekrümmter Wurm" 498) nieder, so dass sich sein Inneres zusammenzieht und er das elende „Menschenlos" (629) beklagt. Bei der Betrachtung des Sonnenuntergangs am Ostertag möchte er am liebsten fliegen (1074), doch gleich danach gibt es in der „engen Zelle" (1194) eine Ruhepause, aus der ihn Mephisto bald herausholt. Diese Art der Beziehung zwischen einzelnen Szenen und Handlungselementen zeigt, dass es im ‚Faust' nicht nur um einen – zeitlich irgendwie organisierten – Handlungszusammenhang geht, sondern dass mit dem Handlungsschema ein Symbolzusammenhang verknüpft ist, den der Leser oder Zuschauer erkennen muss, wenn er verstehen will, was die einzelnen Handlungen bedeuten. Die göttliche Sphäre erscheint als Licht und Schwerelosigkeit, diejenige Mephistos als Materie und Finsternis. Der Mensch steht zwischen ihnen und hat an beidem teil, am „Geist“ und am „Stoff“ (634). In seinem Traum vom Fliegen strebt Faust deshalb zum Licht:

Leitmotiv: Fliegen

> „Vor mir den Tag und hinter mir die Nacht“ (1087).

Die Allegorien der Poesie lieben ebenfalls das Fliegen. Der ‚Knabe Lenker‘ meistert die geflügelten Rosse (5521), Euphorion aber stürzt auf seinem Flug wie Ikarus ab, weil er sich zu hoch hinaus gewagt hatte (9901). Mephisto hat all dieses menschliche Emporstreben in Geist und Tat bereits im ‚Prolog‘ mit seinem zynischen Kommentar versehen, indem er es mit dem Fliegen und Springen der Zikade vergleicht (289), die doch immer wieder im Grase landet. Die Bildsymbolik der Schlussszene nimmt dann das Motiv vom Aufsteigen wieder auf (12094), um zu zeigen, dass der Mensch doch das Ziel seines Fluges erreicht hat. Die einzelnen Symbole sind also sozusagen ‚Längsachsen‘, welche die einzelnen Handlungselemente, Szenen und Akte miteinander verklammern. Auf diese Weise wird es möglich, in den Handlungsverlauf eine Vielfalt von Zeiträumen und Epochen zu integrieren, ohne dass der Leser bzw. Zuschauer die Orientierung verliert. Es wird ihm immer wieder gezeigt, was die einzelnen Episoden bedeuten.

Bildsymbolik der Schlussszene des „Faust“

Historische Anspielungen

Ein wichtiges Kompositionselement ist auch in der Art und Weise gegeben, wie die Vielfalt von Zeiträumen, Epochen und geschichtlichen Erscheinungen, auf die der Text anspielt, in das Werk integriert ist. Man darf nicht erwarten, dass dies nach Art einer Abbildung solcher geschichtlicher Vorgänge und Erscheinungen geschieht. Vielmehr handelt es sich um ihre Einbeziehung in die poetische Struktur. Diese Einbeziehung zeigt sich in zwei Formen:

Die Geschichte in der poetischen Struktur des Werks

- Die Zeitepochen werden ineinander verschränkt, durchdringen einander.
- Es gibt eine Interferenz von Traum und Wirklichkeit, von äußerem Geschehen und Bewusstseinsinhalten.

Verschiedene Zeitepochen durchdringen sich

Wenn Faust sich „der Magie ergeben“ hat, um zu erkennen, „was die Welt im Innersten zusammenhält“ (382/3), und erst das Scheitern auf diesem Wege ihn zu Mephisto führt, dann ist das ganz von der im 16. Jahrhundert gängigen Unterscheidung der erlaubten ‚weißen‘ Magie als Naturforschung von einer ‚schwarzen‘ Magie, d.h. Zauberei, her gedacht. Doch spricht Faust in seinem Bestreben, „die Menschen zu bessern und zu bekehren“ (373), und seiner Auffassung, die Wissenschaft müsse vor dem „Herzen“ bestehen können (537, 544, 591), es käme aufs ‚Gefühl‘ an (534), die Sprache des Pietismus und der Empfindsamkeit, also des 18. Jahrhunderts. Wagner wiederum, den Faust in diesem Sinne zu belehren versucht, vertritt mit seiner Frage, wie man die Menschen „durch Überredung leiten“ könne (533), und seiner Überzeugung, dass „allein der Vortrag … des Redners Glück“ begründe (546), das rhetorische Bildungsideal der Barockzeit im 17. Jahrhundert. Während Faust auf dem Osterspaziergang ein aus dem Mittelalter stammendes Rezept zur Herstellung von Quecksilberchlorid wiedergibt (1042 ff.), beginnt er seine Lebensreise mit Mephisto in einem Heißluftballon, wie ihn die Brüder Montgolfier 1783 zum ersten Mal benutzten. Immer wieder scheinen Ereignisse der Französischen Revolution durch, z.B. in Mephistos ‚Flohlied‘ und den Bemerkungen der ‚lustigen Gesellen‘ in ‚Auerbachs Keller‘ oder im Königsspiel der ‚Hexenküche‘. Die Anspielungen auf die Aufklärung, durch die sich z. B. Mephisto selbst „ins Fabelbuch" verweist (2507) oder der ‚Proktophantasmist' in der ‚Walpurgisnacht' das Auftreten von Geistern für einen Verstoß gegen die ‚Beweislage' erklärt (4145), leiten zu dem zweiten der genannten Merkmale der poetischen Struktur, der Interferenz von Traum und Wirklichkeit, über.

Traum und Wirklichkeit nicht klar zu trennen

Auf ironische Weise wird so der Wirklichkeitscharakter der Figuren, Handlungen, Geschehnisse in Frage gestellt. Schon bei seiner ersten Begegnung mit Mephisto ist sich Faust nicht sicher, ob ihm nicht „ein Traum den Teufel vorgelogen" habe (1528). Ihm „widersteht das tolle Zauberwesen" (2337) der ‚Hexenküche'. In der ‚Walpurgisnacht' hat er den Eindruck, „in die Traum- und Zaubersphäre eingegangen" zu sein (3871/2). Nichtsdestoweniger sind auch solche irrealen, traumhaften Figuren und Begebnisse Spiegelungen der Geschichte, insofern es epochentypische Innenwelten gibt, z. B. den Hexenaberglauben, in dem sich die Verteufelung der Sinnlichkeit Ausdruck verschafft, oder die Welt der griechischen Sage, in der die Schönheitssehnsucht der europäischen Neuzeit ihre Ideale findet. So sind die beiden Walpurgisnacht-Szenen des I. und II. Teils des ‚Faust' nicht Darstellungen äußerer Wirklichkeit, sondern Vergegenständlichung von kollektiven Bewusstseinsinhalten, die Mephisto als Spielmeister des Helena-Aktes im II. Teil „Gespenster" nennt (8930). Das sind sie ja schließlich auch, gemessen an der Gegenwart und Lebenswirklichkeit der Zuschauer.

Vergegenständlichung epochentypischer kollektiver Bewusstseinsinhalte

Hexenaberglaube und Antikeverehrung

Geldmotiv

Wie die Bildsymbole, so fungieren auch historische Motive als ‚Längsachsen', welche den Zusammenhang des Werkganzen sichern. Als Beispiel kann das Geldmotiv dienen, das ebenfalls beide ‚Faust'-Teile miteinander verbindet: Um den vielfachen Hemmnissen (633) und den zahlreichen Sorgen (647) seines beengten Daseins zu entgehen, lässt sich Faust trotz seiner Skepsis (1675) auf Mephistos Angebot ein, ihm zu geben, „was noch kein Mensch gesehn". Der Leser erwartet unter den angebotenen „Künsten" natürlich Zauberei, wird aber des Weiteren anders belehrt. Mephisto hält Fausts Illusion, „der Menschheit Krone zu erringen" (1804), die ernüchternde Feststellung entgegen:

> „Du bleibst doch immer, was du bist" (1809).

Doch weiß er eine andere Methode zur Ich-Erweiterung:

> „Wenn ich sechs Hengste zahlen kann,
> Sind ihre Kräfte nicht die meine?
> Ich renne zu und bin ein rechter Mann,
> Als hätt' ich vierundzwanzig Beine" (1824ff.).

Gerade wegen der Verbindung des Geldmotivs mit dem Identitätsproblem („Wer bin ich?") liest sich der folgende wirtschaftstheoretische Text wie ein Kommentar zu Goethes Versen:

> „Was durch das Geld für mich ist, was ich zahlen, d.h. was das Geld kaufen kann, das bin ich, der Besitzer. So groß die Kraft des Geldes, so groß ist meine Kraft. Die Eigenschaften des Geldes sind meine – seines Besitzers – Eigenschaften und Wesenskräfte. Das, was ich bin und vermag, ist also keineswegs durch meine Individualität bestimmt."
> (Karl Marx MEW Erg.-Bd. 1, S. 564).

Verfall des mittelalterlichen Feudalreiches

Wirtschaftlicher Aufstieg des Bürgertums

Wie Mephisto hier Faust das Geld zur Lösung seines existentiellen Problems anbietet, so zeigt er es dem Kaiser des verfallenden mittelalterlichen Feudalreichs als Weg zur Rettung aus der politischen Krise (4890). Was sich hier spiegelt, ist der wirtschaftliche Aufstieg des europäischen Bürgertums zu Beginn der Neuzeit, wie ihn der Schatzmeister im 1. Akt von ‚Faust II' beschreibt:
‚Der Besitz' ist in andere Hände geraten. Die neuen Besitzer halten sich aber nicht an die Regeln des Lehnswesens, z.B die Treuepflicht gegenüber dem Kaiser. Sie wollen ‚unabhängig … leben'. Der Kaiser hat sich fast aller Rechte begeben, so dass er Treue nicht erzwingen kann. Jeder denkt nur an sich, ‚kratzt und scharrt und sammelt', während die kaiserliche Kasse leer bleibt (4834–51).

Perspektive von der Vergangenheit her

Die Macht des Geldes, die für den bürgerlichen Warenverkehr bezeichnend ist, und das Prinzip des Privateigentums haben also die Macht des Feudalstaats untergraben. Sie erscheinen hier in der Perspektive ‚von hinten', d.h. in der Sicht der alten Ordnung, in der die Habsucht sich nicht auf abstrakte Geldbeträge, sondern auf goldgefüllte Schatzkammern richtete. Deshalb lässt Mephisto seinen Vorschlag, Papiergeld auszugeben, vom Hofastrologen in die Sprache von „Silber und Gold" übersetzen (4955–70). Wie das Geld „an Gold und Perlen

Statt“ (6119) ökonomisch funktioniert, deutet Mephisto kurz an, indem er auf den früher üblichen Tauschhandel hinweist:

„Man braucht nicht erst zu markten, noch zu tauschen.

Aber er hat eher ein Interesse, dieses Funktionieren im Dunkeln zu lassen, um die Menschen von der Gefahr einer Inflation abzulenken, die dann droht, wenn die Welt nur „an Schmaus“ denkt (6092), statt sich werteschaffend zu betätigen. Dieser Aspekt der modernen Geldwirtschaft ist im höfischen Maskenspiel der „Mummenschanz“ in der Allegorie der Viktoria verschlüsselt:

Moderne Geldwirtschaft: Allegorie der Viktoria

Dort hat sich die Klugheit, d.h. der ‚kühn ersinnende Geist‘ (11504) des Unternehmers, zur Herrin des Elephanten gemacht, der die körperliche Arbeit versinnbildlicht. Beide wiederum stehen im Dienste der Viktoria, der „Göttin aller Tätigkeiten“ (5456), die den wirtschaftlichen „Gewinn“ (5451) symbolisiert. Andere Masken verkörpern Merkmale des Marktes, auf dem alles durch seinen Tauschwert statt durch seinen Gebrauchswert bestimmt wird. Die angebotenen Dinge sind also „Waren“ (5115, 5172), die von den „Krämerinnen“ zierlich aufgeputzt werden (vor 5158). Ja, die Waren stehen so im Mittelpunkt, dass die „Gärtnerinnen“ eher ihre Attribute als ihre Produzentinnen zu sein scheinen (5088 ff.). Hier ist Faust Spielmeister, der als „Plutus, des Reichtums Gott“ (5569), auftritt und den „Knaben Lenker“ bei sich hat, die Allegorie der modernen, autonomen Kunst (5689 ff.). Die Interpretationskünste des Herolds versagen (5506 ff.), die Menge hat kein Auge für die neue Welt, sondern sieht – ebenso wie der Kaiser – nur Schätze vor sich, die es zu erraffen gilt (5715 ff.).

Verknüpft ist das Geldmotiv mit der Goldsymbolik, wodurch in die Spiegelung des Historischen eine ethische Kategorie hineinspielt. Wenn Gretchen angesichts des Schmuckes in den Ruf ausbricht:

Goldsymbolik

„Nach Golde drängt,
Am Golde hängt
Doch alles. Ach wir Armen!“ (2802–4)

so tut sie damit schon den ersten Schritt in das Reich des „Herr(n) Mammon“ (3933), wie ihn Mephisto nach dem Neuen Testament (Mt 6, 24) nennt. In der ‚Mummenschanz‘ stellt er sich vor, indem er aus Gold einen Priapus, das Symbol männlicher Zeugungskraft, formt

Der „Herr Mammon“

(5775 ff.). Gleich darauf bringen Gnomen Gold aus dem Berg zutage, „damit man stehlen und kuppeln mag“ (5857). In der ‚Klassischen Walpurgisnacht‘ legen die „Greife“ ihre „Klauen“ auf das Gold, das die „Ameisen“, diese „Wimmelscharen“, gefördert haben (7599), wie dann im 5. Akt Faust die Hand auf die „Kostbarkeiten“ (11207) legen wird, die ihm seine Leute heranschaffen.

Die Frage des „ungerechten Gutes“

Bei Geld und Schätzen geht es immer auch um die Frage, inwieweit es sich um „ungerechtes Gut“ (2840) handelt.

Moderne in mittelalterlichem Gewand

Wie die moderne Geldwirtschaft als Sensation in der mittelalterlichen Feudalwelt erscheint und dazu noch in einem Maskenspiel aufgeführt wird, das die Mitspieler gar nicht verstehen, so zeigt sich auch die moderne Industriearbeit als Randphänomen des mittelalterlichen Reiches.

Überschneidung der Epochen in der Faust-Gestalt

Der Faust des 5. Aktes ist zugleich Feudalherr, vom Kaiser belehnt, wie frühneuzeitlicher Kaufmann, der seine Schiffe in die ganze Welt schickt, wie schließlich auch Unternehmer, der über Lohnarbeitermassen gebietet, die sein ‚Manager‘ Mephisto beaufsichtigt. Allerdings produziert er keine Waren, sondern beschäftigt sich mit einer Methode der Veränderung von natürlicher in technische Umwelt, die nicht spezifisch modern ist, mit der Landgewinnung durch Eindeichung. Die fiktive Welt des ‚Faust‘-Dramas ist anders organisiert als die Geschichte, die sich in ihr spiegelt.

Der Faust-Stoff

Goethe hat die Faust-Figur schon als junger Mensch durch billige Jahrmarktdrucke kennen gelernt, die alle irgendwie mit dem Volksbuch des Johann Spies (1587), dem Schauspiel des Christopher Marlowe (1604) oder der Schrift des ‚Christlich Meynenden' (1725) zusammenhängen. Der Stoff hat die Menschen immer wieder fasziniert, wohl aus den gleichen Gründen, die Heinrich Heine für seine Generation im Jahr 1847 so formuliert hat:

Gründe für die faszinierende Wirkung der Faust-Sage

> „Vielleicht hat die Legende von Johannes Faustus deshalb einen so geheimnisvollen Reiz für unsere Zeitgenossen, weil sie hier so naiv und faßlich den Kampf dargestellt sehen, den sie selber jetzt kämpfen, den modernen Kampf zwischen Religion und Wissenschaft, zwischen Autorität und Vernunft, zwischen Glauben und Denken, zwischen demütigem Entsagen und frecher Genußsucht – ein Todeskampf, wo uns am Ende vielleicht ebenfalls der Teufel holt wie den armen Doktor …"
> (Der Doktor Faust, ein Tanzpoem, Frankf./M. 1987, S. 63)

Der in der Faust-Figur erscheinende Typus des modernen Menschen unterscheidet sich von dem Menschen älterer Epochen insofern, als er beginnt, sich auf seine eigenen Kräfte zu verlassen. Er löst sich daher aus derjenigen Einheit, in welcher sich der antike Mensch als Naturwesen, der mittelalterliche Mensch als Gottesgeschöpf aufgehoben wusste, und tritt der Welt als erkennender Geist autonom gegenüber, wie es Mephisto ausspricht, wenn er dem Kaiser zur Lösung seiner Probleme „begabten Manns Natur- und Geisteskraft" empfiehlt (4896). Ihm setzt der Kanzler die mittelalterliche Auffassung mit den Worten entgegen:

Faust der Typus des modernen Menschen

> „Natur und Geist – so spricht man nicht zu Christen.
> Deshalb verbrennt man Atheisten,
> Weil solche Reden höchst gefährlich sind.
> Natur ist Sünde, Geist ist Teufel …" (4897-4900)

Verteufelung von Natur und Geist im Mittelalter

Damit sind auch die beiden Pole benannt, zwischen denen das Problem des historischen Faust zu suchen ist, aus dem sich die Faust-Figur der Sage entwickelt hat.

Der historische Faust hat sich auf einer öfter erwähnten Visitenkarte folgendermaßen vorgestellt:

Lebensdaten und Lebenszeugnisse des historischen Faust

„Magister Georgius Sabellicus Faustus iunior"

und damit seine weissagerischen und magischen Künste angeboten. Die Sitte, drei Namen zu führen, hatten die Humanisten des 15. Jahrhunderts von den alten Römern übernommen. In diesem Fall weist der Beiname ‚Sabellicus' auf die romnahe Landschaft Sabinien, die als Heimat von Weissagern und Magiern galt und auf die sich auch Goethes Faust beruft (10439). Der Zuname ‚Faustus' bedeutet lateinisch ‚Glücksbringer' und stellt für jemanden, der Horoskope stellt und die Zukunft weissagt, eine Empfehlung dar. Die Sage hatte ihn schon dem Erzzauberer Simon Magus (Neues Testament, Apostelgeschichte 8,9–24) beigelegt, als dessen Nachfolger Faust auftrat (daher ‚iunior', lat. = ‚der Jüngere'). Die Forschung hat einige Lebensdaten des historischen Faust herausgefunden:

um 1480	wird Jörg Faust in Knittlingen (bei Maulbronn/ Württemberg) geboren.
1507	In einem Brief warnt der Abt Johannes Trithemius einen Verehrer Fausts vor dem Umgang mit diesem Landstreicher (gyrovagus).
1513	Der Humanist Mutianus Rufus teilt einem Freund mit, er sei mit Faust in Erfurt zusammengetroffen.
1520	Faust erhält ein Honorar von 10 Gulden für ein Horoskop, das er dem Bischof von Bamberg gestellt hat.
1528	wird Faust wegen Wahrsagerei durch Ratsbeschluss aus Ingolstadt ausgewiesen.
1536	erkundigt sich der Humanist Joachim Camerarius bei einem Würzburger Domherrn, was dessen Freund Faust über die politische Entwicklung prophezeie.
1539	In einem medizinischen Handbuch wird Faust mit Paracelsus von Hohenheim verglichen.
um 1540	kommt Faust in Staufen/Breisgau bei einem alchimistischen Laborunfall ums Leben.

Der historische Faust ein Magier und Humanist

Nach diesen Daten gehört der historische Faust sowohl in den Kreis der Renaissance-Magier wie Agrippa von Nettesheim (1486–1535) – dessen Vornamen Heinrich Goethe seinem Faust gegeben hat – oder Theophrastus Paracelsus (1493–1541) wie auch der Renaissance-Humanisten, obwohl er vermutlich nie einen akademischen Grad besessen hat (Günther Mahal: Faust, a.a.O., S. 241–267).

Was ist „Magie?"

‚Forschung' als Weg zur Nutzung und Anwendung der Naturkräfte durch das Experiment gab es in dieser Zeit nur in einer außerchristlichen Sphäre, in der Alchemie und Magie. Durch ihre Wendung zur Empirie, zum Versuch, zur Anwendung, durch ihre operative Technik und durch ihre Zielsetzung, den ‚Erfolg', war sie eine Vorform der modernen Naturwissenschaft. Durch die Ausrichtung auf das Ziel, unbedingt zu ‚Ergebnissen' kommen zu müssen, ist die Naturwissenschaft auch nach ihrer Trennung von jenem Ursprung der magischen Denkform verbunden geblieben. (Nach: Friedrich Wagner: Die Wissenschaft und die gefährdete Welt, München: Beck 1969, S. 19)

Zweifelhafter Ruf des historischen Faust

Wenn der historische Faust in zweifelhaften Ruf geriet, so kann das vielerlei Gründe haben. Einmal fällt auf, dass er zu katholischen Stellen gute Beziehungen unterhielt, in protestantischen Kreisen jedoch abgelehnt wurde, z. B. von der Stadt Nürnberg. Aber dort hatte auch Paracelsus Schwierigkeiten bekommen, weil er in seinem Buch über die Syphilis die Behandlung mit Guajakholz für unsinnig erklärt hatte. Vom Handel mit diesem Gewächs lebten aber einige mächtige Kaufmannsdynastien, z. B. die Fugger. So mögen sowohl konfessionelle Gründe wie auch materielle Interessen an der Verdächtigung der Renaissance-Magier mitgewirkt haben. Aber auch als Humanist gehörte Faust zu einer Gruppe von Gelehrten, deren Tätigkeit sich in einer außerchristlichen Sphäre abspielte. Die nach dem Fall von Konstantinopel 1453 in den Westen geflüchteten Philologen hatten die griechische Literatur der klassischen Antike im Originaltext mitgebracht, der sogleich dank der gerade erst erfundenen Buchdruckerkunst weit verbreitet wurde. Eine vom Christentum völlig unberührte, in der Schönheit ihrer Gestaltungen faszinierende geistige Welt tat sich den Europäern auf. Darstellungen sinnlicher Lebenslust traten dem asketischen Lebensideal des Mittelalters („Abtötung") entgegen. Eine Vielfalt unterschiedlicher philosophischer Lehren brach in eine Welt ein, in der jede von der Orthodoxie abweichende Lehre bisher blutig verfolgt worden war.

Materielle und konfessionelle Gründe für den schlechten Ruf der Magier

Verunsicherung der Menschen durch das Neue

Die Verunsicherung, in die viele Menschen durch die Naturforschung der Magier und die literarischen Studien der Humanisten gerieten, ließ sie gegen die Vertreter solcher geistigen Tätigkeit genauso reagieren, wie es der Kanzler bei Goethe tut: „Natur ist Sünde, Geist ist Teufel!" (4900). Die Protestanten zeichneten sich durch einen intensiven Teufelsglauben aus. In diese Strömung geriet der historische Faust hinein. Er war Luther und Melanchthon persönlich bekannt, deren Vorstellungen über Zauberer, Hexen und den Teufel nun auf ihn übertragen wurden. Das ‚Image', das der historische Faust dadurch erhielt, war der erste Schritt zur Ausbildung der Faust-Sage. Das literarische Schema für die Sagenbildung lag in Form des Teufelsbündner-Motivs in der Überlieferung vor.

Faust gerät in den Sog des protestantischen Teufelsglaubens

Mittelalterliche „Teufelsbündner"

Auch frühere naturwissenschaftlich tätige Gelehrte waren von ihren Zeitgenossen als Gesellen des Teufels bezichtigt worden, z. B. Gerbert von Aurillac (ca. 940/50–1003), der spätere Papst Silvester II., der die indisch-arabischen Ziffern mit der Null in Europa einführte, oder Albertus Magnus (ca. 1200–1280), der das vergleichende Studium der Pflanzen begründet hat. Während in den mittelalterlichen Teufelsbundgeschichten jedoch der Christ immer irgendwie davonkam und der Teufel der Geprellte war, zeichnet das 16. Jahrhundert einen unerbittlichen Teufel, der sein Opfer am Ende in die Hölle mitnimmt. Die Reformatoren bemängeln nämlich an den katholischen Legenden, z. B. der von Theophilus oder von Simon, dem Magier, aus denen das Faust-Buch geschöpft hat, daß in ihnen die Sündhaftigkeit des Teufelspakts verharmlost werde.

„Historia von D. Joh. Fausten"

Das Ergebnis der Sagenbildung, wie es etwa in der ‚Historia von D. Johann Fausten' 1587 vorliegt, lässt sich kurz so zusammenfassen:

Faust stammt aus dem Dorf Roda bei Weimar, studiert in Wittenberg Theologie und macht seinen Doktor. Dann geht er nach Krakau, um sich dort der Magie zu widmen. Erkenntnisdrang und Selbstüberschätzung führen zu einem Pakt mit dem teuflischen Diener Mephistopheles. Dieser will Faust 24 Jahre lang jeden Wunsch erfüllen. Danach soll ihm seine Seele gehören. Die ersten 8 Jahre dieser Zeitspanne bleibt Faust in Wittenberg, teils studierend, teils sein Leben genießend. Heiraten darf er nicht, dafür wird ihm jede begehrte Buhlschaft vermittelt. Anfälle von Reue deckt der Teufel mit zauberischer Musik zu. Weitere 8 Jahre verbringt Faust auf einer großen Reise, die ihn auch zum Sultan nach Konstantinopel, in den Vatikan und an den Kaiserhof bringt. Mit Zauberkunststücken setzt er die kleine und große Welt in Erstaunen. Die letzten 8 Jahre verlebt Faust wieder in Wittenberg. Nach dem Bekehrungsversuch, den ein alter Mann mit ihm anstellt, muss er sich aufs Neue dem Teufel verschreiben. Vor Studenten lässt er die Gestalt Helenas erscheinen, verliebt sich in sie und verheiratet sich mit dem Gespenst.

Aus der Ehe geht ein Sohn, Justus Faustus, hervor. Faust stirbt in Angst und Zittern, nachdem er sich von seinen Studenten in einer großen Klagerede verabschiedet hat. Sein Haus vermacht er seinem Famulus Wagner. Helena und ihr Sohn lösen sich bei seinem Tod in Nichts auf.

Die Geschichte von Faust als historischer Bericht angesehen

Diese Geschichte wurde von ihren Lesern damals nicht etwa als Fiktion, sondern als historisch verbürgt angesehen. Das entsprach auch der Intention des Verfassers, der mit ihr ein Exempel geben wollte, „damit alle Christen, ja alle vernünftigen Menschen den Teufel und sein Vorgehen desto besser kennen und sich vor ihm in acht nehmen lernen“, wie es in der Vorrede heißt. Die Vorstellung vom Teufelspakt als immer wieder vorkommender Realität hat bis in Goethes Zeit hinein furchtbare Folgen gehabt. Noch 1793 sind in Posen zwei Hexen öffentlich verbrannt worden (Georg Schwaiger: Teufelsglaube und Hexenprozesse, München: Beck 1987, S. 177 f.). Wer des Teufelspakts verdächtigt wurde, hatte keine Chance; denn er wurde so lange gefoltert, bis er durch seine Aussage den Verdacht bestätigte.

Teufelspakt als immer wieder vorkommende Realität

Wenn man vergleicht, was Goethe aus dem Faust-Stoff gemacht hat, wird klar, dass er ihn gegen die in der Sage enthaltene Tradition des Teufelsaberglaubens aufgefasst und gestaltet hat. Er hat durch den fanatischen Geist der Überlieferung hindurch den Renaissance-Magier und Humanisten, den sich aus kirchlicher Bevormundung befreienden modernen Menschen wiederentdeckt, mit dem sich eine Generation identifizieren konnte, welche die Aufklärung bereits hinter sich hatte.

Goethe entdeckt den Renaissance-Menschen in Faust wieder

Zur Entstehung des „Faust"

Mehrere literarische Epochen haben ihre Spuren im „Faust" hinterlassen

In den über sechzig Jahren, in denen Goethe – mehr oder weniger intensiv – an seinem „Faust" gearbeitet hat, hat es mehrere literarische Epochen gegeben, die alle ihre Spuren in dem Drama hinterlassen haben, sei es die Aufklärung oder die Empfindsamkeit, der Sturm und Drang oder die Romantik. Die Klassik hat Goethe in dieser Zeit mit Schiller zusammen selbst begründet, den Realismus nimmt er vorweg. So ist das Werk auch im literarhistorischen Sinne „eine Phänomenologie der Moderne". Nach den uns vorliegenden Textfassungen können wir bei der Entstehung des Werkes vier Phasen unterscheiden:

(1) Der ‚Urfaust'	So nannte der Germanist Erich Schmidt, als er sie 1887 fand, die 1775 entstandene Abschrift des damaligen Faust-Textes von der Hand einer Weimarer Hofdame. Es ist das Werk des 25jährigen Dichters, der gerade durch seinen ‚Werther' berühmt geworden war.
(2) Das ‚Fragment'	Der 40jährige Goethe veröffentlichte es 1790 in der achtbändigen Ausgabe seiner Schriften bei Göschen in Leipzig, als er nach der italienischen Reise das Bedürfnis hatte, längst angefangene Arbeiten zu einem Abschluss zu bringen.
(3) ‚Faust. Der Tragödie erster Teil'	Diese Fassung erschien 1808 in der dreibändigen Ausgabe von Goethes Werken bei Cotta in Tübingen und verdankte ihr Entstehen der Zusammenarbeit mit Schiller, der von 1799 bis zu seinem Tod 1805 in Weimar wohnte.
(4) ‚Faust. Der Tragödie zweiter Teil'	Dieser Text wurde von Goethe nach Beendigung der Arbeit eingesiegelt und erst nach seinem Tod 1832 im ersten Band der Nachgelassenen Werke bei Cotta in Stuttgart veröffentlicht. Teile davon waren bereits 1827 in der Ausgabe letzter Hand ebendort abgedruckt worden.

Beim Überblick über diese vier Phasen zeigt sich, wie die Thematik des Faust allmählich erweitert und differenziert wurde und welchen Strukturwandel die Dichtung dabei erfuhr.

Vier Phasen der Entstehung des Werkes

Der Urfaust

Zu Beginn des Urfaust hat sich Faust – wie in der Endfassung – aus Enttäuschung über den Universitätsbetrieb der Magie zugewandt, betrachtet das Zeichen des ‚Makrokosmos', bricht vor dem Erscheinen des Erdgeistes zusammen und wird von seinem Famulus Wagner in den Alltag zurückgerufen. Unvermittelt folgt das Gespräch Mephistos mit dem Schüler. Eine Motivation für Mephistos Auftreten gibt es nicht. Es folgt die Saufszene in ‚Auerbachs Keller', wo allerdings noch Faust den Wein herbeizaubert. Eine kurze Szene vor dem Einsetzen der Gretchenhandlung zeigt den Keim, aus dem später die ironische Teufelsfigur entwickelt wurde:

Keimzelle der Mephisto-Figur

F: „Was gibt's, Mephisto, hast du Eil?
Was schlägst vorm Kreuz die Augen nieder?"
M: „Ich weiß es wohl, es ist ein Vorurteil,
Allein genung, mir ist's einmal zuwider."

Auch das poetische Mittel der Epochenverschiebung wird hier schon angewandt:

> „Die Scheu vor dem Kreuz kennzeichnet den mittelalterlichen Teufel; daß er aber von Vorurteil spricht, ist gutes achtzehntes Jahrhundert, es ist der angepaßte, modernisierte Satan. Nun aber gilt seine Aufgeklärtheit nicht etwa der Religion, und nicht das Kreuz ist es, das er ein Vorurteil nennt, sondern seine überlieferte, mittelalterliche Abneigung dagegen behandelt er als ein solches und entschuldigt sich wie für eine Schrulle und Schwäche dafür, daß er trotz seiner modernen Bildung nicht darüber hinwegkommt."
> (Thomas Mann: Über Goethes Faust, a.a.O., S. 229)

Thomas Manns Interpretation

Als er die Mephisto-Figur ausführte, brauchte Goethe die Szene nicht mehr. Es gab genug andere Gelegenheiten, Mephisto mit seiner aufklärerischen Verweisung ins „Fabelbuch" (2507) spielen zu lassen. Auch die Faust-Figur ist erst spärlich entwickelt; die Problematik der „zwei Seelen" (1112) fehlt noch, aus der sich die Entscheidung für das Genussleben (1750) und der Aufbruch zur

Die beiden Leitfiguren noch wenig ausgeführt

Rahmenhandlung fehlt noch

Lebensreise mit Mephisto (2051) ergeben. Es gibt noch keine kosmische Rahmenhandlung, so dass auch Margaretes Antipathie gegen Fausts Begleiter (3470) sozusagen noch in der Luft hängt.

Das Fragment

Klassik anstelle von Sturm und Drang

Gegenüber der Spontaneität des Ausdrucks und der Unbekümmertheit in der Formgebung, die den Dichter des Urfaust als Vertreter des Sturm und Drang kennzeichnen, zeigt das Fragment den Gestaltungswillen des Klassikers Goethe. Er schreibt kurz vor der Heimkehr aus Italien:

> „Das alte Manuskript macht mir manchmal zu denken, wenn ich es vor mir sehe. Es ist noch das erste, ja in den Hauptszenen gleich so ohne Konzept hingeschrieben ...“ (Italienische Reise: Rom, 1. 3. 1788)

Verse statt Prosa

Goethe versucht nun, die Prosa überall durch Verse zu ersetzen. Da ihm das bei ‚Trüber Tag – Feld‘ und bei der Kerkerszene nicht recht gelingen will, lässt er sie einfach fort, so dass der Text tatsächlich einen fragmentarischen Eindruck macht. Aber in der Ausführung des Grundgedankens stellt das Fragment einen großen Fortschritt dar: Faust will nun erleben, „was der ganzen Menschheit zugeteilt ist“, d.h. sein individuelles Selbst „zu ihrem Selbst erweitern“ (1770).

Fortschritt in der Grundidee

Die Diskussion über die Bestimmung des Menschen

Das neue Thema, die ‚Bestimmung des Menschen‘, hatte erst jüngst durch Johann Gottfried Herders (1744-1803) ‚Ideen zur Philosophie der Geschichte der Menschheit‘ (1784) erneute Aktualität gewonnen. Herder lebte seit 1776 in Weimar. Der Philosoph Kant (1724–1804) hatte Herder, der den Begriff „Menschheit“ für einen leeren Begriff hielt, in seiner Rezension der ‚Ideen‘ entgegengehalten, nur in der Gattung, nicht im Einzelwesen könne sich die menschliche Bestimmung erfüllen. Ohne sich unmittelbar in den Streit einzumischen, gibt nun Goethe seinen Beitrag zu der Frage, indem er seinen Faust erleben lässt, was sich sonst nur verstreut in den Erlebnissen der einzelnen Individuen findet, im Ganzen aber die Gattung kennzeichnet.

Zu der Ausweitung des Plans auf das anthropologische Thema gehört auch die Einbeziehung des II. Teils, auf den der Vers 2052 vorausweist:

> „Wir sehn die kleine, dann die große Welt.“

Faust I 1808

Schiller reagiert auf die Lektüre des Fragments in einem Brief an Goethe vom 29. 11. 1794 mit der Bemerkung, ihm komme der Text wie „der Torso des Herkules" vor. Auf Goethes Bitte, er möge ihm seine „Erwartungen und Desideria mitteilen", schreibt Schiller dann am 23.6.1797, er müsse die „symbolische Bedeutsamkeit" des Faust herausarbeiten. Die bestehe aber für ihn darin, dass Faust „die Duplizität der menschlichen Natur" verkörpere, „das verunglückte Bestreben, das Göttliche und Physische im Menschen zu vereinigen". Drei Tage später, am 26.6.1797, weist Schiller mit seiner Erwartung, dass Faust auch „in das handelnde Leben geführt" werde, auf die Notwendigkeit hin, den II. Teil auszuarbeiten, und formuliert seine Auffassung von dem Verhältnis der beiden Hauptfiguren zueinander so:

Schillers Anregung

Das Thema von den „zwei Seelen" (1112)

> „Verstand und Vernunft scheinen mir bei diesem Stoff auf Tod und Leben miteinander zu ringen ... Der Teufel behält durch seinen Realism vor dem Verstand, und der Faust vor dem Herzen recht. Zuweilen aber scheinen sie ihre Rollen zu tauschen, und der Teufel nimmt die Vernunft gegen Faust in Schutz ..."

Goethe nimmt die Anregung auf und versucht aus den veröffentlichten und unveröffentlichten Faust-Teilen ein Ganzes zu machen, indem er gleichsam ‚Längsachsen' einzieht, die in Form von Leitmotiven und Schlüsselwörtern jene, von Schiller gemeinte, „symbolische Bedeutsamkeit" der Faust-Gestalt verdeutlichen. Dazu gehört einmal der Begriff des Strebens als der entscheidenden Kraft der menschlichen Natur in all ihrer moralischen Ambivalenz, zum zweiten aber das Leitwort ‚Genuss', was so viel wie ‚Erfahrung des Lebens' meint, wie sie dem Stubengelehrten am Anfang des Dramas noch fehlt. Weiterhin werden Lücken geschlossen, die Szenen (22) sowie (26) bis (28) eingebaut, um den I. Teil abzuschließen. Schließlich wird der Rahmen mit dem dreifachen ‚Eingangstor', der ‚Zueignung', dem ‚Vorspiel auf dem Theater' und dem ‚Prolog im Himmel', gebaut.

Leitmotive und Schlüsselwörter

Schließung der Lücken

Faust II 1832

Zu dem Ganzen, das Schiller angesprochen hatte, gehört auch der II. Teil. Goethe hatte schon während der Arbeit am I. Teil große Partien dafür ausgeführt:

1. Akt:	1827 – 1830
2. Akt:	1826 – 1830
3. Akt:	1800 (8489 – 8802)
	1825/6 (8488 und 8803 – 10038)
4. Akt:	1831
5. Akt:	1797 ff., dann wieder 1825 – 1831

Das Problem der Wette

Nun waren noch einige Probleme zu lösen, zunächst einmal das Problem der Wette, das ja beide Teile sowie Rahmen- und Binnenhandlung miteinander verbindet (312, 1698). Dazu schrieb Goethe am 3. 11. 1820 an Karl Ernst Schubarth:

> „Mephistopheles darf seine Wette nur halb gewinnen, und wenn die halbe Schuld auf Faust ruhen bleibt, so tritt das Begnadigungsrecht des alten Herrn sogleich herein, zum heitersten Schluß des Ganzen."

Lösung durch das Stichwort

Die elegante Lösung besteht darin, dass das Stichwort: „Verweile doch! du bist so schön!", das (1700) Bestandteil eines Vertrages ist, d. h. in einem pragmatischen Zusammenhang steht, in 11582 im Modus potentialis („zum Augenblicke **dürft'** ich sagen") erscheint, als Teil einer Utopie, also einer unverbindlichen Äußerungsweise.

Das Problem des Helena-Akts

Ein zweites Problem bestand in der Zusammenführung von Helena und Faust, Antike und Abendland. Solange Goethe vorhatte, Helena – nach dem Vorbild des Faust-Buchs – in Deutschland erscheinen zu lassen, war dieser Handlungsteil als Symbol für die abendländische Antike-Rezeption nicht zu gebrauchen. Dieses Problem wurde auf die Weise großartig gelöst, dass Faust Helena in ihrem Lande, sie ihn aber in seiner Zeit trifft.

Lösung durch die Wahl von Ort und Zeit

Überleitung zum 5. Akt

Schließlich musste der schon früher konzipierte 5. Akt, auf dem die Gesamthandlung aufruht, irgendwie vorbereitet werden. Die Lösung bestand in der Anknüpfung an den 1. Akt und der Weiterführung seines Themas vom Zerfall des Reichs und der alten Feudalordnung. Auf diesem Hintergrund konnte die Faust-Handlung bis in die Welt des 19. Jahrhunderts geführt werden.

Lösung durch die geschichtliche Kontinuität

Übersicht über die Entstehung der Szenen von Faust I

Szenenfolge: 1808	Urfaust (1775)	Faust. Ein Fragment (1790)	Faust, der Tragödie erster Teil (1808)
(1) Zueignung	–	–	1–32
(2) Vorspiel auf dem Theater	–	–	33–242
(3) Prolog im Himmel	–	–	243–353
(4) Nacht	354–597 602–605	wie U. wie U.	Wie Fr., dazu: 598–601 (Hinweis auf Osterspaziergang) und: 606–807 (Monolog über Erdgeistbegegnung und Selbstmordversuch)
(5) Vor dem Tor	–	–	808–1177
(6) Studierzimmer I	–	–	1178–1529
(7) Studierzimmer II	– 1868–2050 (Schülergespräch)	1770–1850 (Vertrag) 1851–1867 (Monolog Mephistos) wie U. 2051–2072 (Aufbruch)	1530–1850 (Vertrag) wie Fr. wie U. wie Fr.
(8) Auerbachs Keller	Prosa	2073–2336	wie Fr.
(9) Hexenküche	–	2337–2604	wie Fr.
(10) Straße I	2605–2677	wie U.	wie U.
(11) Abend	2678–2804	wie U.	wie U.
(12) Spaziergang	2805–2864 (Allee)	wie U.	wie U.
(13) Der Nachbarin Haus	2865–3024	wie U.	wie U.

Übersicht über die Entstehung der Szenen von Faust I (Forts.)

Szenenfolge: 1808	Urfaust (1775)	Faust. Ein Fragment (1790)	Faust, der Tragödie erster Teil (1808)
(14) Straße II	3025 – 3072	wie U.	wie U.
(15) Garten	3073 – 3148 – 3153 – 3204	wie U. – wie U.	wie U., dazu: 3149 – 3152 (Hagestolz) wie U.
(16) Ein Gartenhäuschen	3205 – 3216	wie U.	wie U.
(17) Wald und Höhle	–	3217 – 3373 (3342 – 3369 in U. Szene [22])	wie Fr.
(18) Gretchens Stube	3374 – 3413	wie U.	wie U.
(19) Marthens Garten	3414 – 3543	wie U.	wie U.
(20) Am Brunnen	3544 – 3586	wie U.	wie U.
(21) Zwinger	3587 – 3619	wie U.	wie U.
(22) Nacht. Straße vor Gretchens Tür	3620 – 3645 3650 – 3659 3342 – 3369; vgl. [17])	– –	wie U., dazu: 3646 – 3649 („Was kommt heran?") wie U., dazu: 3660 – 3697 (Mephistos Serenade) 3689 – 3775 (Valentins Tod)
(23) Dom	3776 – 3834 (vor [22])	wie U.	wie U.
(24) Walpurgisnacht	–	–	3835 – 4222
(25) Walpurgisnachtstraum	–	–	4223 – 4398
(26) Trüber Tag – Feld	Prosa	-	Prosa wie U.
(27) Nacht. Offen Feld	4399 – 4404	–	wie U.
(28) Kerker	Prosa	–	4405 – 4612

Zur Rezeptionsgeschichte

Nicht lange nach dem Erscheinen des II. Teils wurde Goethes ‚Faust' zum Lieblingsbuch der Deutschen. Ein sicheres Zeichen für diese Tatsache ist der Umstand, dass der Verlag Philipp Reclam jun. in Leipzig am 9. 11. 1867 seine Universal-Bibliothek mit den Bändchen „Goethe. Faust. Erster Theil" und „Goethe. Faust. Zweiter Theil" eröffnet hat. Diese Volkstümlichkeit der ‚Faust'-Dichtung, mit der auch ihre Einführung als Schullektüre zusammenhängt, hat eine gewisse Standardisierung des Verständnisses der Dichtung zur Folge gehabt. In einem 1892 zuerst erschienenen „Hilfsbuch für den Unterricht in der Deutschen Literaturgeschichte" ist dieses Verständnis folgendermaßen formuliert:

Goethes „Faust" wird volkstümlich

Standardisierung des Verständnisses

> „Das Ringen des Menschengeistes nach Erkenntnis, des Menschenherzens nach Glück, das mit diesem Ringen eng verbundene Verschulden und die Erhebung des Menschen aus der Schuld durch die Tat, das sittliche Handeln, durch Selbstbeschränkung statt der früheren Schrankenlosigkeit des Strebens – das ist der allgemeine Gedanke des Stücks."
> (J. Wychgram, S. 91)

Diese Formulierung des „allgemeinen Gedankens" des Faust-Dramas hängt vor allem vom Verständnis des 5. Aktes ab:

Deutung des 5. Akts

> „Nach vielfachen Lebenserfahrungen gelangt Faust zu der Erkenntnis, daß seine Sühne und sein Glück in der tätigen Anteilnahme und Mitwirkung am Glück anderer liegt. Mephisto mit seinen höllischen Scharen, der nun seine Pläne auf Fausts Seele gefährdet sieht, will ihn zu sich reißen: aber Faust hat sich durch Selbstüberwindung geläutert, die himmlischen Mächte, die Engel, tragen seine Seele zu sich empor ..."
> (Wychgram, S. 92)

Offenbar wird hier Fausts Schlussrede wörtlich genommen und als Zeichen dafür interpretiert, dass Faust nun zur „Selbstbeschränkung" gefunden habe, durch „Anteilnahme und Mitwirkung am Glück anderer" für seine Taten „Sühne" leiste. Der Text wird wie eine nichtfiktionale Äußerung verstanden, die poetische Struktur übersehen, in der er hängt, d. h. mit anderen Versen, z. B. Mephistos Kommentar, zusammenhängt, von denen sein Verständ-

Die Deutung konzentriert sich auf den Schlussmonolog (11559–86)

Faust mit seinem Streben gescheitert

nis abhängt. Im Schlussmonolog nimmt Fausts Streben noch einmal sprachliche Gestalt an. Doch ist gerade sein Irren das eigentliche Thema des Dramas. Das Scheitern seines Strebens – er hat es bereits (1775) angedeutet – besteht darin, dass er nicht „auf freiem Grund mit freiem Volke" (11580) gestanden, sondern sein Werk auf Kosten ausgebeuteter Menschen und zerstörter Natur, mit Mord und Totschlag, Zwang und Verführung geschaffen hat. Mephisto aber stellt mit Recht die Frage: „Was soll uns denn das ew'ge Schaffen?" (11598). Auf diese Frage kommt es an und nicht etwa auf ein – dazu noch selbstverdientes – ‚Happy-End' des Helden, das sich dann – wie es der Verfasser des ‚Hilfsbuchs' beabsichtigt – für eine pädagogische Nutzanwendung gebrauchen lässt.

Mephistos Frage nach dem Sinn des Schaffens

In dem hier dokumentierten Standardverständnis wird im Grunde das Wesen der Dichtung verfehlt, mangelt es an Sensibilität für die Ironie, mit der Goethe seinen Helden behandelt. Er wollte seinen Lesern den „Spaß" gönnen, „sich an diesen ernstgemeinten Scherzen einige Stunden zu ergötzen und dabei gewahr zu werden, was sich viele Jahre im Kopf und Sinn herumbewegte, bis es endlich diese Gestalt angenommen" (Brief vom 24.11.1831 an Sulpiz Boisserée). Dabei nötigt er seine Leser jedoch auch, „sich über sich selber hinauszumuten" (An Zelter, 27.7.1828), obwohl er keine Nutzanwendungen oder Problemlösungen anzubieten hat:

Mangelndes Verständnis für Dichtung

> „Da steht es nun, wie es auch geraten sei. Und wenn es noch Probleme genug enthält, keineswegs jede Aufklärung darbietet, so wird es doch denjenigen erfreuen, der sich auf Miene, Wink und leise Hindeutung versteht. Er wird sogar mehr finden, als ich geben konnte."
> (8.9.1831 an S. Boisserée)

Faust Vorbild für den modernen tätigen Menschen

Aus der Auffassung von Faust als dem Ideal des strebenden und tätigen Menschen in der modernen Arbeitswelt ergab sich ein neues Verständnis des Adjektivs „faustisch', das etwa so definiert wurde:

> „Eine ganz bestimmte Weltanschauung verkörpert sich in Faust und gipfelt bis zu höchsten Einsichten von Gott, Gemüt und Welt. Faustisch empfinden, das ist für uns der Inbegriff alles Strebens und Ringens geworden, nicht nur um Erkenntnis, sondern auch um das uns gemäße Werk.
> (Münchner Lesebogen Nr. 100, o.J. [1896])

Ein ‚Faust', der zum Exempel ‚faustischer' Weltanschauung und ‚faustischen' Empfindens geworden ist, lässt sich natürlich leicht politisch in Dienst nehmen, z.B. von Vertretern ‚völkischer' Weltanschauung:

Politische Indienstnahme

‚Faust' als Inbegriff deutschen Wesens

> „Sein Schöpfer ist nicht Goethe allein, sondern der deutsche Genius schlechthin. Deutsches Wesen, deutsches Glücksbegehren, deutscher Glaube, deutsches Kämpfen und deutsches Gottfinden sind in Goethes ‚Faust' gestaltet, deshalb wirkt er über die Grenzen des Deutschtums hinaus, darum ist er das dichterische Kunstwerk der Welt. An ihm erfaßt die Welt, was Deutschsein heißt, in ihm grüßt sie deutsche Art, ob sie es will oder nicht".
> (Gerhard Steiner, (Hg): Faust, Riga 1944, S. 8)

Der Faust lässt sich aber auch vor einen ganz anderen Karren spannen. Walter Ulbricht hat ihn 1962 zu einer Art ‚Volksbuch' erklärt, weil im Schlussmonolog vom ‚freien Volk auf freiem Grund' (11580) die Leistung der gegenwärtigen DDR visionär vorweggenommen sei:

Faust und der Arbeiter- und Bauernstaat

> „Erst weit über hundert Jahre, nachdem Goethe die Feder für immer aus der Hand legen mußte, haben die Arbeiter und Bauern der Deutschen Demokratischen Republik begonnen, diesen dritten Teil des Faust mit ihrer Arbeit, mit ihrem Kampf für Frieden und Sozialismus zu schreiben ..."
> Rede vor dem Nationalrat, ‚Neues Deutschland' 28.3.1962 (Lützeler a.a.O. S. 31 ff.)

Auch in diesem Zusammenhang begegnet wieder das Adjektiv ‚faustisch', mit dem der politisch erwünschte Menschentyp bezeichnet wird:

Das „Faustische" bildet den „nationalen Typ"

> „Typisch ... war für Goethe das ‚Faustische', das rastlos nach Erkenntnis und Fortschritt Drängende, das schöpferisch Tätige, das Aktive, (...) – philosophisch gesprochen: die materialistischen und dialektischen Tendenzen in der deutschen Geschichte. (...) Goethes ‚Faust' ist ein durch und durch nationaler Typ." (Hanns Eisler, ‚Neues Deutschland' 14.5.1953, Lützeler a.a.O. S. 52)

Die beiden Nutzanwendungen des ‚Faust', die völkische und die sozialistische, gleichen sich nicht nur in dem Bestreben, den wünschenswerten „nationalen Typus" zu bestimmen, sondern auch in ihrem völligen Missverständnis gegenüber der Dichtung.

Missverständnis der Dichtung

Nur einmal wird in die Definition des Adjektivs ‚faustisch' die nihilistische Perspektive Mephistos mit aufge-

Pessimistische Definition des „Faustischen" bei Spengler

nommen. Das ist bei der Kulturkreistheorie Oswald Spenglers (1880–1936) der Fall, dessen Hauptwerk ‚Der Untergang des Abendlandes' für die abendländische Kultur eine ähnliche Diagnose stellt wie Mephisto in der ‚Walpurgisnacht', dass nämlich das Volk „zum jüngsten Tag ... gereift" sei (4092), die Welt sich „auf der Neige" befände.

> Spengler unterscheidet acht Kulturkreise, die gegeneinander durch bestimmte Strukturen differenziert sind. So ist die antike Kultur als apollinisch zu bezeichnen; Klarheit, Gegenwärtigkeit und Eindeutigkeit des Körperlichen sind bestimmend: der Raum ist hier Prinzip, daher ist diese Kultur wesentlich unhistorisch. Umgekehrt ist die abendländische Kultur, die durch die faustische Seele geprägt ist, durch einen Hang zur Unbegrenztheit und Unendlichkeit bestimmt. Prozeß, Dynamik und Funktion sind wesentlich, mit einem Wort: die Zeit siegt über den Raum.
> (Walter Schulz, Philosophie in der veränderten Welt, Pfullingen: Neske 1972, S. 577)

Spengler und Goethe

Dieser „Hang zur Unbegrenztheit", diese „Wachstumsideologie" (wie wir heute sagen würden), birgt den Keim zum Untergang in sich. In diesem Punkte wären wohl Goethe und Spengler einig gewesen.
Auch in ihrem Verständnis von Antike und Abendland haben sie Gemeinsames.

Die Rezeptionsgeschichte wie eine Wand vor dem Werk

Entdeckung der Ironie Goethes

Die Wand, welche die Rezeptionsgeschichte vor dem ‚Faust' und seinem Dichter aufgerichtet hat, wurde erst in den sechziger Jahren niedergelegt. 1963 erschien die Goethe-Biographie von Richard Friedenthal (1896-1979), der den ‚Olympier' von seinem Denkmal herunterholte und in seine Zeit hineinstellte. Er weist auf die **Ironie** im ‚Faust' hin, die z. B. in der engen Nachbarschaft der feierlichen Engelchöre („Die Sonne tönt nach alter Weise ..." 243) und der süffisanten Bemerkungen Mephistos („In jeden Quark begräbt er seine Nase ..." 292) bereits im ‚Prolog' zu finden sei:

> „In diesem Schillern, dieser Spannung zwischen Höchstem und Gewöhnlichstem, liegt Goethes unvergleichlicher Ton, und jedes Herausgreifen einer Einzelzeile zerstört diese Einheit und führt nur zu Pedanterien und Aufsatzthemen."

Friedenthal fährt fort:

> „Und weil auch dieser Prolog nicht genügt, lässt Goethe noch vor dem Vorhang den Dichter, die lustige Person als den „Schalk" und den Theaterdirektor als Herrgott der Bühne zusammentreten. Der Dichter verkündet seine hohen Ziele, der Narr die tiefen Weisheiten, der „Alte" der Bühne beschließt die Szene."
> (Richard Friedenthal, Goethe. Sein Leben und seine Zeit. 14. Aufl., Serie Piper 248, München 1985, S. 598)

Eine solche Art von Theaterironie („Sucht nur die Menschen zu verwirren,/Sie zu befriedigen, ist schwer": V. 131/2) war schon das Kennzeichen der Hamburger Inszenierung von Gustav Gründgens 1957 (s. u. S. 166 f.). Er ließ den Direktor des Vorspiels nach einer Perücke greifen und die Rolle des Herrn im Prolog übernehmen und ebenso die Lustige Person dort den „Schalk" Mephisto spielen, ohne damit den Intentionen des Dichters Goethe zuwiderzuhandeln.

Rezeption der außerdeutschen „Faust"-Forschung

Inzwischen hat die Forschung auch die Ergebnisse der anglo-amerikanischen, französischen u. a. Germanistik aufgearbeitet. Damit hat eine neue Epoche der Rezeptionsgeschichte begonnen, in der auch der Dichter realistischer gesehen, seine Unnahbarkeit z. B. als Alltagsstrategie erklärt wird:

> „Hat er doch in Weimar die Komödie des Olympiers gespielt, um sich die Leute, die „guten Leutchen", drei Schritte vom Leibe zu halten, und mit Recht. Sonst tun sie bald vertraut und werden frech. Die allerwenigsten seiner Zeitgenossen sind dahintergekommen; Eckermann sicherlich nicht."
> (Pierre Bertaux, a.a.O. S. 11 f.)

Zur Aufführung des ,Faust'

„Faust" ein Theaterstück

Der Faust ist ein Theaterstück. Selbst wenn es in ihm lyrische oder erzählende Partien gibt, so werden sie doch von dramatischen Figuren ausgeführt, mögen diese noch so sehr symbolischer oder allegorischer Natur sein. Es wird nicht über sie berichtet, sondern sie sprechen selbst. Jede muss den Mitspielern und den Zuschauern sagen, „wer sie sei" (5406). Aber das Bühnenspiel ist nicht nur die Form, sondern auch ein Thema des ,Faust'. Schon das ,Vorspiel' weist ausdrücklich darauf hin, dass das folgende Stück – bereits der ,Prolog im Himmel' – auf den „Brettern" spielt, welche die Welt bedeuten (39, 239). Das Personal des Himmels wird dann, wenn Faust mit seinem nächtlichen Monolog einsetzt, zum Publikum, das dem irdischen Geschehen folgt. Dabei beschränkt die Titelfigur ihre Perspektive ausdrücklich auf den irdischen Bereich („Das Drüben kann mich wenig kümmern" 1660 → 11442). Der Zuschauer hat daher, ähnlich wie ein allwissender Erzähler gegenüber einer Romanfigur, einen größeren Gesichtskreis als Faust. Auch im Stück selbst wird immer wieder Theater gespielt, sei es, dass Mephisto in Fausts Robe schlüpft und den Professor spielt (1844 ff.) oder in der ,Hexenküche' bei den Tieren die Rolle des Königs übernimmt (2448), sei es, dass bei Hofe ein Maskenzug veranstaltet wird (5065 ff.) oder die Aufführung einer Pantomime ,Der Raub der Helena' (6548) stattfindet. Schließlich ist der ganze Helena-Akt, der dritte des II. Teils, eine Inszenierung Mephistos (nach 10038). Dazu tritt im Text immer wieder Theatervokabular auf, z.B. „Schauspiel" (454), „Komödiant" (527), „Haupt- und Staatsaktion" (583), „den Teufel spielen" (2010) u. ä. Überall scheint die Bühnenerfahrung des langjährigen Schauspielers, Regisseurs, Theaterleiters und Dramenautors Goethe durch, der weiß, „daß auf dem Theater alles Geistige zugleich sinnlich werden muß" (Walter Hinck, a.a.O., S. 24). Das zeigt sich gerade dort, wo man die Aufführbarkeit oft bestritten hat, beim II. Teil des Faust.

Bühnenspiel ein Thema des „Faust"

Der Zuschauer weiß mehr als Faust

Spiel im Spiel

Theatervokabular

Dort wird die Aufführbarkeit gerade durch ein **episches** Element ermöglicht, das der Kaiser in folgenden Worten Mephisto gegenüber bezeichnet:

„Welch gut Geschick hat dich hieher gebracht,
Unmittelbar aus Tausend Einer Nacht?
Gleichst du an Fruchtbarkeit Scheherazaden …"
(6031 ff.)

Aufführbarkeit des II. Teils

Tatsächlich hat Goethe viele Zauberkunststücke, Illusionen, Phantasmagorien, die Mephisto in ‚Faust II' veranstaltet, der arabischen Märchensammlung entnommen, die zu seiner Zeit gern gelesen wurde und den gebildeten Lesern bekannt war. Mephisto verbindet nun das dramatische Element zauberischer Vorgänge mit dem epischen Element der erzählenden Scheherazade auf folgende Weise:

Mephisto, Zauberer und Fabulierer

„Wo das Zaubergeschehen so übernatürlich wird, daß es auf keine Weise mehr dramatisch zur Darstellung gebracht werden kann, nimmt es allein durch das Fabulieren des Mephistopheles seinen Fortgang. Mephistopheles erzählt, berichtet, was als Vorgang sich nicht darstellen läßt. Da er stets auch der das Geschehen durch Zauberei Hervorrufende ist, so gleicht sein Fabulieren seinem Zaubern, es verschmilzt mit ihm zu unlöslicher Einheit. So schildert er den Gang zu den Müttern, der nicht darstellbar ist, und bewirkt ihn zugleich; das zauberhafte Hervortreten von Helena und Paris wird anschaulich durch den Bericht des Astrologen, dem Mephistopheles souffliert; die Mehrzahl der Reden des Mephistopheles in der Klassischen Walpurgisnacht trägt referierenden Charakter …"
(Katharina Mommsen, a.a.O., S. 229)

Bei der Verwendung orientalischer Elemente fällt auf, dass sie bisweilen in einer Art von Montage-Technik mit antiken Elementen ‚verkleidet' werden. Das Bild z.B., das Mephisto (6006 ff.) vom Meereskönigtum entwirft, ist der Geschichte von Dschullanār, der Meermaid, nachgezeichnet, die in der Inselausgabe von Enno Littmann (Die Erzählungen aus den Tausendundein Nächten, Wiesbaden 1953 u.ö. im 5. Band, S. 95 ff.) zu finden ist. Doch statt von Schahrimān, und Dschullanār und von persischen Meermädchen ist von Peleus, Thetis und Nereiden die Rede.

Montage orientalischer und antiker Elemente

Zu den ironischen, d.h. modernen, Gestaltungsmitteln gehören im Faust nicht nur das Spiel im Spiel bzw. Spiel mit dem Spiel, die Mischung der Gattungen und die Montage literarischer Elemente unterschiedlicher Herkunft, sondern auch Anspielungen in Form von Zitaten aus zeitgenössischer Literatur, deren Kenntnis beim Leser

Ironische Gestaltungsmittel

oder Zuschauer vorausgesetzt werden kann. So sind z. B. in der Gretchenhandlung zahlreiche Klischees und Requisiten aus dem Geschichtentyp „Verführte Unschuld" zitiert, wie er in der Nachfolge von Samuel Richardsons ‚Pamela' (1740) im 18. Jahrhundert oft bearbeitet wurde. Dazu gehören etwa das Geschenk zu Beginn der Beziehung, das Rendezvous in einem Gartenhäuschen, der Schlaftrunk, das Duell u. a.

Motive und Requisiten aus zeitgenössischer Literatur

Wenn man an all diese Spielelemente im ‚Faust' denkt, hat man den Hintergrund, auf dem die erste öffentliche Aufführung des I. Teils beurteilt werden kann, die am 19. 1. 1829 im Hoftheater in Braunschweig stattfand. In der Inszenierung von August Klingemann war fast alles gestrichen worden, was die Vielschichtigkeit, die ironische Spannung und den Spielcharakter des Werkes ausmacht. Zueignung, Vorspiel und Prolog hatte Klingemann weggelassen. Die Chöre in der Osternacht, die Gruppenszenen des Osterspaziergangs, die Geisterstimmen in den beiden Studierzimmerszenen, das Königsspiel in der ‚Hexenküche', die ‚Walpurgisnacht' mitsamt dem Intermezzo waren gestrichen. Sogar in der Gretchenhandlung selbst war der Rotstift am Werk: Die Szenen (18) mit dem Monolog „Meine Ruh' ist hin" und (20) mit dem Gespräch am Brunnen fielen weg, weil sie damals wegen ihrer deutlichen Anspielungen auf den außerehelichen Verkehr als zu gewagt galten. Auch einzelne Formulierungen, die man als anstößig ansah, wurden geändert, z. B. „Dreck und Feuer" (3536) in „Not und Feuer" oder „Kopf und Hintern, die sind dein" (1821) in „Kopf et cetera sind dein". Die ‚lustigen Gesellen' in ‚Auerbachs Keller' waren nicht mehr so ordinär wie im Original, sondern wurden zu Studenten stilisiert. Die entscheidende Änderung betrifft wohl die Beseitigung der Rahmenhandlung. Dadurch wird das – durch den Theaterdirektor als Welttheater angekündigte – Mysterienspiel eindimensional, dem bürgerlichen Trauerspiel angenähert. Wenn nun am Ende der Kerkerszene die „Stimme von oben" (4611) leibhaftig als Engel auf der Bühne in Erscheinung tritt, wirkt das auf unser Stilempfinden heute kitschig. Ebenso verliert die Mephisto-Figur ihre Funktion als metaphysische Instanz, an der sich die Geister, d. h. Faust und Margarete, scheiden, sich für oder gegen ihn entscheiden.

Die erste öffentliche Aufführung

Streichungen im Text und ihre Auswirkungen

Wegfall der Rahmenhandlung

Die Mephisto-Figur verliert ihre Funktion

Sicher hat Klingemann gute Gründe für seine Eingriffe gehabt: Es sei notwendig gewesen, „das Undarstellbare von dem Darstellbaren zu trennen", wobei die damaligen technischen Möglichkeiten des Theaters zu berücksichtigen sind. Weiterhin habe er „manches in der Ökonomie des Stücks" ausgleichen, d.h. Längen vermeiden müssen. Und schließlich sei er nicht umhin gekommen, „einige zu starke Derbheit im Ausdrucke" zu tilgen (Ulrich Parenth, a.a.O., S. 57). Aber es ist wohl auch Klingemanns Faust-Verständnis gewesen, das ihn die Inszenierung ganz im Sinne des **Illusionstheaters** machen und dem Zuschauer die Gestalten Fausts und Gretchens zur **Identifikation** anbieten ließ.

Goethe hat auf Klingemanns Anfrage, wie er sich eine Inszenierung dächte, geantwortet, er habe gar nichts mehr mit dem Theater zu tun: „Machen Sie daher mit meinem ‚Faust', was Sie wollen!" (U. Parenth, a.a.O., S. 48). Wir können aber vermuten, was Goethe dazu gesagt hätte. Er vertrat nämlich mit seiner Ästhetik der **„selbstbewußten Illusion"** ein Konzept, das über die Guckkastenbühne des 19. Jahrhunderts hinweg eine Brücke vom Weimarer Theater zu den Inszenierungsformen des 20. Jahrhunderts erkennen lässt. Er hat dieses Konzept in seinem Bericht „Frauenrollen, auf dem Römischen Theater durch Männer gespielt" erläutert:

Goethes Inszenierungskonzept

> In Rom hatte Goethe Komödienaufführungen erlebt, in denen weibliche Rollen nach antiker Sitte durch Männer dargestellt wurden. Dabei sei sich der Zuschauer immer **bewußt**, daß es sich bei den Frauendarstellern um Männer handle. Doch trete dadurch keine Störung der **Illusion** ein, wie es etwa der Fall sei, wenn dritt- oder viertklassige Schauspieler ein ungeschicktes Spiel böten. Goethe stellt sich selbst die Frage, worin das Vergnügen bestand, das er an jener Darstellung gehabt habe, und antwortet, „daß bei einer solchen Vorstellung der Begriff der Nachahmung, der Gedanke an Kunst immer lebhaft blieb und durch das geschickte Spiel nur eine Art von **selbstbewußter** Illusion hervorgebracht wurde". Das heißt, daß erst die **Erkenntnis** der Illusion ästhetisches Vergnügen bereite (Walter Hinck, a.a.O., S. 25f.).

Selbstbewusste Illusion als Grund des Vergnügens

Wir können daraus schließen, dass Goethe bei einer ‚Faust'-Inszenierung die Spielelemente stärker betont, die Mehrdimensionalität belassen und die Spannungen in dem Personendreieck Faust–Gretchen–Mephisto herausgearbeitet hätte. Seine Streichungen wären sicher anders ausgefallen. Doch die Klingemann-Inszenierung verbreitete sich über die deutschen Länder, bestimmte für lange Zeit die Aufführungspraxis und prägte auch die Publikumserwartungen. Sogar die Weimarer Gesamtaufführung beider Teile durch Otto Devrient während der Spielzeit 1875/76 hatte den Ehrgeiz, Illusionstheater in höchster Vollkommenheit zu sein. Noch Max Reinhardt inszenierte in den zwanziger Jahren den ‚Faust' in Salzburg ganz realistisch. Die Zuschauer sollten die Faust-Gestalt und die Geschehnisse auf der Bühne als Wirklichkeit empfinden.

Normative Wirkung der Erstaufführung

Eine neue Epoche wurde erst durch die berühmte Faust-Inszenierung begründet, die Gustav Gründgens 1957 in Hamburg vornahm. Er nahm das ‚Vorspiel auf dem Theater' als Regieanweisung:

Gründgens-Inszenierung setzt neue Maßstäbe

> „Denn in diesem Vorspiel und mit diesem Vorspiel enthebt uns Goethe ein für allemal der Verpflichtung, den Zuschauer glauben zu machen, sein Himmel sei **der** Himmel, seine Kaiserpfalz sei **die** Kaiserpfalz, sein Griechenland sei **das** Griechenland. Nein, es ist alles, der Himmel, die Hölle, die kleine, die große Welt: die Welt des Theaters."
> („Gründgens Faust". Siegfried Melchinger, a.a.O., S. 124)

Nach der Anweisung des Theaterdirektors:

> „So schreitet in dem engen Bretterhaus
> Den ganzen Kreis der Schöpfung aus" (239/40)

baute Gründgens also ein Bretterpodium mitten auf die Bühne. Ein paar Raumsegmente und Möbelstücke deuteten die Welt an. Szenenübergänge waren kein Problem. Der Direktor des ‚Vorspiels' griff nach einer Perücke und übernahm die Rolle des Herrn im ‚Prolog'. Die ‚Lustige Person' wurde zum ‚Schalk' Mephisto usw.

Bretterpodium auf der Bühne

Während das Bretterpodium den Spielcharakter des Stücks symbolisieren sollte, benutzte Gründgens die Illusionsbühne des Theaters dazu, kollektive Innenwelten mit ihren Vorstellungen, Gefühlen und Ängsten darzustellen, illusionäre Welten also, mit Goethes Worten „Phantasmagorien", d. h. Wahngebilde. Das ist vor allem bei den beiden Walpurgisnacht-Szenen der Fall, deren zweite ein Jahr später in Hamburg inszeniert wurde.

Funktion der Illusionsbühne

Gründgens knüpfte dabei an Goethes Grundgedanken an, dass es sich dabei um unsere Welt handle. Deshalb hatte Goethe ja diese Szenen mit (uns heute oft kaum mehr verständlichen) Aktualitäten gefüllt. Statt dieser für uns nicht mehr aktuellen Füllung bringt Gründgens die Vorstellungen, Gefühle und Ängste seiner Zeit in diese Szenen hinein:

Die Aktualitäten in den „phantasmagorischen" Szenen

> „Die Aktualität, die Gründgens hier inszenierte, ist unsre ins Gespenstische übertragene Wirklichkeit."
> („Gründgens Faust". Siegfried Melchinger, a.a.O., S. 26)

Der Übergang vom ‚Dom' zur Blocksbergnacht geschieht mit dem Bild einer Atombombenexplosion, zeigt dann eine brodelnde, quirlende Masse, Rock and Roll auf der ganzen Bühne, Faust und Mephisto dazwischen, plötzlich auftauchend Gretchen im Büßerhemd mit abgeschnittenem Haar, die leidende Kreatur, das Opfer dieser unserer zwischen Kirche und Blocksberg eingespannten Welt. Im II. Teil gestaltete Gründgens den Übergang vom ‚Laboratorium' zur ‚Klassischen Walpurgisnacht' als surrealistische Montage von Fabelwesen, die das Künstliche und Zusammengesetzte unserer Kultur symbolisieren:

Darstellung unserer statt Goethes historischer Lage

> „Zwei Aspekte unserer Aktualität. Die schreckliche Polarität von Künstlichkeit und Katastrophe, von Experiment und Explosion, von synthetischer und gesprengter Wirklichkeit fällt ins Auge. In dieser Polarität ergänzen sich die Aspekte wie Vorder- und Rückseite zum Sinnbild des Chaos."
> („Gründgens Faust". Siegfried Melchinger, a.a.O., S. 28)

Vergleich Gründgens – Klingemann

Wie man der Klingemannschen Inszenierung vorwerfen kann, sie habe das Paar Faust – Margarete zu sehr in den Vordergrund gestellt, so kann man dem ‚Faust'-Verständnis von Gründgens entgegenhalten, die nihilistische Perspektive Mephistos allzu dominant gestaltet zu haben. Und außerdem: Darf man Aktualitäten der Goethe-Zeit mit solchen der Gegenwart vertauschen, in der inszeniert wird? In welchem Maße muss eine Inszenierung „werkgetreu" sein?

Frage der „Werktreue"

Siegfried Melchinger (geb. 1906) beantwortet die Frage mit dem Hinweis, dass „wir in Faust einen von uns" sehen, „in dem Sinne, daß wir mit ihm nicht das Besondere (also etwa das Faustische) teilen, sondern das Allgemeine, eben das, worin wir alle Menschen sind":

„In solchen Zusammenhängen erscheinen die beiden Walpurgisnächte wie Signale, die in unsre Existenz gezielt sind, das erste, in der Erhellung durch Explosion, auf das dumpfe Dahinleben, das zweite, in der Überschärfe künstlichen Lichts, auf die Vorstellungen, die wir uns von unsrer Existenz machen." („Gründgens Faust". Siegfried Melchinger, a.a.O., S. 30)

Peymanns Stuttgarter Inszenierung

Eine maßgebende Inszenierung, die Claus Peymann 1977 in Stuttgart gemacht hat, zeigte zum ersten Mal beide Teile des ‚Faust' als Einheit, als zusammenhängendes Stück. Auch Peymann hält sich an die Anweisungen des Theaterdirektors, und zwar an seine Aufforderung, „Prospekte nicht und nicht Maschinen" zu schonen und überhaupt den ganzen technischen Apparat des Theaters zu verwenden (233 ff.). Peymann vervielfacht zuweilen die Spielorte, z. B. im 1. und 4. Akt des II. Teils, wo das Treiben um Faust und Mephisto in der mittelalterlichen Hofgesellschaft auf mehreren Podien, z. T. mitten unter den Zuschauern, vor Augen geführt wird. Die überdimensionale Elefantenattrappe in der ‚Mummenschanz' deutet aber darauf hin, dass auch Peymann nicht der Versuchung des Illusionstheaters entgangen ist, den Text ‚wörtlich' in die Szene zu übersetzen. Wenn der Herold den allegorischen Elefanten mit den Worten: „Ihr seht, wie sich ein Berg herandrängt …" (5395) ankündigt, so ist das keine Anweisung an den Regisseur, dieser Maske überdimensionale Ausmaße zu geben, sondern muss im Zusammenhang mit seinen „Heroldspflichten" (5495) gesehen werden, „die Bedeutung der Gestalten … amtsgemäß (zu) entfalten" (5506/7). Die Nennung des Merkmals der Übergröße und der übrigen Attribute orientalischer Prunkelefanten (Teppiche, Stoßzähne, Rüssel, Lenker mit Stäbchen „im Nacken") genügt bereits, dem Publikum – auch bei geringem Aufwand für die Ausstattung der Maske – klarzumachen, wen sie darstellt.

Beide Teile als zusammenhängendes Stück

Die Elefantenattrappe

Aufgabe des Herolds

Sprachliche Vergegenwärtigung hinreichend

Überschätzung der Requisiten

Falscher Akzent zerstört den Sinn einer Schlüsselstelle

Bei vielen zeitgenössischen Klassiker-Inszenierungen kann man eine Überschätzung der Requisiten gegenüber dem Wortlaut des Textes und seiner angemessenen Wiedergabe beobachten. Vielleicht hängt es mit dem Fernseh-Zeitalter zusammen, das eine Art von ‚Emanzipation' der visuellen Zeichen vom Symbolsystem der Sprache mit sich gebracht hat. Als Beispiel mag eine Feststellung dienen, die der Theaterkritiker Rolf Michaelis bei Günter Kremers Bremer ‚Faust II'-Inszenierung machen konnte. Er beklagt „die falsche Betonung vieler schöner Verse", durch die oft ihr Sinn zerstört wird. Besonders störend sei das an Schlüsselstellen des Dramas, von denen er jene anführt, in welcher Faust seine Vision von der Neulandgewinnung am Meer entwickelt. Die leidenschaftliche Rede Fausts endet mit dem Befehl an Mephisto:

„Dás ist mein Wúnsch, dén wage zu befördern! (10233)

Der Vers müsse „gegen den sanft wiegenden jambischen Rhythmus" betont werden, der Faust-Darsteller aber sei im Versschema geblieben und habe auf diese Weise „den Vers – und den Sinn des Dramas kaputtgemacht":

Versschema und Sinnakzent s. S. 122

„Das íst mein Wúnsch, den wáge zú befördern!"

Das Unerhörte sei doch nicht, dass Faust etwas von Mephisto **wünsche** und dieser es **wage**, den Wunsch zu erfüllen, sondern das Unerhörte ist der Plan, mit Hilfe von menschlicher Arbeit die Natur zu verändern.
(Rolf Michaelis: Welttheater als Kammerspiel. Bremen: Günter Krämer inszeniert Goethes ‚Faust II'. DIE ZEIT Nr. 47 vom 14. 11. 1986, S. 64)

Zur Verfilmung

Am Anfang der Geschichte der Verfilmungen von Goethes Faust steht der unter der Regie von Friedrich Wilhelm Murnau (1888–1931) im Jahr 1926 entstandene Stummfilm. Seine Bedeutung liegt darin, dass hier eines der beziehungsreichsten Sprachkunstwerke der Weltliteratur in ein Medium übertragen wurde, in dem kein Wort gesprochen werden konnte und, außer einigen schriftlichen Hinweisen, Goethes Worte überhaupt keine Rolle spielten. Und doch erkannte jeder Zuschauer des Films, der Goethes Drama einmal gelesen hatte, das Werk in allen Einzelheiten wieder. Von ganz anderer Art war der Faust-Film, den Gustav Gründgens (1899–1963) auf der Grundlage der Aufzeichnung seiner Hamburger Inszenierung 1960 hergestellt hat. Erneut ist Faust I 1988 von Dieter Dorn verfilmt worden. Dem Film liegt seine Inszenierung an den Münchner Kammerspielen zugrunde (Faust: Helmut Griem, Gretchen: Sunnyi Melles, Mephisto: Romuald Pekny, Marthe: Cornelia Froboess). Das Konzept, dem er bei der Verfilmung folgte, hat Dieter Dorn in einem Interview folgendermaßen erläutert:

Vgl. Goethes Äußerung zu Fausts Charakter, S. 132

> „Ich habe mich an die Entmythologisierung von Faust herangewagt, ja, das kann man sagen. Das Stück ist auch eine bösartige Kritik von Goethe an uns und unserem Nationalcharakter. Der Faust ist eine rührende, hinreißende, eine sehr vertraute, aber auch gefährliche Figur. Statt Erkenntnisse, die er hat, anzunehmen, klagt er ständig, daß er kein Gott ist. Er nimmt nichts an: ein deutscher Mensch. Lieber zerschlägt er die ganze Welt. Da beschwert sich einer pausenlos, nichts ist ihm recht. Und warum ist Faust heute noch aktuell? Weil wir das alle auch tun."
> (Dieter Dorn in: Esquire Heft 2 München: Heinrich Bauer 1988, S. 148)

Vgl. die Interpretation der Kerkerszene S. 82–85

Die Frage ist nun, inwieweit der Regisseur mit diesem Konzept Goethes „ernst gemeinten Scherzen" (wie es im Brief vom 24. 11. 1831 an Sulpiz Boisserée heißt) gerecht geworden ist, inwieweit er sein Ziel erreicht hat, den Faust zu ‚entmythologisieren', d. h. mit seinem Film eine auf Missverständnisse basierende Rezeption zu korrigieren. Ein Hinweis auf die genauere Ausarbeitung dieser Frage muss hier genügen. Er betrifft die Gestaltung der

Kerkerszene (4405-4612), welche eine junge Zuschauerin so erlebt hat:

> Eindrucksvoll und modern ist diese in unserer Zeit so unglaubwürdig wirkende Szene von Dieter Dorn umgesetzt. Während dem Zuschauer der Goethe-Zeit völlig klar war, daß Gretchen unter den damaligen gesellschaftlichen Verhältnissen niemals mit Faust hätte fliehen können, zeichnet Dorn heute ein verbohrtes Mädchen, das – von der Kirche unmündig gemacht – sich einen Ausweg nicht einmal vorstellen kann. Gretchen bleibt im Kerker sitzen und wird von einer überdimensionalen Marienfigur buchstäblich zu Tode gedrückt. (Silke Svatunek in Cinema 11/1998 Hamburg, S. 44f.)

Zu den hier angeführten Details ist zunächst Folgendes zu sagen: Die These, dass „unter den damaligen gesellschaftlichen Verhältnissen" eine Flucht undenkbar gewesen sei, trifft historisch nicht zu (vgl. Schöne zu 4463ff. im Kommentarband, S. 381). Wenn der Regisseur Margarethe „von einer überdimensionalen Marienfigur buchstäblich zu Tode gedrückt werden" lässt, so entspricht das zwar der Atemnot, die sie in der Domszene erlebt (3816ff.). Doch am Ende ihres Leidensweges sieht sie – „wahnsinnig und hellsichtig zugleich" (Schöne, S. 376) und keineswegs „von der Kirche unmündig gemacht" – den Sinn des Geschehens klarer als der im Irdischen befangen bleibende und daher Mephisto folgende Faust. Daher wird der Kerker für Gretchen zum „heiligen Ort" (4603), daher weitet sich ihr Blick ins Kosmische (4607ff.), daher wird sie im Text zur biblischen Sulamith des Hohenliedes stilisiert (Schöne, S. 379f.).
Wenn man nun um einiger religions- und gesellschaftskritischer Klischees willen diese Gretchen-Gestalt der Kerkerszene auf ein „verbohrtes" und „unmündiges" Mädchen verkürzt, geht die Spannung zwischen den beiden Hauptfiguren Faust und Gretchen verloren, auf der die dramatische Struktur dieser Schlussszene beruht. Goethes Faust lässt sich offenbar nicht ‚entmythologisieren', ohne dass er an poetischer Substanz verliert und neuen Missverständnissen ausgesetzt wird.

„Faust“ an der Jahrtausendwende

Faust als Strebender ein Idol

Zur Jahrtausendwende gab es auch eine Wende in der Rezeptionsgeschichte der Faust-Tragödie. Bis in die sechziger Jahre des 20. Jahrhunderts hatte man die – im Druck hervorgehobenen – beiden Verse der Bergschluchtenszene am Ende von „Faust II“ für den „entscheidenden Satz der ganzen Dichtung“ (Buchwald S. 247) gehalten:

> „Wer immer strebend sich bemüht,
> den können wir erlösen.“ (11936/7)

Leitfigur von Fortschritts-ideologien

Von hier aus lag es nahe, Faust als eine vorbildliche Gestalt aufzufassen, d.h. einen mit seinem Schicksal ringenden Menschen, der vom bösen Dämon Mephisto verführt wurde und nur aufgrund seines nie erlahmenden Strebens (317, 1676, 1742) am Ende gerettet werden konnte. Daher war es möglich, das Drama – mit Hilfe des Leitmotivs vom „faustischen Streben“ – für die Fortschrittsideologen des 19. und 20. Jahrhunderts in Anspruch zu nehmen (s.o. S. 159f.).

Repräsentant der historischen Epoche der Neuzeit

In dem Bild, das sich die maßgebenden Forscher und Theaterleute heute von Goethes Faust-Dichtung machen und den Lesern und Zuschauern vermitteln wollen, werden die beiden Teile als Einheit gesehen und die Titelfigur als Repräsentant der historischen Epoche der Neuzeit aufgefasst, die sich vom „hochgewölbten, engen gotischen Zimmer“ des Eingangsmonologs, das die Zeit um 1500 herbeiruft, bis auf die Großbaustelle des Ingenieurs und Unternehmers erstreckt, die das industrielle Zeitalter im fünften Akt des zweiten Teils in den Blick rückt.

Faust als Scheiternder eine Warnung

Während bisher der strebende Faust und der Erlösungsgedanke im Mittelpunkt der Aufmerksamkeit standen, geht es nun um den scheiternden Faust und die Möglichkeit der „Vernichtung“ des „menschlichen Geschlechts“ (11690). Deshalb findet man den „entscheidenden Satz der ganzen Dichtung“ am Beginn der Handlung in der Paktszene „Studierzimmer II“ (1530–1867), wo Mephisto Fausts „Streben“ so charakterisiert:

> „Ihm hat das Schicksal einen Geist gegeben,
> der ungebändigt immer vorwärts drängt,
> und dessen übereiltes Streben
> der Erde Freuden überspringt ...“ (1856–59)

Eine tragische Figur aber ist dieser Faust, weil sein edles Streben, alles zu erfahren, „was der ganzen Menschheit zugeteilt ist“ (1779), in unauflösbarem Widerspruch zu seiner Ungeduld steht. Er kann nichts reif werden lassen, nichts in Ruhe genießen (1692/3) und sich daher keinen erfüllten Augenblick vorstellen, zu dem er sagen könnte: „Verweile doch! Du bist so schön!“ (1700, 11582). Er verlangt auch von Mephisto nicht mehr als eine ungeheure Zeitbeschleunigung des Erlebens, bei dem es kein Verweilen geben darf. Weil Faust „ungebändigt immer vorwärts drängt“ (1857), scheitert er auch immer wieder und hinterlässt auf dem Wege seines „übereilten Strebens“ immer mehr Opfer: Margarete mit Mutter und Bruder, Philemon und Baucis, Arbeiter (11127), Kriegsgegner (11171–88), Sturmflutopfer (11544–50) …

Faust eine tragische Figur

Faust scheitert und hinterlässt Opfer auf seinem Wege

Dieser, sich aus der „kleinen“ in die „große Welt“ (2052) ausdehnende Wirkungskreis Fausts gab nun Anlass, Goethes Faust-Dichtung als eine „Tragische Bilanz der Neuzeit“ (U. Gaier: Fausts Modernität, S. 15) zu verstehen. Denn wir Menschen von heute erleben eine ähnliche Beschleunigung aller Tätigkeiten und Vorgänge in unserem Alltag.

„Tragische Bilanz der Neuzeit“

Beschleunigung aller Vorgänge und Tätigkeiten heute

Der Geschichtsprozess scheint sein Tempo bis ins Unerträgliche gesteigert zu haben. „Fortschritt“, „Wachstum“, „Innovation“, „Steigerung“ u. a. heißen die Zauberworte, mit denen dieses Tempo in den öffentlichen Verlautbarungen beschleunigt wird. Das alte Bild der Faust-Gestalt Goethes beruhte auf einer Zukunftsvorstellung, in der das „übereilte Streben“ noch positiv beurteilt wurde, weil die Möglichkeit der Selbstzerstörung noch nicht ins allgemeine Bewusstsein gedrungen war. Das neue Faust-Bild aber entstand als Versuch, den vollständigen Text der beiden Teile der „Tragödie“ von der selbsterlebten Gegenwart her – die für Goethe ja noch Zukunft war – und gleichzeitig diese schwierige Gegenwart mit Hilfe von Goethes Faust-Dichtung zu verstehen. Dabei hat man im Bewusstsein einer drohenden Katastrophe, das die eigene Gegenwart kennzeichnet, auch die Katastrophe erkannt, in die Goethes Faust durch sein „übereiltes Streben“ geführt wird.

Umwertung des ‚übereilten Strebens‘ im neuen Faust-Bild

Eine tragische Handlung endet in der Katastrophe

Natürlich lassen sich im „Faust“-Text keine Formulierungen finden, die man als Beleg für Goethes ‚Meinung‘ über die Neuzeit in Anspruch nehmen könnte. Es han-

Eine mögliche Lesart der Dichtung

Der bildlichen Redeweise des Dichters lässt sich keine ‚Meinung' zur Sache entnehmen

delt sich nur um eine mögliche „Leseart" der Dichtung, in der die Dinge auf andere Weise zur Sprache kommen als in einer Abhandlung, von der man eindeutige Aussagen verlangt. Wie sich die bildliche Redeweise des Dichters, die unterschiedliche Lesearten zulässt, von der begrifflichen Meinungsäußerung unterscheidet, hat Goethe 1827 in einem Brief erläutert:

> „Da sich manches unserer Erfahrungen nicht rund aussprechen und direkt mitteilen lässt, so habe ich seit langem das Mittel gewählt, durch einander gegenübergestellte und sich gleichsam ineinander abspiegelnde Gebilde den geheimeren Sinn dem Aufmerkenden zu offenbaren." (s. o. S. 5 ff.)

Beispiele für Goethes poetisches Verfahren

So hat der Dichter dem „übereilten Streben" (1858), mit dem Faust durchs Leben rennt (11433), den erfüllten Augenblick entgegengesetzt, an dem Nereus und seine Tochter Galatee sich beim Meeresfest in den „Felsbuchten des Ägäischen Meeres" begegnen, wo in dieser Nacht der „Mond im Zenit verharrt" (vor 8034).

Inhaltliche Querverbindungen durch die ganze Dichtung

Die in dieser Szene der „Klassischen Walpurgisnacht" enthaltene Allegorie der **Natur**, in der alles zyklisch „nach ewigen Normen" (8324) vor sich geht, ist der **Geschichte** gegenübergestellt, die in Erichtho (7005–39) personifiziert wird (s. o. S. 99). Die Wiederkehr der Naturvorgänge hat ihren Gegensatz in der nordischen „Walpurgisnacht", wo Mephisto die Bewegung auf das Ende hin interpretiert (s. o. S. 98):

> „Zum jüngsten Tag fühl' ich das Volk gereift." (4092)

Der Hymnus der Sirenen auf den antiken Liebesgott: „So herrsche denn Eros, der alles begonnen": (8479) spiegelt sich am Ende des Dramas in der „Liebe von oben" (11938/9), durch die „Faustens Unsterbliches" (s. o. S. 112 ff.) noch – abweichend vom christlichen Glauben an die ‚Auferstehung des Fleisches' – erst von jedem „Erdenrest" (11954) getrennt werden soll. Die Rede von der „geeinten Zwienatur" (11962) weist zurück zum Osterspaziergang, wo Faust von den „zwei Seelen" in seiner Brust spricht (s. o. S. 33 f.), deren eine sich „von der andern trennen" wolle (1112 ff.).

Neue Forschungsergebnisse zu Goethes poetischem Verfahren

Inhalt und Form gehören zusammen. Daher hat man sich zur Jahrtausendwende im Zusammenhang mit der Neubewertung der Faustgestalt auch um tiefere Einsicht in das poetische Verfahren bemüht, von dem Goethe in dem zitierten Brief spricht. Die Ergebnisse hat Ulrich Gaier in einem Dreier-Schema zusammengefasst (Fausts Modernität S. 159 ff.):

Inhaltliche Leitlinien als ‚Längsachsen' im Text

(1) Das Ganze der Faustdichtung wird durch eine Reihe von inhaltlichen Leitlinien zusammengehalten, die im Text „ständig gleichzeitig laufen", sodass an jeder Stelle ein „Schnittpunkt mehrerer Aussagen" entsteht. Der Text erlaubt also unterschiedliche thematische Lesarten.

Ein Beispiel bietet der dritte Abschnitt (7830–7950) der ‚Klassischen Walpurgisnacht' (s. o. S. 93–98). In ihm setzt sich die Homunculus-Handlung mit der Frage nach der Menschwerdung fort. Gleichzeitig geht die Erdbebenszene mit einer Diskussion über die Ursachen geomorphologischer Veränderungen weiter. Und auch die damit verbundene politische Allegorie, in der das Erdbeben auf die Französische Revolution bezogen wird, wird wieder aufgenommen.

Gegenüberstellung ‚entgegengesetzter Meinungen'

(2) Damit man ihn nicht auf eine bestimmte ‚wissenschaftliche Meinung' festlegen kann, hat Goethe solche ‚Meinungen' in der Dichtung durch eine komplementäre ‚Gegenmeinung' relativiert. Denn „zwischen zwei entgegengesetzten Meinungen" – heißt es in seinen „Maximen und Reflexionen" (HA 12, S. 422 Nr. 417) – liege „das Problem …, das Unschaubare, das ewig tätige Leben, in Ruhe gedacht".

Goethe vertrat als Geologe den Neptunismus, d. h. er hielt die gestaltenden Kräfte des Wassers für wirksamer für die Gestaltung der Erdoberfläche als die Vulkane. Aber er machte in der ‚Klassischen Walpurgisnacht' nicht nur den Vulkanisten Anaxagoras lächerlich, sondern auch den Neptunisten Thales, weil er von einem tatsächlichen Ereignis, das nicht in seine Theorie passte, angeblich nichts gesehen oder gehört habe (7900–7935; s. o. S. 96 f.).

Gemeinsame Bilder unterschiedlicher Themenbereiche

(3) Die Schnittpunkte der verschiedenen thematischen Linien werden durch Bilder markiert, die als Zeichen einer poetischen Metasprache die Sondersprachen der unterschiedlichen Sachbereiche miteinander verbindet.

Ein solches Zeichen ist das Bild vom Fliegen (s. o. S. 138 f.). Es dient zunächst der Charakterisierung von Faust, der sich zu seines „Geistes Flügeln" auch „körperliche Flügel" wünscht, um der Sonne entgegen zu fliegen

(1090/91). Auch seine Suche nach Helena beginnt mit diesem Bild: „Oh Liebe, leihe mir den schnellsten deiner Flügel!“ (2431). Es gehört auch in die Linie der zeitgeschichtlichen Anspielungen. Denn der „Zaubermantel“ (1122), den sich Faust gewünscht hat, stellt sich als Heißluftballon heraus (2069/70), wie man ihn gerade in Paris erfunden hat. Schließlich gehört das Fliegen auch zur Allegorie der Dichtung, wie sie im Lenker der Flügelrosse (5573) erscheint. Euphorion aber, der Dichter, der zu hoch hinaus will, stürzt wie Ikarus ab (9897–9902; s. o. S. 100 f.).

Wende der Rezeptionsgeschichte im Theater

Zu der Wende in der Rezeptionsgeschichte des Faust-Dramas von Goethe kann man auch die Inszenierung beider Teile ohne Kürzungen rechnen, die Peter Stein (geb. 1937) als Beitrag der deutschen Kultur zur Weltausstellung „Expo 2000“ in Hannover aufgeführt hat. Sein Plan, den ganzen „Faust“ ungekürzt auf die Bühne zu bringen, war bis dahin an den Schwierigkeiten gescheitert, die schon Goethe an der Aufführbarkeit hatten zweifeln lassen:

Die Frage der Aufführbarkeit des ganzen ‚Faust'

(1) Die Länge des Stücks: Mit einer Spieldauer von ca. 15 Stunden lässt es sich nicht in einen Spielplan einbinden.
(2) Der benötigte Spielraum: Ein normales Theater mit einer „Guckkastenbühne“ und festen Zuschauersitzen ist dafür ungeeignet.
(3) Ensemble: Es ist schwer, Berufsschauspieler für ein so langes Stück zu interessieren, das nur zwei große, einige mittlere und unzählige winzige Rollen bietet.
(4) Finanzierung: Die Ausstattung so vieler Szenen und eine wenigstens halbjährige Probezeit überfordert jeden Theateretat.

Einzigartige Rahmenbedingungen für eine Aufführung des ganzen ‚Faust'

Diese Schwierigkeiten spielten keine Rolle mehr, als sich Peter Stein die einmalige Gelegenheit bot, sein Vorhaben in das Programm der Weltausstellung „Expo 2000“ einzubringen, die in Hannover vorbereitet wurde. Private Sponsoren und die öffentliche Hand stellten ihm einen Etat von 30 Mio. Euro zur Verfügung. Große Hallen boten Platz für mehrere Spielorte, zu denen die Zuschauer den Schauspielern folgen konnten, ohne an einen Sitz gefesselt zu sein. Schon am 1. September 1999 begannen die Proben. Die Premiere war für den 22. und 23. Juli 2000 vorgesehen. Weitere Aufführungen in Berlin und Wien sollten folgen.

Genauso einzigartig wie diese Rahmenbedingungen war dann der Unfall, der zum Misslingen der Premiere führte. Der Hauptdarsteller Bruno Ganz stürzte auf der Probe und fiel für einige Wochen aus. Um wenigstens die Termine zu retten, musste der ‚jugendliche Liebhaber' Christian Nickel, der für den Faust der Gretchentragödie vorgesehen war, den ganzen Part übernehmen.

Der ‚größte anzunehmende Unfall'

Auf der Premiere erscheint Faust nur als jugendlicher Liebhaber

Er konnte mit seinem Jünglingskopf den ergrauten Gelehrten des Eingangsmonologs („Habe nun, ach! …": 354 ff.) natürlich nur unvollkommen wiedergeben. Er sollte nämlich erst am Ende der Hexenküche-Szene seinen Auftritt haben und Bruno Ganz ablösen, wenn Faust den Zaubertrank zu sich nimmt (vor 2583). Im Probentagebuch ist zu lesen, wie Peter Stein sich diese Ablösung gedacht hat:

Steins Idee einer „Verjüngungsmaschinerie" mit Doppelbesetzung der Titelrolle

> Faust trinkt den Zaubertrank. Sogleich wird der provisorische Drehmechanismus ausprobiert. Der alte Faust, Bruno Ganz, stellt sich an die Wand, diese dreht sich und der junge Faust, Christian Nickel, erscheint auf der anderen Seite. Die spätere Verjüngungsmaschinerie sieht eine so schnelle Drehung vor, dass der Eindruck entsteht, die zwei Personen lösten sich in eine einzige auf… (Programmbuch S. 112)

Hier wird ein charakteristischer Zug von Peter Steins Regiekonzept sichtbar, seine Vorliebe für technische Lösungen dramaturgischer Aufgaben.

Funktion von Maschinen in der Theatergeschichte

Seit der Antike wurden Theatermaschinen als Hilfsmittel eingesetzt, mit denen etwas vergegenwärtigt werden kann, was sich auf andere Weise – durch Rollentext oder Schauspielerverhalten – nicht darstellen lässt. So erschien in der griechischen Tragödie ein „Deus ex machina" („Gott aus der Maschine") von außen den handelnden Personen, um die Lösung zu bringen, die im Mythos vorgesehen war. In Goethes „Vorspiel auf dem Theater" (s. o. S. 20 ff.) ist von „Prospekten und Maschinen" die Rede (233 ff.), die – nach dem Vorbild des barocken Welttheaters – die kosmischen Ausmaße des Spiels („vom Himmel durch die Welt zur Hölle": 242) vergegenwärtigen. Welche Aufgabe eine „Verjüngungsmaschinerie" für die Überleitung der Gelehrtentragödie zur Gretchentragödie lösen soll, ist nicht ersichtlich. Das Thema „Verjüngung" wird schon am Anfang der Szene mit Blick auf zeitgenössische Lehren vom „natürlichen Leben"

Welche Aufgabe hat die „Verjüngungsmaschinerie"

ironisch abgehandelt (2337–77). Der Hexentrunk am Ende der Szene soll die Begierde („Cupido“: 2598) anstacheln, ist also nur ein Aphrodisiakum, ein Potenzmittel, dessen Wirkung Mephisto in seinen Schlussworten angibt:

Überleitung der Gelehrtentragödie zur Gretchentragödie

> „Du siehst, mit diesem Trank im Leibe,
> bald Helenen in jedem Weibe.“ (2603/4)

Damit ist die Aufgabe der Überleitung gelöst. Trotz des Tranks bleibt der „jugendliche Liebhaber“ als Person der alte Faust in seinem „übereilten Streben“ (1858). Als solcher muss er für den Zuschauer an Stimme und Bewegung des Darstellers erkennbar sein. Denn nur so kann dieser verstehen, was in Faust vorgeht, wenn dieser allein – Mephistos Einfluss entzogen (2685) – Margaretes Atmosphäre als Gegenkraft erfährt und – ganz gegen seine ungeduldige Natur – in ihrem Zimmer „volle Stunden säumen“ möchte (2710). Wenn Faust nun durch den Widerstreit der Gefühle an sich zu zweifeln beginnt („Armsel´ger Faust! Ich kenne dich nicht mehr“: 2720), muss der Zuschauer ihn wenigstens wiedererkennen, woran ihn ein Darstellerwechsel hindern würde.

Faust zwischen Mephisto und Margarete im Widerstreit der Gefühle

Peter Stein ist hier der Faszination seiner technischen Erfindung erlegen. Wegen seiner Vorliebe für solche technischen Lösungen hat Steins Inszenierung von der Kritik den Namen „Peter Steins ‚Faust‘-Maschine“ erhalten. Von einem „Traum um Perfektion und Machbarkeit“ wurde gesprochen (Theater heute 10/2000 S. 18). „Durchgestaltet bis in jedes Detail und sekundengenau organisiert“ sei sein Produkt, Stein selbst ein „Unternehmer, Manager und Ingenieur“, dem ein Heer von Schauspielern und Bühnenmitarbeitern aufs Wort gehorcht (Sibylle Wirsing, a. O. S. 20 f.).

Peter Steins Beurteilung durch die Theaterkritik

Das Bild, das die Kritik hier von dem Produzenten und Regisseur Peter Stein entworfen hat, weist auf das Bild hin, das Goethe in der Figur des Faust im fünften Akt des zweiten Teils vom Ingenieur-Unternehmer des 19. Jahrhunderts zeichnet. Dieser verstand sich als „geistiger“ Arbeiter, der wie ein „Heerführer“ die Massen kommandiert, welche die „mechanische“ Arbeit leisten. Er zitierte als Beleg für sein elitäres Selbstverständnis gern die Verse vom Ende der „Mitternacht“-Szene:

„Technikers Faust-Erklärung“

„Auf strenges Ordnen, raschen Fleiß
erfolgt der allerschönste Preis;
daß sich das größte Werk vollende,
genügt **ein** Geist für tausend Hände." (11507–10)

Doch übersieht der Techniker dabei, mit welch „abgrundtiefer Ironie" der literarische Text die Kehrseite dieses Arbeitsmodells schildert (H. Segeberg S. 30). Goethe setzt nicht bei der Maschine an, die schon zu seiner Zeit menschliche Arbeitskraft zu ersetzen beginnt, sondern bei der „Mechanisierung des Menschen", die ihr vorausgeht. Der Einzelne soll in der Kolonne wie ein Maschinenteil und alle zusammen müssen wie eine Maschine arbeiten („tausend Hände": 11510). Was den Menschen damit angetan wird, bringt der Dichter zum Ausdruck, indem er – um Goethes Wort zu gebrauchen (s. o. S. 5) – Fausts gehorsame Deicharbeiter („Wie das Geklirr der Spaten mich ergetzt! Es ist die Menge, die mir frönet": 11539/40) in Mephistos Lemuren „abspiegelt", die sein Grab schaufeln. Denn wie diese „aus Bändern, Sehnen und Gebein geflickten Halbnaturen" (11513) lassen sich auch Fausts Kolonnenarbeiter nur noch „zu mechanisch-reflexhaften, weil bewusstlosen Erledigung stets wiederkehrender Teilarbeiten abrichten" (H. Segeberg S. 42), sind aber zu selbständigem Denken unfähig geworden:

„Mechanisierung des Menschen" in massenhafter Kolonnenarbeit

Fausts Deicharbeiter in Mephistos Lemuren „abgespiegelt"

„Warum an uns der Ruf geschah,
das haben wir vergessen." (11521/2)

Faust herrscht über Menschen – so wird das Textverständnis der sozialgeschichtlichen Lesart zusammengefasst –, weil er sie durch „das größte Werk" (11509) vor den Naturgewalten schützen will. Der Preis, den sie für ihre Sicherheit zahlen, besteht in wachsender Abhängigkeit von sozialen Zwängen.

Sozialgeschichtliche „Bilanz der Neuzeit"

Auch auf Fausts „Erlösung" (11936/7) am Ende des zweiten Teils fällt an der Jahrtausendwende neues Licht. Man bemerkt, dass hier das gewohnte Muster von Mariä Aufnahme in einen **männlich** geprägten Himmel mit Fausts Himmelfahrt ausgewechselt wird, „die ihn in ein **weibliches** Jenseits führt":

Aufnahme in ein weibliches Jenseits

> „In einem Himmel, dem ein richtender, patriarchalischer Gott fremd ist, tritt mit der Liebe zugleich das weibliche Element in den Vordergrund."
> (Bernhard Lang, Colleen McDannell: Der Himmel, Eine Kulturgeschichte des ewigen Lebens, edition suhrkamp 1586, Frankfurt am Main 1990, S. 341)

Ein neuplatonischer Kosmos jenseits aller Geschichte

Goethe benutzt hier „die scharf umrissenen christlich-kirchlichen Figuren und Vorstellungen" (zu Eckermann am 6.6.1831) dazu, den Aufstieg von Fausts „Entelechie" (s. o. S. 24 und 131) in einen „Kosmos jenseits aller Geschichte" zu schildern, wie er in der aus der Antike überkommenen neuplatonischen Kosmologie mit ihrer Lehre von der „Allharmonie" (s. o. S. 26) gedacht war (J. Schmidt a. O. S. 287–304): Das frühere Ich löst sich auf und wird stufenweise über sich hinaus in ein anderes Sein erhoben, wo es sich mit Gott vereinigt. Schmidt hält die Szene für einen „pessimistisch-ironischen" Hinweis Goethes „auf die Überholtheit des kosmologischen Denkens" (a. O. S. 302).

Wie ernst ist die Szene gemeint?

Michael Jaeger, der Goethes Verhältnis zur Geschichte zum Thema seiner ‚Faust'-Interpretation macht, wertet die Szene jedoch als ernst zu nehmendes Zeugnis der „unzeitgemäßen Position Goethes" (a. O. S. 14). Er findet den Schlüssel zum Verständnis der Faust-Dichtung in Goethes Wahrnehmung und pathologischer Deutung des Revolutionsgeschehens, mit dem er – im Gefolge des Herzogs von Weimar – am 20. September 1792 unmittelbar auf dem Schlachtfeld von Valmy in Berührung kommt, als die französische Revolutionsarmee das Koalitionsheer zum Rückzug zwingt.

Goethes Verhältnis zur Geschichte wird thematisiert

Goethe erlebt bei Valmy eine geschichtliche Wende

Goethe hat damals seine Einschätzung der Krise in die Worte gefasst: „Von hier und heute geht eine neue Epoche der Weltgeschichte aus" (HA 10, 235). Es ist die Epoche, die von der Französischen Revolution 1789 bis zum Ausbruch des Ersten Weltkrieges 1914 reicht und deshalb auch das ‚Lange 19. Jahrhundert' heißt (Eric Hobsbawm). Jaeger gibt nun zu bedenken, dass Goethes Bericht ‚Campagne in Frankreich' von der „Depression" zeugt, die der Dichter „auf dem Schauplatz der Revolution erleidet" und die ihn „die **pathologische** Natur des epochalen Umschwungs" spüren lässt (a. O. S. 18). Dass er die Ereignisse als ein **Krankheitsphänomen** erlebt, sei von seiner „unzeitgemäßen Position" her zu verste-

Goethes Revolutionshorror

hen, in der sich eine kosmologische Ansicht der **Natur** mit einer Vorliebe für Stabilität und Kontinuität in der **Geschichte** verbinde und aus der er seine Vorstellung von einem **gesunden** Leben beziehe (a. O. S. 477 ff.). Jaeger geht davon aus, dass sein Valmy-Erlebnis für Goethe zum Anlass wurde, „die bruchstückhaft vorliegende Jugenddichtung“ in den folgenden 40 Jahren „im Sinne der **Krisenphänomenologie**“ der Neuzeit umzuarbeiten, und schreibt eine neue Entstehungsgeschichte des ‚Faust‘. Diese ist dialektisch angelegt, indem er nicht nur Goethes **Kritik an seiner Zeit**, „die nichts reif werden lässt“ (FA II. Abt. Bd. 10, S. 333), an seinen Schriften, Briefen und Gesprächen belegt, sondern auch seine „unzeitgemäße“ **Vorstellung vom gesunden Leben** (Jaeger a. O. S. 477 ff.) ausführlich behandelt. Dass er von einer „Phänomenologie“ (= Beschreibung dessen, was man **sieht**) spricht, ist durch den Türmer Lynkeus angeregt, der „zum **Sehen** geboren, zum **Schauen** bestellt“ ist (11288/9) und die „unzeitgemäße Position“ vertritt („die ewige Zier“: 11297, Übersetzung von griech. „Kosmos“). Sein Gesang wird jäh unterbrochen, als er zum Augenzeugen der Zerstörung der alten Welt wird und – nun in trochäisches Versmaß wechselnd – davon berichtet (11304–11335), wie Goethe es in der „Campagne in Frankreich“ macht. Während der Dichter dort darauf hinweist, was bei gewaltsamen Veränderungen verloren geht (HA 10, 317), setzt Lynkeus hier seinen Gesang mit den Worten fort:

Goethes „unzeitgemäße Position“

Eine neue Entstehungsgeschichte des ‚Faust‘

Die Lynkeus-Szene als Anregung für die Deutung als „Krisenphänomenologie“

> „Was sich sonst dem Blick empfohlen,
> Mit Jahrhunderten ist hin.“ (11336/7)

Wie tief man sich die Kluft zwischen der alten und der neuen Welt vorzustellen habe, deutet Goethe an, indem er die drei Teile der Lynkeus-Szene durch die Anweisungen „Pause“ (vor 11304) und „Lange Pause“ (vor 11336) in ungewohnter Weise gliedert.

> Die Ironie Goethes vertraut eine fundamentale Aussage des Trauerspiels dem beredten Schweigen an: Die Unterbrechung des Trauerspiels symbolisiert jenen ideengeschichtlichen Augenblick, in dem die bis auf biblische und antike Fundamente zurückreichende Traditionskette des europäischen Denkens auseinander bricht. In dem von Lynkeus beschriebenen Flammenmeer

> verglühen die tragenden Balken im Bauwerk der europäischen Kultur: der Gedanke einer erkenntnis- und identitätsstiftenden Vermittlung von Subjekt und Objekt, die Idee, **dass das Individuum zu sich selbst und zum Bewusstsein seiner Persönlichkeit gelangt im Ausgleich seiner Wünsche mit den Interessen der Welt** und in der reflektierenden Anschauung derselben. (Jaeger a.O. S. 414).

Ein solcher Ausgleich – um seine eigenen Worte zu gebrauchen – des „Eigentümliche(n) unseres Ichs", d.h. der „prätendierten Freiheit unseres Wollens mit dem notwendigen Gang des Ganzen" (HA 12, S. 226), war Goethes Lebensphilosophie gewesen. Diese Lebenseinstellung hat ihn stets die Grenzen respektieren lassen, welche die **Natur** dem Menschen setzt, und ihn davor bewahrt, selbst in den Sog des „übereilten Strebens" zu geraten, welches in der Revolutionsepoche den Lauf der **Geschichte** beschleunigte. Diese Lebensauffassung brachte Goethe nun aber auch in seine „unzeitgemäße Position", aus welcher er die Folgen des Epochenwandels mit genialer Sicherheit abzuschätzen wusste. Daher erhielt seine pathologische Zeitdiagnose – im Unterschied zum diffusen Unbehagen anderer Konservativer – eine solche „prognostische Qualität", dass sie „auf verblüffende Weise übereinstimmt mit den Analysen der modernen Krisentheoretiker des 19. Jahrhunderts" (a.O. S. 21).

Die prognostische Qualität von Goethes Zeitdiagnose

‚Faust': Ein poetisches Geschichtsbuch Europas

So ist Goethes ‚Faust' für die Forscher der Jahrtausendwende so etwas wie ein poetisches Geschichtsbuch Europas geworden.

‚Faust' als Lehrgedicht über die Natur gelesen

Wenn man sich – wie Michael Jaeger – auf die „unzeitgemäße" Position Goethes einlässt, eröffnet sich eine neue Lesart des Faust-Dramas: Man kann diesen Text nämlich auch „in der Tradition des Lehrgedichts lesen". Das hat Gernot Böhme in seinem Buch ‚Goethes Faust als philosophischer Text' getan (Die Graue Edition, Prof. Dr. Alfred Schmid-Stiftung, Zug/Schweiz, SFG-Servicecenter Fachverlage GmbH, Kusterdingen 2005). Er ist von den naturwissenschaftlichen Schriften des Dichters zur Auslegung des ‚Faust'-Textes gekommen. Böhme geht

Fausts Weg des Wissens

davon aus, dass „der Weg von Faust auch als ein Weg des Wissens aufzufassen" sei (S. 30) und dass dieser Weg ihn wider Erwarten „nicht zur Erleuchtung, sondern zur Erblindung führt" (S. 31). Fausts Scheitern erscheint so in neuem Licht. Als Absicht führt der Autor an, er „verfolge mit Goethe die Frage, ob die Natur beherrschbar ist“ (S. 148). Für Goethe habe sich diese Frage ergeben, als er sich mit den zwei großen Revolutionen auseinandersetzte, die er in seiner Zeit erlebt hat, nämlich einerseits der technisch-industriellen Revolution als Versuch einer Naturversöhnung durch Naturbeherrschung und andererseits der Französischen Revolution. Diese wollte Freiheit durch Beseitigung des Alten, des Ançien Régime, erreichen. Beiden Revolutionen stand Goethe mit äußerster Skepsis gegenüber, weil er Gewalt ablehnte. Böhme will nun zeigen, dass Faust und seine Schüler bei dem Versuch, die Natur zu beherrschen oder sie gar zu überflügeln, in die Irre geraten und scheitern. Goethe erkläre das dadurch, dass sie gegen die Natur arbeiten statt mit ihr.

Frage nach der Beherrschbarkeit der Natur

Goethes Ablehnung der Gewalt

Irrwege des Wissens

Die vier Wissensformen, mit denen sich Faust befasst hat (S. 49), hat auch der junge Goethe noch in seiner Welt vorgefunden. Sie werden alle schon in dem großen Eingangsmonolog angesprochen. Da ist zunächst das **Schulwissen**, das auf der Universität aus den Büchern der Gelehrten vermittelt (354–376) und von diesen durch **empirisches Wissen** ergänzt wird, das „mit Hilfe von Experimenten und Apparaten der Natur abgerungen wurde“ (668–681). Goethe sah diesen „mechanischen Umgang mit der Natur in Analogie zur Folter“ (S. 36).

Vier Formen der Wissenstradition

Während der Mensch sich beim Umgang mit dem Gelehrtenwissen und den empirisch erforschten Naturgesetzen dem Einzelnen zuwendet und auf Distanz bleibt, macht er bei den beiden anderen Wissensformen das Ganze zum Gegenstand der Erkenntnis und betrachtet sich selbst als einen Teil davon. Da handelt es sich einmal um die hermetische (geheimgehaltene) **Wissenstradition der Alchemie**, die Faust unter dem Begriff ‚Magie‘ vorstellt (377–385 und 430–453):

Distanz oder Teilnahme des Wissenden

> Sie reicht vom spätantiken Neuplatonismus bis in die Lebenszeit von Goethe und lehrt, dass überall in der Natur Beziehungen und Entsprechungen erkennbar seien, die aus den unzähligen Phänomenen ein Ganzes bilden (Makrokosmos), zu dem auch der Mensch selbst (Mikrokosmos) gehört:
>
> Wie alles sich zum Ganzen webt,
> Eins in dem andern wirkt und lebt!

Makrokosmos (vor 430) und Mikrokosmos (1802)

> Wie Himmelskräfte auf und nieder steigen
> Und sich die goldnen Eimer reichen! (447–450)

Vgl. die Eimerkette beim Feuerlöschen

> Das Bild von der ‚goldenen Kette', an der das Weltall hängt, findet sich schon bei Homer (Ilias 8,19). Indem er es hier verwendet, „konnte Goethe die Idee der Natur mit seiner Art von Religiosität, dem Pantheismus verbinden" (Böhme, S. 82).

Wissen durch Teilnahme

Faust aber ist mit der Betrachtung des Zeichens nicht zufrieden (454), weil es sich dabei nur um Buchwissen handelt („schlägt unwillig das Buch um": nach 459). Ihn aber zieht es in die freie Natur hinaus (456). Er sucht **„Erkenntnis durch Lebenserfahrung"** (S. 44), „Teilnahme an der Welt" und „Selbsterfahrung" (S. 45). Sie wird in Fausts Dialog mit dem Erdgeist thematisiert (460–513), der den lebensfremden Magister aber von sich weist. Erst in der Szene ‚Wald und Höhle', nachdem Faust durch das Liebeserlebnis mit Gretchen ein „glühend Leben" (507) erfahren hat, fühlt er sich in die „Reihe der Lebendigen" (3225) aufgenommen und dankt dem Erdgeist dafür (3217–3239):

Der Erdgeist in der Szene ‚Wald und Höhle' (3217 ff.)

Faust nimmt am Leben teil

> Diese Wende in Fausts Haltung gegenüber der Natur aus der Verschlossenheit zu einer sinnlichen Offenheit ist ganz zentral, weil sie nämlich die Magister-Tragödie mit der Gretchen-Tragödie zusammenschließt. (Böhme, S. 85)

Wandel der Welt des Wissens

Vgl. Fausts Übersetzung des Anfangs des Johannes-Evangeliums („Im Anfang war die Tat": 1237)

Diese traditionelle Welt des Wissens hat sich nun während der langen Entstehungszeit des ‚Faust'-Textes gewaltig verändert. Die modernen Wissensformen des industriellen Zeitalters traten auf den Plan:

- In der Figur des Baccalaureus, den wir als Schüler aus dem Gespräch mit Mephisto kennen, führt Goethe dem Leser die **moderne Dialektik** vor: „Die Welt sie war nicht, eh' ich sie erschuf" (6794). Darin steckt der Grundsatz der ‚Wissenschaftslehre' von Fichte (1804), welche besagt, dass die Wissenschaft nicht mit einer **Tatsache**, z.B. dem Kosmos, sondern mit einer **Tathandlung** beginnt: „Das Ich setzt das Nicht-Ich" (Böhme, S. 108).
- Ein moderner „Modus des Wissens" ist auch das **Erfinden**. Der Forscher untersucht die Natur nicht, „wie sie von sich aus da ist", sondern versucht herauszufinden, „was im Prinzip nach Naturgesetzen möglich ist. Deshalb auch die explosive Entstehung von **Technik** aus dieser Art des Wissens von Natur" (S. 109). Ausgerechnet Fausts Famulus Wagner (518), der ‚Bücherwurm' (1104/5), wird zum Erfinder des Ho-

Erfindungen haben Technik zur Folge

munkulus (6855–6870). Er nennt ihn „ein Hirn, das trefflich denken soll" (6869). „Es ist also ein Apparat, ein Computer würden wir sagen" (Böhme, S. 122).

- Das „rücksichtslos Ökonomische", gepaart mit dem **Fachwissen des Ingenieurs**, prägt Fausts Vorgehen bei seinem Landgewinnungsprojekt. „Es geht nicht um Freiheit, sondern um Profit … Gier und Geiz … sind auf Seiten der Person, was auf Seiten der Unternehmen Kapital-Akkumulation heißt" (S. 160). Ausführlich handelt von Kapital-Akkumulation Oskar Negt: Die Faust-Karriere. Vom verzweifelten Intellektuellen zum gescheiterten Unternehmer, Göttingen: Steidl 2006, S. 203 ff.

„Herrschaft gewinn' ich, Eigentum!" (10187)

Nun könnte man diese neuen Denkweisen einfach Selbstbewusstsein, Erfindungsgeist und Gewinnstreben nennen, ohne einen Wertewandel darin zu erkennen. Goethe aber denkt bei einer Idee immer zugleich an deren Gegenpol, ihre „Bedrängnis", in der sie hervortritt, so dass die Phänomene erst durch ihr Zusammenspiel zustande kommen (S. 100 ff.). Daher stört Goethe die Einseitigkeit der modernen Wissensarten. Der Baccalaureus will **Wissen** produzieren, ohne **Erfahrungen** zu machen (6758). Wagner schafft einen **künstlichen** Menschen und schließt die **Natur** aus (6838–6847). Homunkulus kann „tätig sein" (6888) wie ein **Mann**, hat aber kein **Weib** zur Mutter (S. 114 f.). Es dominiert immer der Aspekt der **Tat**, des **Machens**, es mangelt an **Natur**. Homunkulus muss, um zu „entstehn", bis an den Anfang der Schöpfung zurück und die ganze Evolution durchlaufen (8326: „Und bis zum Menschen hast du Zeit."). Wie Wagner einen **natürlichen** Vorgang, „das Zeugen" (6838), so ersetzt Faust eine Landschaft der **Natur**, das Wattenmeer („der wüsten Strecke widerlich Gebiet": 10215), mit Hilfe der Technik durch ein **Kunst**gebilde. „Die Technik wird selbst als eine Naturbeziehung verstanden", welche nach Goethes Überzeugung wegen ihrer Gewaltförmigkeit scheitern muss (S. 156).

Goethes Begriff der Polarität

Die Einseitigkeit der modernen Wissensformen

Homunkulus kommt am Ursprung des Lebens an

Technik als Naturbeziehung verstanden

Deshalb beantwortet Böhme die Frage nach der Beherrschbarkeit der Natur, die er „mit Goethe verfolgt" hat (s. o. S. 183), so:

> Man kann sagen, dass Goethe in seinem ‚Faust' das Scheitern des Programms prognostiziert, das Francis Bacon 1627 in seiner Utopie ‚Neu Atlantis' formuliert

Francis Bacons Programm der Neuzeit

> hat und das für die Entwicklung der Neuzeit bis heute leitend wurde: nämlich durch Naturbeherrschung die menschlichen Verhältnisse zu verbessern (S. 168).

Böhme aber versteht „Fausts Erfahrungsgang" so, „dass in seinem Scheitern indirekt das Weibliche zur Geltung kommt" (S. 255). Die Polarität ‚männlich/weiblich' war für Goethe sehr wichtig. Böhme definiert sie so:

Aktivität als männliches, Natur als weibliches Prinzip

> Es gibt so etwas wie ein Wesen der Frau und ein Wesen des Mannes. In diesem Sinne wird das Männliche mit Vernunft, Aktivität und mit Herstellung in Verbindung gebracht, das Weibliche mit Gefühl, Empfänglichkeit und mit Natur. (S. 251)

Goethes Denkmodell der Polarität

Das Verhältnis zwischen den beiden Wesensarten hat Goethe als eine Spannung gedacht, in der die Pole einander unterschiedlich ergänzen, wie Homunkulus zeigt: „Das männliche Prinzip ist nur unvollständig, was es ist, ohne das Weibliche" (Böhme, S. 130). In Fausts Aktivität aber ist das Merkmal „Herstellung" einseitig ausgeprägt und die Beziehung zur „Natur" gestört, so dass es keine Ergänzung der Wesensarten gibt und sein Werk nicht gelingen kann. Das ‚Weibliche' kommt also durch sein Fehlen „zur Geltung".

Faust scheitert an seiner Einseitigkeit

Böhme setzt also den Stellenwert des Leitmotivs ‚Streben' geringer an als bisher. Es sei der Polarität ‚männlich/weiblich' unterzuordnen, welche die Faust-Dichtung im Ganzen zusammenhalte. Faust wird nicht aufgrund seines irdischen Strebens, seiner „Tätigkeit" (340), erlöst, deren Scheitern Gottvater ja im Prolog schon angedeutet hat (317). Vielmehr suche sein „Unsterbliches" um Einlass in das Reich der Gottesmutter nach (s. o. S. 179), als deren Engel es empfangen („strebend sich bemüht": 11936). Böhme weist schon eingangs darauf hin, „Goethes Rehabilitierung des Prinzips der Weiblichkeit" sei vielleicht das Wichtigste, das der Leser aus dem ‚Faust' zu lernen habe (S. 28). Fausts Erlösung vollzieht sich deshalb als ein Akt des Lernens, in dem Gretchen die Rolle der Lehrerin übernimmt (12092). Erst hier endet Fausts Weg des Wissens.

Faust wird nicht aufgrund seiner irdischen Leistung erlöst

Goethes Rehabilitierung des Prinzips der Weiblichkeit

Prüfungsaufgaben und Lösungen

Die acht Prüfungsbeispiele sind so gewählt, dass sie – der Reihe nach gelesen – einen Überblick über Inhalt und Aufbau des ‚Faust'-Dramas bieten.

Die Aufgaben gehen von bestimmten Textstellen aus:

1 Die Gretchenfrage (Marthens Garten 3415–3468)
2 Der Teufelspakt (Studierzimmer II 1656–1700)
3 Das Menschenbild (Prolog im Himmel 271–353)
4 Welttheater (Kerker 4460–4612)
5 Faust als moderner Mensch (Vor dem Tor 1104–1125)
6 Sein Begleiter Mephisto (Studierzimmer II 1335–84)
7 Liebe als Gegenkraft (Abend 2585–2728)
8 Zweierlei Wissenschaft (Nacht 518–605)

Die Beispiele sind folgendermaßen aufgebaut:

Überschrift	Inhaltlicher Schwerpunkt
Textgrundlage	Textausschnitt
Aufgabenstellung	Abitur-Fragestellung
Kontext	Einordnung des Ausschnitts in die Handlung
Fragen an die Textstelle	Fragen zu Aufbau und Bedeutung des Textausschnitts, die man als Schüler aufgrund von Text und Aufgabenstellung sich selbst stellen kann
Vorbereitung	relevante Seiten in der Lektürehilfe
Lösung	Beispiel für Lösungstext

Bei dem Stichwort ‚Vorbereitung' werden diejenigen Seiten dieses Buches angegeben, auf denen der Leser die Verständnishilfen und Hinweise findet, die er für die Lösung der jeweiligen Aufgabe nutzen kann. Immer aber gehört zur Vorbereitung auch, sich bewusst zu machen, dass man es mit Dichtung, nicht mit einem Sachtext zu tun hat (s. o. S. 157 f.). Um vor Missverständnissen sicher zu gehen, ist es daher ratsam, sich auch mit dem poetischen Verfahren des Dichters vertraut zu machen (s. o. S. 174 ff.). Goethe selbst hat davor gewarnt, den Dichter auf bestimmte Aussagen festlegen zu wollen und in seinen Texten nach „etwas Abstraktem" zu suchen (s. o. S. 5 f.). Man soll ihn aber ‚beim Worte' nehmen, d. h. dem Wortlaut des Textes aufmerksam folgen.

1 Die Gretchenfrage „Wie hast du's mit der Religion?"

Textgrundlage

Marthens Garten (3415–3468)

Aufgabenstellung

Untersuchen Sie Gretchens und Fausts Verhältnis zur Religion. Beschreiben Sie dabei den Gesprächsverlauf und ordnen Sie die Szene in die tragische Handlung ein.

Kontext

Die Szene folgt auf das Lied, das Gretchen – wie sie hier heißt – am Spinnrad singt („Meine Ruh' ist hin": 3374–3413). Sie drückt darin ihre grenzenlose Hingabe an Faust aus. Danach charakterisiert Margarete den ihr „verhaßten" (3472) Mephisto als einen Feind der Liebe. Faust gibt ihr das Fläschchen mit dem Schlaftrunk für ihre Mutter (3502–20). Die Liebesnacht steht bevor.

Fragen

- Was für eine Antwort erwartet Margarete?
- Wie beantwortet Faust ihre Fragen?
- Wer bestimmt den Verlauf des Gesprächs?
- Wodurch wird das Gespräch von ihm in Gang gehalten?
- Wie bewertet Margarete Fausts Antworten?
- Welche Bedeutung hat das Gespräch für die Handlung?

Vorbereitung

s. S. 65–68 und S. 135f.

Lösung

Im Verlauf des Gesprächs lassen sich vier Phasen unterscheiden:

1. (3415–25): Mit ihrer allgemein gehaltenen ersten Frage will Margarete wissen, ob Faust noch ein ‚praktizierender' Katholik sei, der „die heil'gen Sakramente" ehre (3423). Doch antwortet Faust mit Redensarten von Hingabe an die Familie – die er gar nicht hat – und Toleranz,

wobei er „Kirche“ mit „Gefühl“ gleichsetzt. Margarete schließt daraus, dass er nicht mehr „zur Messe, zur Beichte“ geht.

2. (3426–30): Nun wird Margarete deutlicher und fragt, ob Faust an Gott glaube. Der weicht diesmal mit einer Gegenfrage aus, mit der er jedes Glaubensbekenntnis in Zweifel zieht.
3. (3430–58): Darauf formuliert Margarete ihre Frage negativ und erwartet, dass Faust sich als Ungläubiger bekennt. Das tut er aber nicht, sondern antwortet mit einer Litanei von Gegenfragen, in denen immer weniger von Gott, immer mehr aber von einem unbestimmten „Gefühl“ (3452 und 56) die Rede ist. Schließlich erklärt Faust den Gottesnamen für „Schall und Rauch“.
4. (3459–68): Margarete ordnet Fausts Äußerungen der Bildungssprache des Pfarrers zu, ohne einen Unterschied zu machen. Unbeirrt trifft sie ihr Urteil: „Du hast kein Christentum“.

Margarete hat eine klare Antwort erwartet: „Ich glaube“ oder „Ich glaube nicht“, aber nicht erhalten. Faust hat nur ausweichend geantwortet, sodass er unglaubwürdig bleibt. Den Verlauf des Gesprächs bestimmt Margarete mit ihrer Reihe der immer dringlicher werdenden Fragen. Fausts Antworten bewertet sie nicht, sondern erkennt sie als Sprache eines ‚Studierten‘, die sie nicht versteht. Ihre Frage nach Fausts „Religion“ entsprang liebender Sorge, die ihren Grund darin hat, dass sie in Mephisto, seinem Gesellen, einen lieblosen Menschen erkennt, dem man nicht trauen kann (3486–90). Faust **redet** vom „Gefühl“ (3452 u. 56), Margarete aber **hat** ein untrügliches Gefühl für Mephistos dämonisches Wesen.

Wie hier Margarete die dämonische Aura Mephistos spürt, so wirkt Margaretes „Geist der Füll’ und Ordnung“ (2702/3) auf Faust ein, als er sich allein in ihrem Zimmer befindet (vgl. Aufgabe 7 ‚Liebe als Gegenkraft‘!).

Gretchens Frage läuft ins Leere, weil Faust sich nicht auf die Fragen einlässt, die man ihm stellt. Mephisto spottet, als er wieder mit Faust allein ist, Margarete habe ihn „katechisiert“ (3523), um seine Folgsamkeit zu prüfen (3527). Er ist „der Geist, der stets verneint“ (1338).

2 Der Teufelspakt („Was willst du armer Teufel geben?“: 1675)

Textgrundlage:
Studierzimmer II (1656–1700)

Aufgabenstellung
Analysieren Sie die Verhandlung zwischen Faust und Mephisto über einen Dienstvertrag.

Kontext
Als Mephisto wieder bei ihm erscheint, redet sich Faust seinen Lebensüberdruss (1570/71) vom Leibe, indem er Welt und christliche Tugenden verflucht („und Fluch vor allem der Geduld!“: 1606). Mephistos Geister bieten ihm einen „neuen Lebenslauf“ (1622) an.

Fragen
- Wie lautet Mephistos Angebot?
- Wie geht Faust auf das Angebot ein?
- Leugnet Faust ein Leben nach dem Tod?
- Was bezweckt Faust mit der Aufzählung unmöglicher Dinge (1678–87)?
- Warum spricht Faust jetzt von „Wette“ (1698) statt von „Pakt“ (1414)?
- Ist der Vertrag befristet oder unbefristet?
- Was muss Mephisto tun, um die Wette zu gewinnen?

Vorbereitung
s. S. 39–42 und S. 126–128 – Inhalt der Faustsage S. 148 f.

Lösung
Mephisto bietet Faust seine Zauberkräfte auf Erden an, wenn er ihm dafür im Jenseits, d. h. in der Hölle, zu Diensten wäre. Faust aber will vom Jenseits jetzt nichts wissen und verschiebt die Frage, ob es auch dort „ein Oben oder Unten“, d. h. Himmel oder Hölle, „gibt“ (1670), auf den Zeitpunkt des Todes (1665). Er lässt die Frage also völlig offen. Mephisto gibt sich damit zufrieden und verspricht ihm zu geben, „was noch kein Mensch gesehn“ (1674). Faust aber bezweifelt, dass er überhaupt geben könne, was „eines Menschen Geist“ erstrebt (1675–77).

Mit der Aufzählung unmöglicher Dinge (1678–87) charakterisiert Faust sein unersättliches Begehren. Die irdischen Freuden, die ihm Mephisto anbietet, würden für ihn schon im Augenblick des Genusses wieder wertlos. Mephisto versteht immer noch nicht, was Faust damit gemeint hat, dass er von „eines Menschen Geist, in seinem hohen Streben" (1676), keine Ahnung habe, bekräftigt seine Dienstbereitschaft, erhofft aber auch Genuss „in Ruhe" (1690/91).
Jetzt ergreift Faust die Initiative und macht seinerseits ein Angebot, indem er den Pakt in eine Wette wandelt und die Bedingung nennt. Dazu knüpft er an Mephistos Worte „was Guts in Ruhe schmausen" an. Wenn es Mephisto gelingt, ihn in einen solchen Zustand zu versetzen, sagt Faust, solle das „der letzte Tag" für ihn sein (1697). Damit hat er einen unbefristeten Vertrag ermöglicht. Denn wenn er sich von Mephisto nicht „mit Genuß betrügen" (1696) lässt, muss er ihm dienen, bis er einen natürlichen Tod stirbt. Im weiteren Verlauf der Handlung wartet man daher darauf, ob oder wann Faust einen Augenblick erlebt, zu dem er sagt: „Verweile doch! Du bist so schön!" (1700).
Fausts Bedingung, Mephisto müsse, um die Wette zu gewinnen, ihn „mit Genuß betrügen" (1696), widerspricht der Aufgabe, die der Herr ihm im Prolog zugedacht hat (340–343).
Mephisto charakterisiert Faust in einem Monolog (1851–67: „dessen übereiltes Streben der Erde Freuden überspringt") und meint, er würde auch ohne Teufelspakt „zugrunde gehen".
Am Ende des II. Teils spricht der sterbende Faust die Formel der Wette als Wunsch im Konjunktiv aus:

> „Zum Augenblicke dürft' ich sagen:
> Verweile doch, du bist so schön!" (11581/2)

Goethe hat das am 3. 11. 1820 in einem Brief so begründet (s. o. S. 154):

> Mephistopheles darf seine Wette nur halb gewinnen, und wenn die halbe Schuld auf Faust ruhen bleibt, so tritt das Begnadigung srecht des alten Herrn sogleich herein, zum heitersten Schluß des Ganzen. (Trunz HA S. 435).

3 Das Menschenbild („Es irrt der Mensch, solang' er strebt": 317)

Textgrundlage

Prolog im Himmel (271–353)

Aufgabenstellung

Analysieren Sie das Gespräch zwischen dem Herrn und Mephisto.

Kontext

Der Prolog beginnt mit dem Gesang der Erzengel, welche die Schöpfung, die „unbegreiflich hohen Werke" (249) des Herrn, preisen. An ihre Worte, dass diese Werke „herrlich wie am ersten Tag" (250, 270) seien, knüpft Mephisto schalkhaft an, wenn er vom Menschen sagt: „Der kleine Gott der Welt … ist so wunderlich als wie am ersten Tag" (281/2).

Fragen

- Wie werden **Hauptfigur** (Protagonist) und **Gegenfigur** (Antagonist) des Faust-Dramas eingeführt?
- Welche **Handlung** hat der Leser/Zuschauer zu erwarten?
- Unter welches **Thema** wird diese Handlung gestellt?

Vorbereitung

s. S. 23–25, S. 125 f. und S. 152 f.

Lösung:

Der Text lässt sich in vier Abschnitte gliedern:

1. Mephisto macht den Menschen zum **Thema** des Prologs und zeichnet ein negatives Bild von ihm (271–298).
2. Der Herr lenkt das Gespräch auf einen bestimmten Menschen, die **Titelfigur** des Dramas, und stellt ein positives Menschenbild auf. Aus dem Gegensatz der Menschenbilder ergibt sich ein Programm der Handlung (299–335).

3. Der Herr erklärt die **Rolle des Teufels** bei der „Tätigkeit", die das Leben des Menschen ausmacht (340), und wendet sich dann wieder dem Kosmos zu (336–349).
4. „Der Himmel schließt sich" (nach 349). Mephisto bleibt allein auf der Bühne und beschließt den Prolog mit einem Wortspiel über Gott, Mensch und Teufel (350–353).

Dadurch, dass Mephisto an den Wortlaut des Engelchors anknüpft, wird seine Rede vom Menschen zu einem Einspruch gegen das Lob der Schöpfung und zu einer Anklage (294) gegen den Schöpfer, unter all seinen „hohen Werken" sei der Mensch ihm misslungen. Denn ihm sei zwar die Vernunft als „Schein des Himmelslichts" (284) gegeben, doch brauche er sie nur dazu, „tierischer als jedes Tier zu sein" (286). Er wolle zwar hoch hinaus, bliebe aber immer im Elend stecken.
Der Herr unterbricht die Anklage mit der Frage: „Kennst du den Faust?" (299), die Mephisto sogleich beantwortet, indem er auf den widersprüchlichen Charakter des Mannes hinweist (300–307: „alle Näh' und alle Ferne"). Der Herr gibt zu, dass er „verworren" sei, doch werde er ihn „in die Klarheit führen" (309). Im Unterschied zu Mephisto beurteilt er Faust auch nach den Möglichkeiten, die in ihm stecken (Bäumchengleichnis: 310/11). Deshalb erlaubt er Mephisto auch, ihn seine „Straße sacht zu führen" (314). Zwar sei Streben immer mit Irrtum verbunden (317), doch ist er sich sicher, dass Mephisto am Ende „beschämt" (327) seine Niederlage eingestehen wird, dass man den Menschen nicht von seinem „Urquell" (324) abziehen kann. Denn:

> „Ein guter Mensch in seinem dunklen Drange
> Ist sich des rechten Weges wohl bewusst." (328/9)

Doch Mephisto glaubt an seinen „Triumph" (333) und ist sicher, dass Faust in der Hölle landen wird, wie einst die Schlange (334/5). Ehe sich der Herr wieder den guten Engeln, seinen „echten Göttersöhnen" (344) zuwendet, erklärt er noch die Rolle des Teufels im Schöpfungsplan: Er solle verhindern, dass der Mensch untätig wird und sich auf seinen Lorbeeren ausruht (340–343). Mit Mephistos Schlussmonolog wird die Türe zum „Himmel" zugemacht, sodass der Leser/Zuschauer in den folgenden Szenen Faust und seinen „Gesellen" (342) auf der irdischen Bühne vor Augen hat.
Die **Hauptfigur** Faust wird also als Gegenstand einer Auseinandersetzung über das Wesen des Menschen eingeführt. Sein **Gegenspieler** tritt als Mitglied des himmlischen Personals („Gesinde": 274) selbst auf. In der **Handlung** des Dramas wird darüber entschieden, wer mit seiner Auffassung vom Menschen Recht hat. Der Ausgang des Streits zwischen dem Herrn und dem Widersacher bleibt völlig offen. So kann das **Thema** bis zum Schluss durchgehalten werden: Was ist der Mensch?

4 Welttheater („Vom Himmel durch die Welt zur Hölle“: 242)

Textgrundlage

Kerker (4460–4612)

Aufgabenstellung

Analysieren Sie Margaretes Entscheidung für den Tod und Fausts Abschied.

Kontext

Die letzte Szene von „Faust I“ beginnt damit, dass Faust – aus **Angst vor dem Wiedersehen** (4410) – beim Öffnen der Kerkertür zögert. Margarete erkennt ihn nicht und meint, der Henker (4427) hole sie schon zur Hinrichtung ab. Als Faust sich ihr nähert, bittet sie ihn nur, mit ihr niederzuknien und die Heiligen um Hilfe anzurufen. Denn Sie hat **Angst vor der Verdammnis**, spürt das Feuer der Hölle „unter der Schwelle“ und hört das „Getöse“, das „der Böse“ macht (4453–59). Die Szene weitet sich nun – wie im Prolog – zur kosmischen Bühne.

Fragen

- Welche Teile des Vorgangs lassen sich unterscheiden?
- Wie reagiert Margarete auf Fausts Erscheinen?
- Wie begründet Margarete ihre Entscheidung zum Bleiben?
- Was hat diese Entscheidung mit Margaretes kosmischen Weltbild (Welt zwischen Himmel und Hölle) zu tun?
- Warum lässt Faust sie im Stich?

Vorbereitung

s. S. 82–85, S. 112–114 und S. 135 f.

Lösung

Es lassen sich vier Teile unterscheiden:

(1) 4460–4497: Margarete „liebkost“ Faust, findet ihn „kalt“.
(2) 4498–4543: Sie beichtet und äußert ihren letzten Willen.
(3) 4544–4596: Entscheidung und Vision der Hinrichtung
(4) 4597–4612: Mephisto holt Faust ab.

Als Faust sie mit dem vertrauten Namen „Gretchen“ ruft (4460), löst sich Margarete aus ihrer Angst vor der Hölle (4467), wähnt sich „gerettet“ (4474) und „liebkost“ ihn (nach 4480), vermisst aber seine Liebe. Dann bekennt sie ihre Schuld („Mutter … umgebracht“, „Kind … ertränkt“: 4507/8) und erinnert Faust an die seine (Ermordung ihres Bruders: 4512–17). Was Faust von ihr verlangt („Lass das Vergangene vergangen sein“: 4518), ist für sie unmöglich. Sie denkt an die Zeit nach ihrem Tod: Faust müsse „übrigbleiben“ (4520), um die Familie zu begraben, an der er schuldig geworden ist.

Als Faust sie noch einmal zur Flucht drängt, entgegnet ihm Margarete: „Ich darf nicht fort“ (4544). Sie entscheidet sich, die Strafe auf sich zu nehmen, weil sie nicht „mit bösem Gewissen“ (4547) weiterleben will. Den Geliebten weist sie von sich (4576–79) und begrüßt den nahenden Tag als ihren „letzten Tag“ (4580). In vorauseilender Phantasie beschreibt sie die ihr bevorstehende Hinrichtung (4587–95). Dann sieht sie entsetzt Mephisto aus der Hölle („aus dem Boden herauf“: 4601) kommen, der „an dem heiligen Ort“ – das ist der Kerker durch ihre Entscheidung, sich dem „Gericht Gottes“ zu übergeben, für sie geworden – nichts zu suchen hat. Faust soll ihn wegschicken (4602). Margaretes Sinn für die Welt hat sich verwirrt (4551–72), doch ihr Sinn für Himmel und Hölle hat sich geschärft, wie ihr Stoßgebet zeigt („Dein bin ich, Vater! **Rette** mich!“: (4607), dem der Abschied von Faust folgt („Heinrich! Mir graut's vor dir“: 4610), der zu Mephisto übergeht. Und nun stoßen Himmel und Hölle unmittelbar zusammen. Mephisto markiert das Ende mit dem Ruf: „Sie ist gerichtet!“ In den gleichen Vers hinein klingt eine „Stimme von oben“: „Ist **gerettet**!“, aber auch Mephistos Ruf an Faust: „Her zu mir!“, dessen Namen Gretchen voller Sorge wiederholt. Ihre Liebe ist – im Gegensatz zu Fausts Selbstmitleid (4441) – ungebrochen. Was für Faust – im Gefolge Mephistos – Sinnenlust ist, vergleicht Margarete mit dem „Himmel“ (4489).

Im Aufbau der Faust-Dichtung Goethes ist die Liebe eine kosmische Gegenkraft gegen Mephistos Lustprinzip (347–11751/2–11872/3–11936-41) und dient daher zur Verbindung der beiden Teile. Das Mariengebet, das Gretchen in ihrer Not am Bild der Mater dolorosa (der ‚schmerzensreichen Mutter‘) verrichtet, wiederholt sie als Büßerin im Himmel vor ihr selbst:

Ach, neige, Du Schmerzensreiche, Dein Antlitz gnädig meiner Not!	Neige, neige, Du Ohnegleiche, Du Strahlenreiche, Dein Antlitz gnädig meinem Glück!
(3587 ff.)	(12069 ff.)

5 Faust als moderner Mensch („Ich Ebenbild der Gottheit“: 516, 614)

Textgrundlage

Vor dem Tor (1104–25)

Aufgabenstellung

Interpretieren Sie die Rede von den „zwei Seelen“ als **Charakterisierung Fausts** mit Bezug auf Mephistos Beschreibung des „Zaubermantels“ (2065–72).

Kontext

Bei der Betrachtung des Sonnenuntergangs (1068–99) träumt Faust vom Flug hoch über Tal, Berg und Meer dem fliehenden Tageslicht nach, die Nacht hinter sich lassend. Er ist der Meinung, dass es „jedem eingeboren“ sei, „dass sein Gefühl hinauf und vorwärts dringt“ (1092/3). Doch Wagner erwidert, „solchen Trieb … noch nie empfunden“ zu haben (1101).

Fragen

- Wie unterscheiden sich Faust und Wagner in ihrer Vorstellung von den „Geistesfreuden“ (1104)?
- Wieso warnt Faust Wagner vor dem „andern Trieb“ (1111)?
- Wie ist der Themenwechsel von Vers 1117 zu 1118 zu verstehen?

Vorbereitung

s. S. 33–35, S. 138 f. und S. 175 f.

Lösung

Die Szene ist um 1800 entstanden. Der erste Heißluftballon ist 1783 in Paris aufgestiegen. Goethe hat selbst in Weimar am 9. 6. 1784 einem solchen Aufstieg beigewohnt.
Zum Verständnis des Textes ist wichtig, dass Faust bedauert, nur „des Geistes Flügel“, nicht aber „körperliche Flügel“ zu haben (1090/91).

Faust unterscheidet zwei auseinander strebende Triebe:
„Die **eine** hält sich an die Welt … „ (1114/5)
„Die **andre** hebt sich zu den Gefilden hoher Ahnen“ (1116/7)
(„des **einen** Triebs… den **andern** (Trieb)“: 1110/11)
Faust träumt vom Fliegen der Sonne nach („der **neue** Trieb erwacht“: 1085)

Das Bild vom Fliegen als Klammer:
(1) Faust will fliegen, wünscht sich „körperliche Flügel“ (1091).
(2) Faust will (mit „des Geistes Flügeln“) die „Gefilde hoher Ahnen“ (wohl: der großen Denker und Forscher) erreichen.

Für **Wagner** bestehen die „Geistesfreuden“ darin, zu Hause zu hocken und zu lesen (1104/5), das ist „der ganze Himmel“ für ihn. Dann gehört also für ihn das Studieren zu dem Trieb, den Faust mit „derber Liebeslust“ verbindet (1114/5): Dieser Ausdruck ist nicht sexuell zu verstehen.

Faust will dagegen die Welt kennen lernen, nicht nur darüber lesen. Er ruft deshalb nach den „Geistern in der Luft“ (1118), wünscht sich einen „Zaubermantel“, der ihn „in fremde Länder“ tragen soll (1122/3). Das ist ein neues Thema: Die Welt als Reiseziel!

Stichwort **„neu“**: „der **neue** Trieb“ (1085), „zu **neuem** bunten Leben“ (1121)

Auf Fausts Ruf wird dann Mephisto erscheinen (der Pudel!). Er bringt den „Zaubermantel“ (2065) mit, den Heißluftballon, den die Brüder Montgolfier 1783 in Paris erfunden haben. Mephisto gratuliert Faust „zum **neuen** Lebenslauf“ (2072). Ganz modern: Luftreisegepäck muss leicht sein (2067/8).

Unter Mitwirkung dämonischer Mächte sind mit Hilfe technischer Erfindung aus „des Geistes Flügeln“ nun „körperliche Flügel“ geworden (1090/91): Technik als Materialisierung von Ideen, das ist der Weg in die Moderne (‚wissenschaftlich-technische Zivilisation‘). Faust aber erleidet die Spannung „zwischen Geist und Stoff“ als innere Zerrissenheit (1113). Die Reiselust ist ja nur ein Ersatz für seine Sehnsucht nach „den Gefilden hoher Ahnen“. Die Rede der „hohen Ahnen“ handelt auch von Gott, doch Faust hat sich – wie das Aufgabe 2 zeigt – ganz auf das Diesseits eingestellt („Das Drüben kann mich wenig kümmern“: 1660).

6 Sein Begleiter Mephisto („Ich bin der Geist, der stets verneint": 1338)

Textgrundlage

Studierzimmer I (1335–84)

Aufgabenstellung

Analysieren Sie die Selbstdarstellung Mephistos und Fausts Reaktion darauf.

Kontext

Auf dem Heimweg vom Osterspaziergang war Faust ein Pudel gefolgt, der ihm unheimlich vorkam (1154/5) und ihn dann zu Hause beim Übersetzen des Johannesevangeliums störte (1224–37). Faust zwingt ihn mit magischen Formeln, seine Gestalt zu wechseln. Schließlich offenbart sich „des Pudels Kern" (1323) als ein reisender Gelehrter. Faust fragt ihn: „Wer bist du denn?" (1335)

Fragen

- Was bezeichnet Mephisto als sein „eigentliches Element" (1344)?
- Wie definiert er dieses „Element"?
- Was bedeutet die Rede vom Licht und den Körpern (1352–58)?
- Wie beurteilt Faust Mephistos Versuch, der Welt mit Katastrophen „beizukommen" (1366)?

Vorbereitung

s. S. 23–25, S. 35–38 und S. 133 f.

Lösung

Gliederung

1335–44	Das Böse als Mephistos „eigentliches Element"
1345–58	Teil und Ganzes, Licht und Finsternis (Licht haftet an Körpern, Körper gehn zugrunde)
1359–78	Vergebliche Versuche Mephistos, der Welt „beizukommen" (1366)
1379–84	Faust erkennt in ihm eine Gegengewalt und nennt sein Tun „vergebens"

Mephisto definiert sein „eigentliches Element“ mit Hilfe von Antithesen:

Gut (1336)	Böse (1336)
Entstehen (1339)	Zugrundegehen (1340)
Ganzes (1348)	Teil (1349)
Licht (1350)	Finsternis (1350)
Etwas (1364)	Nichts (1363)

Der Mensch hält das für **gut**, was auf der linken Seite steht; doch Mephisto denkt genau umgekehrt: Er hält, was links steht, für „wert, dass es zugrunde geht“ (1340), und begründet diese Bewertung mit dem Satz: **„Besser** wär's, dass nichts entstünde“ (1341). Die auf der rechten Seite stehenden Gegenbegriffe gelten ihm als ‚gut‘ (S. 38).

Der „Geist, der stets verneint“ (1338), definiert sich also Faust gegenüber durch sein Verhalten, das Verneinen.
Es folgt die Beweisführung, dass all das, was rechts steht, „anfangs alles war“ (1349): Finsternis war früher als Licht → Licht haftet an Körpern → Körper gehn zugrunde → Mutter Nacht erhält den alten Rang wieder (1349–58): Nein zur Schöpfung (Prinzip der ‚Anti-Schöpfung‘, d. h. der Rückführung des Seins ins Nichts).
Deshalb in den Versen 1359–78 Beispiele aus der **Natur** im Unterschied zu 340–343, wo der Herr dem Menschen bei seiner „Tätigkeit“ – also der **Geschichte** – den Teufel als „Gesellen“ beigibt.
Während in der Sicht des Herrn beide Wertetafeln in der Weise zusammengehören, dass das **Negative im Positiven aufgehoben** ist, während Faust, d. h. der Mensch, in der **Spannung zwischen beiden Polen** existieren muss, ist Mephistos **Perspektive auf das Negative beschränkt** (S. 38).
Die Gefahr, dass er „sich bald die unbedingte Ruh“ liebt (341), ist ja bei Faust nicht gegeben. Er würde auch ohne Teufelspakt an seinem „übereilten Streben“ (1858) „zugrunde gehn“ (1867). Deshalb geht Faust auch – vgl. Aufgabe 2 – davon aus, dass Mephisto ihn nicht mit „mit Genuss betrügen“ (1696) kann. Im Prolog beschreibt der Herr die Rolle des Teufels im Schöpfungsplan mit den Worten:

> „Des Menschen Tätigkeit kann allzu leicht erschlaffen,
> Er liebt sich bald die unbedingte Ruh';
> Drum geb' ich gern ihm den Gesellen zu,
> Der reizt und wirkt und muß, als Teufel, schaffen.“
> (340–343)

7 Liebe als Gegenkraft („Armsel'ger Faust! Ich kenne dich nicht mehr": 2720)

Textgrundlage

Abend (2685–2728)

Aufgabenstellung

Untersuchen Sie den Faustmonolog als Ausdruck innerer Vorgänge.

Kontext

Faust drängt Mephisto, ihm den Weg zu Margarete zu öffnen. Er will sie „verführen" (2644) und spricht davon „schon fast wie ein Franzos" (2645), wie sein Geselle feststellt. Doch Mephisto wendet ein, dass der Zugang zu ihr nicht leicht sei, der Priester habe sie gerade „aller Sünden frei" gesprochen (2622). Aber er führt Faust zu ihrer Wohnung, als sie „bei einer Nachbarin" zu Besuch ist (2668). Faust will jetzt „allein" sein (2685). Dann folgt der Monolog (2687–2728), den Mephisto mit seiner Meldung unterbricht, dass Margarete kommt. Er findet Faust seltsam verändert, versteht aber seine Worte nicht („Ich kehre nimmermehr!": 2730 – „Ich weiß nicht, soll ich?": 2737).

Fragen

- Wie ist der Monolog gegliedert?
- Wie zeigt sich in dieser Gliederung der Fortgang von Fausts Gedanken?
- Wie spiegelt sich die Aura des frommen Mädchens in Fausts Wortwahl?
- Welche grammatischen Formen kennzeichnen Fausts Nachdenken über sich selbst?

Vorbereitung

s. S. 53–55, S. 135 und S. 178

Lösung

Die Gliederung ist zunächst anhand des Nebentextes, d.h. der Regieanweisungen, zu erkennen:

(1) „rings aufschauend“ (2687–94): Faust sieht sich im Zimmer um, nimmt es als „Ort der Stille, der Ordnung, der Zufriedenheit“ wahr.
(2) „Er wirft sich auf den ledernen Sessel am Bette“ (2695–2708): Faust stellt sich – auf dem „Vaterthron“ sitzend – die „Vorwelt“, Margaretes Familiengeschichte, vor Augen und empfindet dabei ihren „Geist der Füll‘ und Ordnung“.
(3) „Er hebt einen Bettvorhang auf“ (2709–2716): Hier möchte Faust bei seinem „Engel“, den er aus ihr macht, „volle Stunden säumen“.
(4) Der Rest ist durch Leerzeilen abgetrennt und in drei Strophen gegliedert (2717–2728). Die Strophen sind durch den Reim zu unterscheiden: 2717–20 Paarreim (aabb), 2721–24 Umarmender Reim (abba), 2725–28 Kreuzreim (abab).
Grammatische Kennzeichen der Selbstreflexion: Wechsel von Fragesätzen und Ausrufen, dann irreale Bedingungssätze im Konjunktiv (2725–28).

In den ersten drei Abschnitten nimmt Faust zunächst das Zimmer als Ganzes wahr, stellt sich dann Gretchens Familie vor Augen und dringt auch in ihre Intimsphäre vor. In den drei Strophen: Widerstreitende Gefühle („genießen“ ↔ „Liebestraum“), schlechtes Gewissen gegenüber Gretchen („Frevel büßen“), Verlust der Selbstsicherheit („Der große Hans, ach wie so klein!“).

Faust malt sich ein ideales Bild vom Familienleben, das von wenig eigener Erfahrung zeugt. In seine Rührung über Margaretes Lebenskreis mischen sich Regungen der sinnlichen Begierde, die ihn hergeführt haben („Wonnegraus“: 2709). Der Widerstreit der Gefühle verunsichert ihn in seinem Selbstverständnis (2720). Mephisto versteht nicht, was mit Faust vorgegangen ist, weil er sich nicht vorstellen kann, dass Liebe und Sinnenlust einander widerstreiten können. In Fausts Konflikt unterstützt er die Seite der bloßen Sexualität. Faust wird zwar aufgrund seines andauernden Strebens erlöst (11934/5), doch die erlösende Kraft ist die Liebe.

Der „Kerker“ (398, 2694) weitet sich in der letzten Szene von „Faust I“ zum kosmischen Weltbild. Das ist das Thema von Aufgabe 4.
Dass Mephisto Fausts Konflikt nicht versteht, ist dadurch bedingt, dass seine Perspektive auf das Negative beschränkt ist, wie aus der Aufgabe 6 hervorgeht. „Faust und Gretchen sind Polarität, die sich anzieht; sie und Mephistopheles Gegensätze, die sich fliehen“ (Erich Trunz HA S. 514).

8 Zweierlei Wissenschaft („Dass ich erkenne, was die Welt im Innersten zusammenhält": 382/3)

Textgrundlage

Nacht (518–605)

Aufgabenstellung

Vergleichen Sie Faust und Wagner im Hinblick auf ihr Verhältnis zur Wissenschaft.

Kontext

Faust ist von der Wissenschaft zutiefst enttäuscht, weil ihn das Studium der vier Fakultäten der Universität nicht klüger gemacht, vielmehr zu der Erkenntnis geführt hat, „dass wir nichts wissen können" (364). Deshalb habe er sich nun „der Magie ergeben" (377), jener Kunst, sich durch Kontakt mit der Geisterwelt unmittelbar das Wissen davon zu verschaffen, „was die Welt im Innersten zusammenhält" (383). Da er aber danach auch wieder nur in Büchern sucht, statt in der „lebendigen Natur" (414), gerät er wieder in Verzweiflung. In dieser Stimmung trifft ihn sein Famulus Wagner an, als er „im Schlafrocke und der Nachtmütze, eine Lampe in der Hand" das „hochgewölbte, enge gotische Zimmer" (vor 354) seines Professors betritt.

Fragen

- Mit welchem Anliegen kommt Wagner zu Faust?
- Wie geht Faust auf dieses Anliegen ein?
- Wodurch wird das Gespräch in Gang gehalten?
- Wie charakterisieren sich die beiden Figuren durch ihr Verhalten im Gespräch?

Vorbereitung

s. S. 27–29 und S. 140 (Historische Anspielungen)

Lösung

Das Gespräch hat ein Missverständnis zum Anlass (Wagner ahnt nicht, dass sein Professor mit Geistern spricht) – Komische Szene
Deklamieren war damals Mode („heutzutage": 525)
Wagner bittet um Unterweisung „in dieser Kunst" (524)

Faust geht nicht darauf ein, macht aus Wagners Text ein Wortspiel
Zweiter Anlauf: Wagners Problem (Arbeit im Labor und Menschenführung („durch Überredung leiten“: 533), also Forschung **und** Lehre, schafft er nicht)
Wieder geht Faust nicht auf ihn ein, kritisiert Rhetorik (nur ein „Ragout“ (539) aus Zitaten von anderen)
Wagner sucht den Erfolg („Redners Glück“: 546), Faust rät, er soll „redlichen Gewinn“ suchen (548), nicht „Worten nachjagen“ (552/3)
Übergang zur Geschichtsforschung („kritisches Bestreben“: 560)
Faust lehnt **Buchwissen** ab, **Erkenntnisquelle** („Bronnen“: 566) ist für ihn die **Natur** („wenn Natur dich unterweist“: 423), Forschungsdrang („Durst“: 567) muss von innen kommen („aus eigner Seele“: 569)
Wagner bleibt beim Thema (Weil wir die Gedanken der Weisen „vor uns“ studierten, haben wir es „zuletzt so herrlich weit gebracht“, Faust bezweifelt das („Vergangenheit … Buch mit sieben Siegeln“: 575/6), Geschichtskenntnis ist Selbsttäuschung („der Herren eigner Geist“: 578).
Wagner: Man lernt immer etwas von „des Menschen Herz und Geist“ (586)
Faust klagt nun – ohne Widerspruch zu den „sieben Siegeln“ zu bemerken –, dass die wenigen, „die was davon erkannt“ (590), vom „Pöbel“ (592) verfolgt worden seien (Elitebewusstsein!). Das Gespräch wird von Wagner in Gang gehalten, der seine Linie konsequent verfolgt, indem er nacheinander die wichtigsten Themen, mit denen sich die neuzeitliche Wissenschaft beschäftigt hat, anspricht, um den Rat seines Lehrers einzuholen. So charakterisiert er sich als einen Wissenschaftler, der **systematisch** vorgeht und **mit dem Verstand arbeitet**. Faust dagegen gibt sich als Wissenschaftler, der **kritisch** gegenüber der Schulwissenschaft eingestellt ist und sich auf sein **Gefühl** verlässt. Er will ohne Arbeit auskommen und hat sich daher „der Magie ergeben“ (377). Er wartet wohl auf so etwas wie **Intuition** (darauf, dass sich ihm die Natur öffnet: 520). Die Häufung des Sturm- und Drang-Vokabulars ist („Seele“: 535, 569; „Gefühl“: 534, 592; „Herz“: 437, 544/5, 591 Ironiesignal (s. S. 140: Zeitepochen durchdringen einander).
Die Szene ist ein gutes Beispiel für Goethes ‚poetisches Verfahren‘, das nicht direkt Mitteilbare, was er zu sagen hat, „durch einander gegenübergestellte und sich gleichsam ineinander abspiegelnde Gebilde“ mitzuteilen (s. o. S. 5 und S. 174). Man darf also Faust nicht ‚positiv‘, Wagner nicht ‚negativ‘ (oder umgekehrt) sehen. Denn sie relativieren sich gegenseitig. Die Überschätzung des Wortes durch Wagner („deklamieren“: 522, „Vortrag“: 546) und die Verachtung des Wortes durch Faust („in Worten kramen“: 385, „Worten nachzujagen“: 553, „ich kann das Wort so hoch nicht schätzen“: 1226) heben einander auf. Wenn Wagner seine Schwäche darin zeigt, dass er unbedingt Karriere machen will („profitieren“: 524; „Redners Glück“: 546; „Weg erreicht“: 564), so wird sie von der Arroganz im Gleichgewicht gehalten, mit der Faust seinen Famulus behandelt. Vgl. Aufgabe 5, wo die Gegenüberstellung von Wagner und Faust einem anderen Thema dient.

Weiterführende Literatur

Kommentierte Ausgaben und Kommentare

Johann Wolfgang Goethe: Faust-Dichtungen, hg. und kommentiert von Ulrich Gaier, Band 1 Texte, Band 2 Kommentar I, Band 3 Kommentar II, Stuttgart: Reclam 1999 (FD)

Johann Wolfgang von Goethe: Faust, 2 Bände, hg. Von Albrecht Schöne, in: J. W. v. G.: Sämtliche Werke, I. Abt. Band 7/1 Texte, Band 7/2 Kommentare, Frankfurt am Main: Deutscher Klassiker Verlag 1994 (FA)

Johann Wolfgang von Goethe: Faust. Der Tragödie erster und zweiter Teil. Urfaust, kommentiert von Erich Trunz (Hamburger Ausgabe), München: C. H. Beck 1998 (HA)

Reinhard Buchwald: Führer durch Goethes Faustdichtung, Kröners Taschenausgabe Band 183, 8. Aufl. Stuttgart 1983

Ulrich Gaier: Kommentar zu Goethes Faust, Reclam UB 18183, Stuttgart 2002

Ulrich Gaier (Hg): Erläuterungen und Dokumente, J. W. v. Goethe: Faust. Erster Teil, Reclam UB 16021, Stuttgart 2002, Zweiter Teil, UB 16022, 2004

Interpretationen

Theodor W. Adorno: Schlussszene des Faust, in: Th. W. A.: Noten zur Literatur, Frankfurt am Main: Suhrkamp 1981, S. 129–138

Pierre Bertaux: Faust I, Faust II, in: P. B.: Gar schöne Spiele spiel' ich mit dir!, 2. Aufl., Frankfurt/M.: Insel 1987, S. 216–238

Wilhelm Emrich: Die Symbolik von Faust II, 5. Aufl., Königstein/Ts. 1981

Heinz Hamm: Goethes ‚Faust'. Werkgeschichte und Textanalyse, 6., völlig neubearb. Aufl., Berlin: Volk und Wissen 1997

Walter Hinderer (Hg): Goethes Dramen. Neue Interpretationen, Reclam UB 8417 Stuttgart 1992, darin: Werner Keller ‚Faust I' S. 258–329 und Victor Lange „Faust II" S. 330–387

Michael Jaeger: Fausts Kolonie. Goethes kritische Phänomenologie der Moderne, Würzburg: Königshausen & Neumann 2004

Gerhard Kaiser: Ist der Mensch noch zu retten? Vision und Kritik der Moderne in Goethes ‚Faust', Freiburg i. B.: Rombach 1994

Dorothea Lohmeyer: Faust und die Welt. Der zweite Teil der Dichtung, München: C. H. Beck 1975

Thomas Mann: Über Goethes Faust, in: Th. M.: Goethes Laufbahn als Schriftsteller, Fischer TB 5715, Frankfurt am Main 1982, S. 207–245

Herman Meyer: Diese sehr ernsten Scherze. Eine Studie zu Faust II, Heidelberg: Lothar Stiehm 1970

Paul Requadt: Goethes ‚Faust I'. Leitmotiv und Architektur, München: Wilhelm Fink 1972

Heinz Schlaffer: Faust Zweiter Teil. Die Allegorie des 19. Jahrhunderts, Stuttgart: Metzler 1981

Harro Segeberg: Joh. Wolfg. von Goethes ‚Faust. Zweiter Teil' V. Akt(1832) und die Modernität vormoderner Technik, in: H. S.: Literarische Technik-Bilder, Tübingen: Niemeyer 1987, S. 13–54

Sammelbände

Paolo Chiarini (Hg): Bausteine zu einem neuen Goethe, Frankfurt am Main: Athenäum 1987

Ulrich Gaier: Fausts Modernität. Essays, Reclam UB 18072, Stuttgart 2000

Werner Keller (Hg): Aufsätze zu Goethes ‚Faust I', Wege der Forschung Band 145, Darmstadt: WBG 2. Aufl. 1984 – Ders. (Hg): Aufsätze zu Goethes ‚Faust II', Wege der Forschung Band 445, Darmstadt: WBG 1992

Materialien

Horst Hartmann: Faustgestalt – Faustsage – Faustdichtung, 3. Aufl. Berlin: Volk und Wissen 1985

Walter Hinck: Goethe – Mann des Theaters, Kleine Vandenhoeck-Reihe 1487, Göttingen 1982

Günther Mahal: Faust. Die Spuren eines geheimnisvollen Lebens, Reinbek bei Hamburg: Rowohlt 1995

Katharina Mommsen: Goethe und 1001 Nacht, Suhrkamp tb 674, Frankfurt am Main 1981 (zuerst Berlin: Akademie Verlag 1960)

Manfred Osten: „Alles veloziferisch". Goethes Endeckung der Langsamkeit. Zur Modernität eines Klassikers im 21. Jh., Frankfurt am Main: Insel Verlag 2003

Jochen Schmidt: Goethes Faust. Erster und Zweiter Teil. Grundlagen – Werk – Wirkung, München: C. H. Beck 1999

Historia von D. Johann Fausten, Text des Drucks von 1587. Kritische Ausgabe, hg. von Stephan Füssel und Hans Joachim Kreutzer, Reclam UB 1516, Stuttgart 19966

Rezeptionsgeschichte

Gründgens Faust. Siegfried Melchinger: Faust für uns – Bilder der Hamburger Aufführung von Rosemarie Clausen. Gustav Gründgens: Meine Begegnung mit Faust, Frankfurt am Main: Suhrkamp 1982

Will Jasper: Faust und die Deutschen, Berlin: Rowohlt 1998

Paul Michael Lützeler: Goethes Faust und der Sozialismus. Zur Rezeption des klassischen Erbes in der DDR, in: R. Grimm und J. Hermand (Hg): Basis. Jahrbuch für deutsche Gegenwartsliteratur Band 5, Frankfurt am Main: Suhrkamp 1975, S. 31–54

Karl Robert Mandelkow: Goethe in Deutschland. Rezeptionsgeschichte eines Klassikers, Band 1 (1773–1918), München: C. H. Beck 1980, Band 2 (1919–1982) 1989

Ulrich Parenth: Wie Goethes ‚Faust' auf die Bühne kam, hg. unter Mitwirkung des Staatstheaters Braunschweig, Braunschweig: Gerd J. Holtzmeyer Verlag 1986

Peter Stein inszeniert Faust von Johann Wolfgang Goethe. Das Programmbuch Faust I und II, hg. von Roswitha Schieb unter Mitarbeit von Anna Haas, Köln: DuMont 2000

‚Theater heute', 41. Jahrgang 2000 (Berlin: Friedrich Verlag):

- Günther Rühle: ‚Faust'. Die Jahrhundertinschrift (Heft 7, S. 31–39)
- Sibylle Wirsing: Peter Steins ‚Faust'-Maschine (Heft 10, S. 18–23)
- Sibylle Wirsing: Eine Anschaffung fürs Leben. Peter Steins ‚Mammut'-Faust kommt in die entscheidende Phase (Heft 12, S. 32–35)

Stichwortverzeichnis

Inhalt der Audio CD

Auf der Audio-CD hören Sie eine nachgestellte mündliche Abiturprüfung. Wie in jeder Prüfung gibt es einen Prüfer und einen Prüfling. Eine Sprecherin führt Sie durch diese Prüfung.

Das Thema der Prüfung lautet:
Stellen Sie die Wissenschaftsauffassung Fausts der Wagners gegenüber.

Nr.	Titel	Zeit
1	Einleitung durch die Sprecherin	0:49
2	Der Schüler wiederholt die Fragestellung und formuliert seine Hauptaussage	1:18
3	Der Schüler begründet seine Aussagen	1:26
4	Der Schüler begründet die verschiedenen Charaktere von Faust und Wagner	1:38
5	Der Schüler bringt zusätzliches Wissen an	1:10
6	Die Fragen des Prüfers	1:24
7	Der Prüfer fragt nach rhetorischen Figuren	1:06

Der Text wurde geschrieben von Charlotte Köhlinger unter Mitwirkung von Eberhard Hermes und der Redaktion Klett LernTraining.